教育部人文社会科学重点研究基地项目
华东师范大学俄罗斯研究中心
“未来十年俄欧关系的发展与中国的欧亚地区战略研究”（11JJDGJW008）

刘　军／毕洪业 等◎著

俄欧关系与中国欧亚战略

Russia EU Relations and China's Eurasia Strategy

时事出版社

图书在版编目（CIP）数据

俄欧关系与中国欧亚战略/刘军等著．—北京：
时事出版社，2015. 1
ISBN 978-7-80232-819-8

Ⅰ. ①俄… Ⅱ. ①刘… Ⅲ. ①国际关系—研究—
俄罗斯、欧洲联盟②中外关系—研究—欧洲
Ⅳ. ①D850. 2②D822. 35

中国版本图书馆 CIP 数据核字（2014）第 303206 号

出 版 发 行：时事出版社
地　　　址：北京市海淀区万寿寺甲 2 号
邮　　　编：100081
发 行 热 线：（010）88547590　88547591
读者服务部：（010）88547595
传　　　真：（010）88547592
电 子 邮 箱：shishichubanshe@ sina. com
网　　　址：www. shishishe. com
印　　　刷：北京市昌平百善印刷厂

开本：787 × 1092　1/16　印张：17　字数：266 千字
2015 年 1 月第 1 版　2015 年 1 月第 1 次印刷
定价：68. 00 元

目　　录

前　言

人类社会迈入新世纪的第二个十年，一系列新的变化悄然发生。世界多极化、经济全球化深入发展，全球科技革命向纵深发展，国际社会力量对比逐渐发生变化，新兴经济体群体性崛起，西方世界整体性衰落。未来世界如何发展，不同地区不同国家都推出了未来10年或者20年世界发展的总体图景，并在这些总体图景的背景下推进本国发展大战略。

2012年5月25日，欧盟安全问题研究所发布了《全球发展趋势2030——相互联系的多中心世界中的公民》研究报告，描述了2030年世界发展的三大趋势，主要表现为：第一，个人力量的上升，全球中产阶级将强势崛起，其需求越来越高，没有一个国家的政府能够满足他们，从而产生期待值差距。另外，欧美发达国家的中产阶级担心中国和巴西等国的中产阶级崛起会影响其主导地位。第二，资源的稀缺、持续的贫困，以及环境问题等对可持续发展提出了更高的要求。在未来20年，五大因素将影响世界经济体系，那就是发展中国家的经济发展，世界经济重心向亚洲和拉美转移，人口问题——西方和东亚的老龄化问题以及非洲和东南亚的人口膨胀问题，提升农业和服务业的产值、促进贸易，向绿色经济转型。第三，世界更加多元化，权力不再集中于某一个大国，而是呈现更加分散的趋势。美国、欧盟、中国、印度、巴西等发挥重要影响但并非绝对影响，中等国家、非国家行为体、城市等发挥十分重要的作用，从而对全球治理提出挑战。各国政府必须调整政策以应对这些趋势，在制定政策时必须更具包容性。[1]

① 欧盟安全问题研究所：《全球发展趋势2030——相互联系的多中心世界中的公民》，2012年。

另一份在全球引起普遍反响的预测报告是美国国家情报委员会于2012年底发布的关于2030年全球趋势的报告，该报告提出了2030年全球的几大趋势：第一，个人能力的增长，包括贫困人口减少，全球中产阶级膨胀，文化水平提高，新的通信和制造技术广泛使用，卫生保健进一步改善，个人权力随之大增。第二，权力的扩散，不再有任何霸权国家，在一个多极世界里，权力将会转移到一个个网络和联盟之中。第三，人口统计的状况发生巨变，不稳定弧形地带将会变窄。在老龄化国家之中，经济增长将会放缓。世界上60%的人口将进入城市生活，人口迁徙将会增加。第四，食物、水和能源关联日甚。全球人口猛增，资源需求飞涨，一种商品与其他商品的供求息息相关。①

美国国家情报委员会的全球预测报告明确提出了单极世界及美国治下的和平的终结。报告指出，随着其他大国的崛起，2030年，单极时刻将成为过去，美国治下的和平——自1945年以来在国际政治中存在的美国具有无可匹敌优势的年代——正在迅速终结；美国力量的多面性特点，使得美国即使在经济总量上被中国超越——根据一些预测可能最早发生在21世纪20年代——也仍然能在2030年保持世界大国中“诸强中的第一”。报告还对以中国为代表的新兴经济体的发展提出了乐观的预测，指出到2030年，无论是美国、中国还是其他任何一个大国，都不可能成为霸权国家。亚洲的GDP、人口数量、军事支出和技术投资，将超越北美和欧洲。中国的经济将成为全球之最，在2030年到来之前就赶超美国。在格局变化方面，全球经济良好与否将与发展中国家的经济表现挂钩。中国、印度和巴西都将成为全球经济的重要力量。这些国家将使全球的重心从西方世界转移过来。②

与美国情报委员会的预测不同的是，挪威管理学家乔根·兰德斯新近出版的《2052：未来四十年的中国与世界》则带来了不同判断。在《2052》里，兰德斯提出，人类社会在资本主义、经济发展、缓慢民主、代际和谐和稳定气候五个方面，将受到前所未有的挑战。在这些问题面前，贫富分化不断加强的资本主义，面临增长停滞的经济，决策缓

---

① 美国国家情报委员会：《全球趋势2030：变换的世界》，时事出版社2013年版，第2页。
② 同上书，第159页。

慢的民主制度，不同代际间产生的矛盾和冲突，以及极端气候现象的频繁发生，将成为2052年前世界最突出的五大特征。此外，兰德斯在其报告中对中国给出的预测最为乐观。他认为，中国经济未来仍将持续高速增长，其速度令其他国家望尘莫及，而且由于中央政府强大，政府积极工作，超过10亿人的生活水平将有显著提高。同时兰德斯也认为，中国仍会遭遇挑战，首先，其国内资源不足以支持消费水平；其次，气候变化也将给中国带来巨大的问题，但这些都不会妨碍中国经济的快速增长，并最终成为新的“超级大国”。未来世界不可能是“扁平的”，不同地域一定会呈现出不同的发展面貌，并且正是由于这些“不同”，世界的主导权才最终从美国移至中国。①

世界银行的研究报告《2030年的中国》则从经济上明确指出，中国即使经济增速放缓，也将可能在2030年前跻身高收入行列，并成为世界第一大经济体。中国有潜力到2030年成为现代、和谐、有创造力的高收入社会，但是这并不会轻而易举地成为现实，中国需要在下一阶段实施新发展战略。在经历30多年的高速增长之后，中国已经到达一个转折点，需要再一次进行根本性战略转变。世界银行的这份报告从六大改革领域为中国提出了短期、中期与长期目标，最后提出要通过成为全球经济积极的利益攸关方，主动利用多边体系和框架并影响全球治理议程，形成中国与世界互利共赢的关系。②

中国国内对于中国未来发展趋势研究最集中且引起较大国际反响的是清华大学胡鞍钢研究团队的成果，他们指出，按汇率法和购买力评价法等3种方法估算，2020年之前，中国GDP总量将会超过美国，相当于美国的1—1.7倍，将终结美国100多年来居世界首位的地位；到2030年之时，中国GDP总量将相当于美国的2—2.2倍。到2030年，中国将超过美国成为世界最大的经济体，世界最大的消费市场，世界最大的现代产业体系，世界最大规模的城市化群，世界最大、最现代的基础设施体系。③ 显然，2020年中国GDP总量超过美国已获得共识，世界

① 严杰夫：“评《2052》：探讨人类社会重要的全球性问题”，《文汇报》2013年10月12日。

② 世界银行、国务院发展研究中心：《2030年的中国：建设一个现代、和谐、有创造力的社会》，2012年。

③ 胡鞍钢等：《2030中国》，中国人民大学出版社2010年版，第55—56页。

银行预测，以不变价格计算，2020 年中国的人均 GDP 将与拉丁美洲、土耳其和马来西亚目前的水平大致相当。按照购买力平价（PPP）计算，中国的人均 GDP 将是美国的 1/4，届时，中国以购买力平价计算的总 GDP 将超过美国。①

随着中国经济的快速发展，对于中国未来发展的种种预测都显示出非常乐观的前景。在这一背景下，实力增强的中国的对外战略走向如何成为是国内外学者关注的一个问题，对未来中国大战略的界定也是国内外学术界研究的一个热点。澳洲学者周力农认为，在本世纪内，中国不必力争坐上世界第一的位子，最有可能的结果是居第二位的强国，不是日本、欧盟那样跟随美国的依附性强国，而是与美国并列且自立的东方强国，在国际社会中的综合实力排位和话语权上，都与西方有对等之势。不管这仍然被称为“美国世纪”还是改称为“中国世纪”，均是历史性突破和非凡奇迹。② 此外，美国兰德公司于 2000 年出版的史文（Michael Swaine）等撰写的《解释中国的大战略——过去、现在与未来》一书提出了中国“精明算计”的安全战略，指出 20 世纪 80 年代以来的中国安全战略可以概括为“精明算计”战略，主要包括以下三个指导要素：（1）高度实用的、非意识形态的政策途径，其两个关键为市场取向的经济增长和与所有国家尤其是主要大国保持友好的国际政治关系；（2）在加强中国军队现代化和更具效率的同时，克制使用武力；（3）积极参与地区及全球多边论坛。③ 珍妮·克莱格所著的《中国的全球战略——走向一个多极世界》一书中明确提出中国全球战略的主要目的就是推进多极世界，指出中国采取伙伴关系的手法与主要大国建立平等关系，其目的是以串联的方式实施和平与发展的多边议程，对地区和国际组织的运作发挥积极影响。通过提高自身打造网络的能力，中国的目的是强化对美国单边主义的多极制约。④

综合上述发展报告，在种种影响未来世界发展的重大发展趋势中，

---

① 世界银行：《2020 年的中国—宏观经济情景分析》，2010 年。

② 周力农：《历史大变局下的中国战略定位》，九州出版社 2011 年版，第 317 页。

③ 陈向阳：“解释中国的大战略——过去、现在与未来”，《国际资料信息》2001 年第 2 期。

④ 珍妮·克莱格：《中国的全球战略——走向一个多极世界》，新华出版社 2010 年版，第 67 页。

中国因素始终是国内外关注的一大热点，认为中国的崛起是影响世界地缘政治变化的重大因素。显然，未来 10 年到 20 年，不管中国是否愿意，中国将成为一个新兴的全球大国在国际社会已达成共识。在这一背景下，酝酿与自身实力相匹配的对外战略刻不容缓。但是，科学而客观地认识自己，准确地对自身的国际地位与影响作出判断是制定对外战略的前提，对外战略过于超前或者滞后在实践中都是不明智的，甚至是有害的。换而言之，一个全球大国不能局限于地区战略，一个地区强国也不能过早推行全球战略。因此，作为一个欧亚大国，作为一个上升中的大国，构建其欧亚战略就成为中国走向世界的一个不可回避的重大理论与现实问题。

本世纪上半叶，中国不能只定位为一个欧亚地区性强国。欧亚大国的涵义，其一，从地理位置上看，是欧亚大陆上一个面积广大、人口众多、经济发达的一个大国；其二，从地缘政治格局上看，是欧亚大陆上具有显著国际影响力、对欧亚地缘政治格局变化具有重要作用的大国；其三，从经济发展与对外战略依托来看，欧亚大陆相比于其他地方对中国经济发展与对外战略具有更为重要的意义。中国未来发展的希望在于欧亚大陆，必须去拥抱、迎接中国的欧亚大陆时代的来临。

欧亚大陆对于中国未来发展具有重要的战略意义。欧亚大陆是中国重要的能源与资源来源。从世界油气资源分布看，欧亚大陆储量占有较高的比例。目前中国主要有四条油气管道，全部位于欧亚大陆，它们分别是中哈石油管道、中国—中亚天然气管道、中俄原油管道、中缅油气管道。未来 10 到 20 年，全球能源资源竞争将日趋激烈。由于一些发达国家长期形成的能源资源高消耗模式难以改变，随着发展中国家工业化和现代化进程加快，能源消费需求将不断增加，全球能源资源供给长期偏紧的矛盾将更加突出。欧亚大陆也是中国对外战略重要的依托所在。中国和东盟建立的“面向和平与繁荣的战略伙伴关系”、中国与俄罗斯建立的“战略协作伙伴关系”、中国和印度建立的“面向和平和繁荣的战略合作伙伴关系”等全部位于欧亚大欧。尤其是，上海合作组织以及中俄之间的战略协作伙伴关系保障中国北部及西北部的战略安全，是中国能有效得到战略支持的保障。欧亚大陆更是保障中国经济持续发展的广阔市场。2008 年金融危机之后，中国出口市场受到严重削弱，中国

“两头在外”的经济发展模式受到越来越大的挑战。当前，中国正处于工业化、城镇化的重要阶段，经济发展处在“爬坡过坎”和转型升级的关键时期，新一轮改革开放的号角已经吹响，如何保障中国经济持续发展有一个广阔的市场，欧亚大陆将成为主要的关注点，尤其是欧亚大陆的新兴经济体将成为主要的市场保障。

以欧亚大陆为基础，中国的全球战略将得以不断向外展开，尤其是“一带一路”作为腾飞的两翼，可以成为具体的发展路径带动中国全球战略的扩展。2013 年 9 月，中国国家主席习近平访问中亚，在哈萨克斯坦提出了“新丝绸之路”倡议，提出为了使各国经济联系更加紧密、相互合作更加深入、发展空间更加广阔，共同建设“丝绸之路经济带”，以点带面，从线到片，逐步形成区域大合作。同年 10 月，习近平访问印尼，提出中国愿同东盟国家加强海上合作，使用好中国政府设立的中国—东盟海上合作基金，发展好海洋合作伙伴关系，共同建设 21 世纪“海上丝绸之路”。建设“一带一路”，是以习近平同志为总书记的党中央主动应对全球形势深刻变化、统筹国内国际两个大局作出的重大战略决策。“一带一路”是中国实施欧亚战略的核心内容，这一战略不仅带来国内的全面改革开放，而且还将通过与沿线沿路国家的经济合作和人文交流，极大地改善周边环境，为实现中国两个“百年”奋斗目标奠定坚实的基础。

第一章　欧亚大陆主要行为体及其对外战略

冷战结束后，欧亚大陆地缘政治板块发生剧烈的变化。随着苏联的解体，东西方的两极对抗消失，一批中小独立国家的出现，欧亚大陆核心地带出现权力真空。面对新的战略图景，在20世纪的最后十年，欧亚大陆主要行为体纷纷开始了探索新的国家发展战略的历程。进入新世纪，这一探索的历程渐趋稳定下来，经过20世纪末到新世纪第二个十年开始近20年的发展，欧亚大陆主要行为体的发展态势及对外战略呈现出非常明显的特点，俄罗斯走出了20世纪90年代的混乱衰落并走上复兴的道路，欧盟通过一体化的深入发展及成员扩大展现出全球行为体的使命，但是由于金融危机的影响，欧洲领导人考虑更多的是金融与制度问题，而不是地缘政治问题。此外，中国的崛起更是使得欧亚大陆地缘政治图景出现前所未有的新气象。

第一节　俄罗斯的复兴

1991年12月25日，庞大的苏联帝国轰然倒地，苏联解体使得欧亚大陆地缘政治板块发生翻天覆地的变化。新生的俄罗斯开始在原苏联的废墟上追寻新的发展方向与发展道路，但是20世纪90年代以来的十年是俄罗斯不断衰落的十年，只有进入新世纪以后，俄罗斯才开始走出衰落并实现恢复性增长。进入新世纪的第二个十年，俄罗斯逐渐找回大国的自信，力争在国际舞台发挥自身的影响力。

苏联解体后，俄罗斯全盘接受“华盛顿共识”的改革方案，推行

“休克疗法”，实行以大规模私有化和全面自由化为核心的激进改革，在财政、货币、私有化等领域出现一系列政策失误，导致经济连年下滑。普京上台时曾说，20 世纪 90 年代俄罗斯国内生产总值几乎下降了 50%，大概这是俄罗斯近两三百年来首次真正面临沦为世界二流国家抑或三流国家的危险。进入新世纪，俄罗斯逐渐摆脱了这一衰落的局面，自 1999 年以来俄经济保持了 3 年的持续恢复性增长势头；到 2001 年，经济稳步回升，各领域出现积极变化，俄罗斯开始走上复兴之路。

从昔日帝国废墟基础上复兴的俄罗斯，其对外战略具有非常明显的特点：首先，在任何情况下都以独联体及后苏联空间为发展的依托，致力于独联体地区一体化。其次，在强调欧洲文明渊源的同时，以开发远东西伯利亚为抓手，实现回归亚太的战略。最后，俄罗斯对外战略所追求的一个最大的目标就是希望重现昔日辉煌，建立一个受尊重的、具有广泛国际影响的大国。

俄罗斯对外战略的主要思想体现在《2020 年前俄罗斯国家安全战略》中。新战略阐述了俄在国防、内政、外交及经济等领域面临的主要安全威胁及应对手段，界定了俄国家安全利益所在，提出了俄国家安全体系的目标和发展任务。新战略要求俄罗斯实行务实外交政策，优先发展与独联体和上合组织成员国关系；强调俄将竭力保持与美国和北约的战略平衡，捍卫俄在北极利益；加强俄能源安全，避免因能源争夺引发边界冲突；改善俄经济发展上的原料出口模式和严重依赖国际市场行情状况；努力提高俄公民生活质量等。

《2020 年前俄罗斯国家安全战略》强调，发展与独联体国家的双边与多边合作是俄罗斯外交政策的重点。俄罗斯将首先在独联体以及集体安全条约组织和欧亚经济共同体框架内致力于发挥独联体范围的地区和次地区一体化和协作的潜力，这些组织对与独联体成员国交界地区的总体形势具有稳定作用。

《2020 年前国家安全战略》也从总体上确立了俄罗斯成为大国的前提条件：防止对国家安全的内外威胁，大力发展并把俄联邦变成技术进步水平、人民生活质量及对世界进程的影响力都居于领先地位的国家。俄联邦未来长期的国家利益在于：发展民主和公民社会，提高国民经济的竞争力；确保俄联邦宪法体制、领土完整及主权的稳固；把俄联邦变成一个世界大国，其活动宗旨是维护多极世界条件下的战略稳定和互利伙伴关系。

一、独联体地区一体化

从俄罗斯来看，独联体是其发展对外关系的绝对优先方向，是俄罗斯对外关系发展纲要中确定的重点之一。俄罗斯对独联体的外交优先是其国内政治发展的必然结果。苏联解体后，前苏联国家集中的独联体成为俄罗斯的“近国外”（near abroad），维持在独联体地区的影响是俄罗斯对外战略的重点之一。早在 1993 年初，叶利钦公开宣布独联体是俄罗斯根本利益中的关键所在，并把俄罗斯与前苏联各加盟共和国的关系视为“特殊关系”，要求包括联合国在内的权威国际组织应该赋予俄罗斯保障独联体地区的特别权力，国际社会应该意识到俄罗斯对独联体的特殊责任。普京统治时期以来，俄罗斯对外政策的优先方向就已经以独联体地区为首要的重点发展方向，梅德韦杰夫时期俄罗斯对外政策的五原则之一就是重视对俄友好地区，但范围并不仅限于俄罗斯的邻国。俄罗斯公开申明，正如世界其他国家一样，俄罗斯也有一些特别优待的地区，这些地区有俄罗斯的友邦，俄罗斯将悉心关注这些地区。

总体上看，进入新世纪以来，俄罗斯对独联体的政策是，不再过于强调整体的一体化合作进程，而是对独联体国家要依据不同情况给予区别对待，以集体安全条约组织和欧亚经济共同体为核心带动独联体一体化深入发展，以切实维持俄罗斯的独特影响力；同时，以市场原则为基础，在互惠互利的基础上发展与独联体国家的双边关系，特别是要继续推进俄白联盟国家和统一经济空间建设进程；不反对独联体国家与区外国家、组织发展正常国家关系，但不希望形成针对俄罗斯的反对集团，例如“古阿姆”集团。进入新世纪第二个十年，俄罗斯关于独联体一体化最重要的创议就是普京的欧亚联盟思想。2011 年 10 月初，普京在《消息报》明确提出了创建欧亚联盟的建议，希望以关税同盟为基础，联合其他独联体国家甚至区域组织，如欧洲联盟、美国、中国等，最终组建亚洲太平洋经济共同体。在谈到关税联盟和统一经济空间时，普京说：“我们不会就此止步，我们给自己提出了更加宏伟的任务，走向下一个更高的一体化阶段建立欧亚联盟。”普京首先强调要吸收原联盟的各成员国加入，通过协调外交、经济和其他领域的政策，提高其全球影响力。普京否认任何重建苏联的企图，但可以利用其所遗留的有用“遗产”，包括专业的生产设备、共同的语言、科学和文化空间所决定的共同利益追求，以推动新的现代国家间联盟的构建。在谈到欧亚联盟的定位时，普京说：“任何恢复或复制过去的东西的企图都是幼稚和不成熟的。但是，在新的政治经济基础上推动更加紧密的融合，并创建全新的价值体系是当前时代的迫切需要”；“这将是一种强有力、超国家的联盟模式，其有潜力成为多极世界当中的一极”。①

俄罗斯在处理与独联体地区的关系中，最首要的问题就是与白俄罗斯及乌克兰两个斯拉夫兄弟国家的关系。与白俄罗斯的关系涉及的主要问题是俄白联盟，与乌克兰的关系主要是围绕“颜色革命”以来与西方争夺乌克兰的过程。

由于民族、宗教、文化、语言等方面的相同或相近，在苏联解体后，俄白两国在政治、经济和文化上形成了较为密切的关系。两国在1996年成立俄白共同体，1997年形成俄白联盟，1999年底签署俄白联盟国家条约并于2001年1月正式生效。条约规定，双方在保留各自国家主权的同时建立邦联国家，实行经济一体化。此后，俄白两国在起草联盟国家宪法、统一货币、建立联合军队等方面取得了一些进展。如在2000年，俄白联盟国家最高国务委员会通过决议，决定从2005年起将俄罗斯卢布作为联盟国家统一货币，经过3年过渡期后，俄白联盟国家从2008年起使用新的统一货币。但随着形势的发展，俄白围绕联盟国家的形式、主权及各自利益发生了尖锐的分歧。作为独联体一体化进程较快的俄白联盟在一系列问题上矛盾的出现以及进程的受阻表明，在苏联解体后独联体国家一体化进程还处在一个停滞阶段，独联体国家要实现如同欧盟国家一体化的程度仍将需要相当长的时间。欧盟模式强调在成员国之间主权的让度，其明显特点是在一体化的进程中，有几个实力相当的大国发挥着引擎作用，但在独联体一体化进程中，俄罗斯与其他

---

① Владимир Путин. Новый интеграционный проект для Евразии-будущее, которое рождается сегодня//Известия. 4 октября. 2011г.

国家的实力悬殊，俄罗斯的优势地位相当明显，整个一体化进程中要形成如同欧盟模式的认同还非常困难。但是，无论如何它均充分反映了俄罗斯对独联体地区的高度重视。

俄罗斯与乌克兰的关系围绕着发生在乌克兰的“颜色革命”而发生戏剧性的变化。2004 年，乌克兰发生“颜色革命”，乌克兰倒向西方的怀抱，并积极寻求加入北约，激起了俄罗斯的强烈反对。在北约第二轮吸收 7 个新成员后，美国就进一步呼吁接纳摩尔多瓦、乌克兰以及格鲁吉亚加入北约。尽管在 2008 年北约布加勒斯特峰会上，乌克兰、格鲁吉亚没有加入北约，但是两国加入北约的努力始终没有停止。2010 年 2 月，亚努科维奇取得乌克兰大选胜利，改变了亲西方的外交路线，大幅改善与俄罗斯的关系，并保证不加入北约。2013 年底，随着乌克兰突然决定不与欧盟签署联系伙伴国协定以来，乌克兰危机不断升级，克里米亚脱离乌克兰并入俄罗斯，乌克兰东部陷入内战，俄罗斯与西方陷入尖锐对抗，美国与欧盟集体对俄罗斯实施制裁。乌克兰总统大选如期举行，新任总统迅即签署与欧盟的联系伙伴国协定，再次开始了与欧盟一体化的征途。但是，俄罗斯仍然没有放弃试图影响乌克兰的努力，俄罗斯与西方围绕乌克兰的博弈还将持续下去。

除乌克兰外，格鲁吉亚、摩尔多瓦等国对于俄罗斯来说也有着非常重要的战略考虑，而且俄罗斯也有明显的愿望在这些国家保持经济与政治影响，但是从目前来看，这些国家积极寻求加入北约，而且格鲁吉亚已经开始清除俄罗斯的基地与弹药仓库，乌克兰国家议会已经批准一项备忘录，允许北约在共同战略需要的时候，将部队移动到其边境，[①] 等等。这些态势都将使未来俄罗斯与北约的关系经受考验。

二、回归亚太

苏联解体以来，伴随着国内的政治经济变革，俄罗斯对外战略一开始就确立了面向西方的战略重点。但是，20 世纪 90 年代以来俄罗斯国

---

① E. Kuznetsova, NATO: New Anti-Terrorist organization?, in International Affairs, 2004, Vol, 50, Issue 3.

内艰难的政治经济转型以及俄美关系的反反复复使得俄罗斯逐渐开始调整其战略重点。在地区发展的优先方向上，一是欧洲，二是独联体，与此同时，亚太方向也逐渐进入俄罗斯全方位外交的视线。如同拉夫罗夫外长所强调的，俄罗斯自古以来同亚太地区就是密不可分的，是亚太地区的一部分，亚太地区过去、现在及将来都是俄不可分割的利益所在。从叶利钦到梅德韦杰夫时期，俄罗斯的亚太战略开始逐渐形成并有了一个清晰的框架。俄罗斯对外战略重心向亚太倾斜具体体现在俄罗斯官方颁布的四次对外政策构想基本原则中：一是1993年叶利钦总统批准的《俄罗斯联邦对外政策构想基本原则》；二是2000年普京总统批准的《俄罗斯联邦对外政策构想》；三是2008年梅德韦杰夫总统批准的《俄罗斯联邦对外政策构想》；四是普京第三任总统开始后于2013年初出台的《俄罗斯联邦对外政策构想》。

1993年5月，叶利钦总统批准了《俄罗斯联邦对外政策构想基本原则》，强调了亚太地区对俄罗斯的重要性，提出要推行新亚太外交并直接提出要开发俄罗斯的远东地区。文件指出，21世纪将是“亚太世纪”。亚太地区政治比较稳定、经济发展迅速，是全世界最有潜力、发展最好的地区，该地区对俄罗斯的发展，对俄罗斯的大国地位关系重大，这是俄罗斯推行新亚太外交的战略考虑。亚太地区面积广大、人口众多、资源丰富、开发较晚，现今又迎来了高速发展的时代。国际社会一致看好亚太地区，亚太地区是最有吸引力、最有前途的战略区域，又是当今世界企盼建立政治、经济新秩序的“规范”地区。在这个多中心的舞台上，俄罗斯是绝不甘心落后于人的，它必须急起直追，挽回对亚太地区投入过迟的损失。亚太地区丰富的资金、劳力和无比广大的市场以及宝贵的发展经验，是俄罗斯加快发展其亚洲部分（俄2/3领土在亚洲），尤其是远东部分最便捷的条件和推动力。这是其新东方政策中一个最现实的动机，加快开发亚洲远东部分是“俄罗斯唯一能藉以蓬勃复兴的巨大潜力”。尽管在叶利钦时期，俄罗斯已开始关注亚太地区，但是其对外战略的中心仍然在欧洲及独联体地区，俄罗斯与亚太区域经济合作有待进一步深化。

2000年的《俄罗斯联邦外交政策构想》不仅再次强调亚洲在俄罗斯外交政策中具有越来越重要的意义，而且还明确强调要通过发展西伯利亚和远东的经济积极参与亚太地区的一体化，如亚太经济合作论坛、东南亚国家联盟的地区性安全会议、上海合作组织等。俄罗斯亚洲外交的极为重要的方向之一是发展与主要亚洲国家的友好关系，首先是与中国和印度。俄罗斯与中国对国际政治的关键问题原则性态度是一致的，这是地区稳定和全球稳定的主要支柱之一。俄罗斯将努力发展与中国在各方面的互利合作，主要任务仍是进行与政治关系水平相符的大规模的经济合作。如果说叶利钦时期的俄罗斯只是开始关注亚太地区，那么普京时期已经确立并实施其亚太战略，而且明确提出要通过发展西伯利亚和远东的经济来实现与亚太地区的经济一体化，从而使得俄罗斯亚太区域经济合作的战略逐渐清晰。

2008 年的《俄罗斯联邦外交政策构想》再次强调了亚太地区的重要性，认为在俄罗斯多向性的对外政策背景下，亚太地区有着重要的、日益增强的意义，这使得俄罗斯成为世界上快速发展的地区，同时俄罗斯对利用亚太地区的能力来实现西伯利亚和远东经济发展很感兴趣，并且认为在反恐、保障安全和调解文明间对话的范围内有必要加强与该地区的合作。俄罗斯将继续积极参与主要的亚太地区一体化组织，包括亚太经济合作论坛、东南亚国家联盟的地区论坛，参加东南亚国家联盟的伙伴机构，继续巩固上海合作组织具有的特殊地位，开展该组织所提出的倡议——在所有亚太地区一体化联合会之间建立一个伙伴关系网。俄罗斯在亚洲对外政策最重要的方向是——发展同中国与印度的友好关系。俄罗斯将在对世界政治关键问题采取一致态度的原则基础上，在所有领域发展与中国的战略伙伴关系，这种关系将是现有地区乃至世界稳定的基本要素之一。在双边关系中主要的任务是根据高水平的政治关系提高经济合作的内容和质量。

2012 年 5 月 7 日，普京三度入主克里姆林宫，随即签署《关于落实俄罗斯联邦外交政策措施》的总统令，责成俄罗斯外交部提交新的外交政策构想。因此，2013 年 2 月俄罗斯出台新版《俄罗斯联邦对外政策构想》。新版构想提出，俄罗斯外交政策的优先方向是同独联体成员国发展双边和多边合作，进一步巩固独联体，而建立欧亚经济聪明是优先任务。在同欧盟的关系中，俄罗斯的主要任务是推进从大西洋到太平洋的统一经济和人文空间的建立。俄罗斯将继续扩大与中国的全面和平等互信的伙伴关系及战略合作，积极发展各领域的合作。新版对外政策构想还指出，俄罗斯向来为自己的国家自豪，但不追求什么超级大国的称号，这一表述寓意深刻，令人回味。

总之，随着俄罗斯对外战略的不断演变与调整，其对外战略的重点不断向亚太转移，其参与亚太经济一体化的积极性也越来越高。俄将通过发展西伯利亚远东经济来实现与亚太经济一体化，同时也借助与亚太地区的经济合作来进一步促进西伯利亚与远东的开放开发。俄罗斯“走向东方”，回归亚洲的态势愈来愈明确，从这个意义上看，俄罗斯不再是一个欧洲国家，或者欧亚国家，俄罗斯是一个欧洲—太平洋（Euro-Pacific）国家。①

俄罗斯加强同亚太地区的经济合作有着一系列的原因：第一，亚太地区在国际事务中的影响力上升，世界经济发展中心正向这里转移。第二，俄罗斯远东西伯利亚的发展需要亚太国家的参与以及资金、技术的支持，这也是俄罗斯实施亚太区域经济合作战略的重要背景。

俄罗斯远东联邦区共有 10 个联邦主体：哈巴罗夫斯边区、滨海边区、阿穆尔州、萨哈林州、犹太自治州、勘察加州、马加丹州、萨哈（雅库特）共和国、楚科奇自治区和科里亚克自治区。俄远东联邦区地上、地下、海洋资源极为丰富，堪称“世界上唯一的尚未得到很好开发的自然资源宝库”，已勘测的石油储量为 96 亿吨，煤 150 多亿吨，天然气 14 万亿立方米，全俄 30% 左右的原料是该地区采掘部门供给的。俄罗斯东西伯利亚地区包括克拉斯诺亚尔斯克边疆区、伊尔库茨克及赤塔州、布里亚特自治共和国，森林、煤炭、水力资源丰富，蕴藏量居全俄首位。在东西伯利亚南部伊尔库茨克州一带发现了丰富的石油和天然气田，其开采前景十分广阔。

尽管俄罗斯远东地区资源丰富，但是长期以来经济发展困难，主要表现在：第一，经济结构单一，加工业薄弱。采矿、林业、渔业是远东目前的主要经济支柱产业。经济结构畸形，单纯依赖资源开发和初级加工。由于缺少资金、区内市场狭小，远东原本薄弱的加工工业迅速萎

① Going East：Russia's Asia-Pacific Strategy，CSCAP，Russia in Global Affairs，25 December 2010.

缩，经济重心进一步向原材料生产领域倾斜。第二，与俄西部中心地带的经济联系严重削弱。远东经济长期以来的发展模式是在原苏联高度集中的计划体制和专业分工体系下集中发展资源供给型生产，同时由于气候恶劣、运距遥远、成本居高不下，远东与俄内地及独联体市场的传统联系中断，陷入了经济衰退的深渊，成为俄经济复苏最为缓慢的地区。

但是，俄罗斯远东与西伯利亚的发展在亚太经济高速腾飞的背景下又面临难得的发展机遇。远东的主要工业中心有符拉迪沃斯托克、哈巴罗夫斯克、南萨哈林斯克、阿穆尔共青城等，这些城市距日本、中国和东南亚其他国家的距离要比距俄罗斯中央地区的市场近 1/2 到 4/5。长期以来远东和外贝加尔经济上与亚太地区国家即自己的近邻相隔离。近年来许多亚太国家在经济发展水平上实现了巨大的飞跃，而远东地区由于经济基本建设投资不足、距离中央区运输线过长等原因仍处于落后状态。现有条件下要推动远东的发展或者需要急速增加基建投资（而这在国家预算严重赤字的条件下显然是不可能的），或者积极参与亚太经济的一体化。远东地域辽阔，资源丰富，人口稀少，是俄罗斯经济发展较弱的地区，同时这一地区又是俄罗斯通向亚太地区的出口，某种程度上还是快速发展的环太平洋区域的地理延伸。分析俄罗斯实现与亚太地区经济一体化的条件时，必须从如下现实出发：俄罗斯在亚太地区的强项只有自然资源，俄罗斯煤炭储量占世界 17. 3%，天然气约占 1/3，石油约占 1/10，但是技术水平较弱（落后于美国和日本），其他方面如市场容量、投资品、市场环境、管理水平等处于末位。

为改善远东西伯利亚地区的经济发展状况，1996 年 4 月，叶利钦签署了实施《远东与外贝加尔 1996—2005 年经济社会发展专项纲要》的总统令。但是由于资金严重短缺加上纲要缺乏可操作性，这份纲要并没有发挥应有作用。鉴于此，新一轮西伯利亚与远东的开放开发已提上议事日程。2009 年 12 月 28 日，俄总理普京签署第 2094 号俄罗斯联邦政府令，批准了俄罗斯联邦《远东和贝加尔地区 2025 年前经济社会发展战略》。普京在 2012 年总统大选前夕提出俄罗斯新经济政策的主要内容中明确强调国家将支持大型基础设施项目，优先保障与西伯利亚和远东地区的交通项目建设。因此，交通与能源基础设施的项目建设将成为西伯利亚与远东开放开发的一大重点。此外，俄罗斯远东西伯利亚地区也有望建设成为新的油气中心。俄罗斯东西伯利亚和远东地区石油与天然气储量分别占全国总储量的13.5%和19%。据俄罗斯科学院西伯利亚分院石油与天然气地质研究所预测，到2020年东西伯利亚和远东地区的石油产量将达到9000万吨，2030年将达到14500万吨；天然气开采量到2020年和2030年将分别达到1400亿立方米和1500亿立方米。俄罗斯东西伯利亚与远东地区将成为向亚太地区出口油气资源的重要基地，预计到2020年该地区将向亚太出口原油达9500万吨，2030年将达到1.2亿吨；向亚太市场出口天然气2020年将达到1080亿立方米，2030年将达到1650亿立方米。①

俄罗斯坚信，只有强大的经济才能带来强大的俄罗斯。没有西伯利亚、远东经济的强大，就没有整个俄罗斯经济的强大。因此，西伯利亚和远东地区的崛起是俄罗斯的战略任务，这已经成为俄罗斯政府及各界的共识。

2000年俄罗斯政府批准了《21世纪俄罗斯在亚太地区发展战略》，标志着俄罗斯亚太区域经济合作战略的初步提出，以此为基础，俄罗斯政府相继出台了关于西伯利亚、远东经济发展战略和俄罗斯与亚太地区各国合作纲要等，形成了俄罗斯亚太区域合作经济合作战略的基本框架。《21世纪俄罗斯在亚太地区发展战略》的一个核心思想是俄罗斯应从本国地缘条件的“欧亚两极性”出发，建设和发展欧亚经济。所谓建设欧亚经济就是要使俄罗斯经济和经济政策既适应与欧盟国家经济合作的需要，也适应与东北亚和亚太地区经济合作的需要。② 如果说进入新世纪初期，俄罗斯亚太区域经济合作战略的目标还不甚清晰的话，那么，进入新世纪第二个十年，该目标已非常明确且已达成共识，那就是：俄罗斯应该通过西伯利亚、远东的经济与社会发展来广泛实现与亚太地区的一体化。在此过程中，政府必须努力聚焦于远东、西伯利亚的竞争优势：自然资源、运输能力、技术潜力。

自20世纪90年代末俄罗斯成为亚太经合组织成员国以来，俄罗斯

---

① 祖立超：“俄罗斯东西伯利亚与远东地区油气开发探析”，《国际资料信息》2011年第4期。

② 赵欣然：“俄罗斯与亚太经合组织关系述评”，《西伯利亚研究》2009年第3期。

不断参与亚太经济一体化，其与亚太地区的经济联系日益密切，当前俄罗斯与亚太经合组织成员国的贸易额占到了国家贸易总额的20%，在2025年将达到35%。俄罗斯亚太区域经济合作战略是在20世纪90年代以来俄罗斯开始参与亚太经济一体化过程中逐渐形成的。俄罗斯参与亚太经济一体化的努力主要表现为参与亚太地区制度性的经济组织及论坛，加强与亚太各国的经济与贸易关系，在此过程中逐渐实现与亚太经济一体化的目标。

尽管在叶利钦时期，俄罗斯已经开始了与亚太国家的经济关系，但是由于传统的俄罗斯政治经济中心位于欧洲及独联体地区，与亚太地区经济一体化的程度非常低，尤其是从中俄关系来看，中俄经济关系远远跟不上蓬勃发展的中俄政治关系。

普京执政以来，俄罗斯参与亚太经济已经从言论转向真正的行动。如同2000年11月普京发表的“俄罗斯：新的东方前景”一文中，普京提出俄罗斯从言论转向行动去发展与亚太国家的经济、政治和其他联系的时刻到了。在今天的俄罗斯，这种可能性完全具备了。俄罗斯高度重视利用亚太经合组织这一论坛参与亚太经济一体化。2006年11月在亚太经合组织第14次领导人非正式会议前夕，普京撰文“亚太经济组织——俄罗斯在亚太地区的原则性选择”，文中指出亚太经济合作组织已经发展成为亚太地区最具代表性和权威性的一体化组织，俄罗斯作为一个欧亚国家，其社会经济发展计划，尤其是振兴西伯利亚和远东地区与积极参与亚太地区一体化的进程密切相关，这对于俄罗斯来说具有战略性意义。2007年9月7日普京发表文章“俄罗斯与亚太经合组织：走向亚太地区的持续稳定发展”，认为积极地、多层次地参加亚太经合组织的活动如今成了俄罗斯东线外交十分重要的方向。俄罗斯的主要任务是：利用亚太经合组织的条件最有效、最积极地进入亚太一体化进程。首先是远东和西伯利亚的强劲发展计划，尤其是远东和外贝加尔，也即那些直接包括在亚太地区的地区的发展计划旨在使它们的主要经济部门、经营和交通设施大规模地现代化。在2012年3月总统大选之前，普京在“俄罗斯与不断变化的世界”一文中还强调要提高亚太经合组织的作用，亚太取得发展的不仅有中国和印度，整个亚太地区的重要性都得到了增强。俄罗斯对其在担任亚太经合组织主席国时能够取得丰厚的合作成果充满信心。

梅德韦杰夫上台后同样高度重视亚太地区。2008年11月21日，梅德韦杰夫发表文章“谋求巩固亚太地区富有活力的均衡伙伴关系”，认为俄罗斯在近十年来积极参加亚太经合组织论坛，亚太经合组织在寻求保障亚太地区安全和繁荣的途径方面应该发挥更多的作用。作为世界上最大的石油天然气提供国之一，俄罗斯将促进建立亚太地区能源保障体系，使消费国实现能源进口途径多元化；保障能源价格稳定性和可预测性，参与节能项目，发展可替代能源。梅德韦杰夫还认为，参与亚太地区一体化进程将促进俄罗斯国内社会经济发展计划的落实。因此，俄罗斯非常重视加强高新技术领域的工业合作，落实交通项目。扩大区域间的交流首先对俄罗斯远东和西伯利亚地区非常重要。2010年梅德韦杰夫向俄议会发表的年度国情咨文指出，俄与亚太经济空间实现地区一体化的任务非常迫切，应充分利用俄参与前不久刚举行的亚太经合组织会议及其他论坛的潜力，扩大与该地区国家的联系对我们具有战略意义。2012年1月28日，梅德韦杰夫总统表示，俄罗斯准备在关税同盟框架内与亚太经合组织成员国签署自由贸易协议，这能为亚太经合组织一体化进程提供一个全新动力，为亚太地区市场拓展到整个欧亚大陆创造前景。俄罗斯愿意为亚太经合组织成员国提供连接亚洲与欧洲的交通走廊。

为进一步推进远东西伯利亚地区的开放开发，俄罗斯利用2012年任亚太经合组织轮值主席国的身份，在符拉迪沃斯托克举行了亚太经合组织峰会。本次峰会的举行本身就能促进西伯利亚和远东的进一步发展，让俄罗斯能够以更高的水平参与“新亚洲”快速融合进程。梅德韦杰夫2012年1月28日发表讲话说，举办APEC不仅是荣誉，也是重要的使命，因为俄罗斯是庞大而繁荣的亚太地区不可分割的部分。同亚太国家在贸易、投资领域合作，积极参与地区一体化是毋庸质疑的优先方面，积极融入亚太地区一体化是唯一正确的选择。

三、大国梦想

俄罗斯强调作为一个世界大国积极参与国际事务直接影响俄罗斯对

外政策的野心和抱负。祖干科夫认为，俄国官方的观点是：俄罗斯是一个强大的正在上升的大国（strong and rising power），2020 年前将成为世界第五大经济体，彻底摆脱依靠出口石油的局面，成为多极国际秩序中心的成熟的行为体。[①] 的确，自 19 世纪俄国登上欧洲国际政治的舞台以来，俄罗斯一直作为世界性的大国出现在地区及国际事务中。帝国的消亡、苏联的出现并没有使得俄国停止作为一个世界性国家的角色，相反，20 世纪的俄国以全球超级大国的角色出现。20 世纪 90 年代初，苏联的解体使得俄国在人口、面积、综合实力等方面都受到极大削弱，俄国清醒地意识到作为昔日的超级大国风光不再，但是，新生的俄罗斯并不因此而愿意退居一隅，如同利昂·阿伦（Leon Aron）强调的，20 世纪 90 年代以来俄罗斯国内在外交政策领域形成的共识是：俄罗斯是拥有核武器的超级大国，俄罗斯是世界大国，俄罗斯是地区性的超级大国。[②] 安德烈·祖干科夫（Andrei P. Tsygankov）总结了 90 年代以来俄罗斯与西方关系中的大国情结，认为在叶利钦与科济列夫时期是与西方的一体化，叶利钦与普利马科夫时期是大国均衡时期，普京时期是大国实用主义，普京后期及梅德韦杰夫时期是大国自信时期。[③]

苏联解体后，俄罗斯一开始并没有立即意识到自身超级大国地位的丧失，叶利钦初期的俄罗斯还幻想着平等地与美国一起领导世界事务，但是随着俄罗斯国力的不断下降，美国对俄罗斯政策固有的不信任、排挤逐渐显露出来，尤其是北约东扩被提上议事日程，俄罗斯对西方的幻想逐渐消失，不得不承认其超级大国地位的丧失。但是，作为建立在核武器超级大国、地区性超级大国基础上的世界大国的目标却始终没有放弃，从叶利钦到普京再到梅德韦杰夫，这一目标始终存在。冷战后俄罗斯的利益第一次界定在区域层面而不是在全球层面，主要集中在独联体和欧洲地区。除中东外，俄罗斯基本上放弃了在第三世界的利益。俄罗

① Andrei P. Tsygankov, Russia's Foreign Policy, Change and Continuity in National Identity, Rowman and Littefield Publishers, 2010, pp. 204 - 205.

② Leon Aron, The Foreign Policy Doctrine of Postcommunist Russia and Its Domestic Context, in Michael Mandelbaum (ed.), The New Russian Foreign Policy, Council on Foreign Relations, 1998.

③ Andrei P. Tsygankov, Russia's Foreign Policy, Change and Continuity in National Identity, Rowman and Littefield Publishers, 2010, Preface.

斯重新确立的大国目标不是一个扩张领土的国家，而是一个贸易上获利、边界稳定的国家。①

普京2000年国情咨文整个报告的主旋律是“强国”——“对于俄罗斯来说唯一现实的选择就是成为强大的国家。”2003年的国情咨文实际上是普京对他第一个总统任期的总结，因此具有一定的系统性和历史继承性。由于普京总统决定要连选连任，故他对执政3年来取得的成绩和成就给予了前所未有的评价，并向全国人民宣告了“新的任务”——要使俄罗斯在不久的将来取得世界强大而先进的大国之地位。俄罗斯存在的唯一方式只能是以“大国”形式，否则国家将不可避免地面临“分裂的威胁”。②

支撑俄罗斯世界大国的国家定位离不开核武器和其地区性的影响，这就是俄罗斯所强调的核武器超级大国及地区性超级大国。苏联解体后，俄罗斯继承了苏联原有的核实力，在核武器这一点上继续与美国平分秋色，这也是到梅德韦杰夫时期俄美关系得以“重启”最重要的背景。此外，俄罗斯在后苏联空间尤其是在独联体地区保持了几乎绝对性的控制与优势，不仅有历史上形成的经济依赖关系，俄罗斯自身的综合实力、能源供应方等原因，俄罗斯还在后苏联空间建立了经济、安全等地区性国际组织，继续保持在这一地区的优势与绝对影响。因此，建立在核武器及地区性影响基础上的俄罗斯有信心把世界大国作为自身的追求目标。从叶利钦到梅德韦杰夫以来，俄罗斯为这一国家定位的目标付出了艰辛的努力，从而也使俄罗斯的对外政策始终处于一种较为强势的地位。

叶利钦执政初期，俄美关系处于蜜月时期。但是，随着北约东扩的推进，俄美关系开始恶化。1994年，亲西方的外长科济列夫拒绝在俄罗斯加入和平伙伴关系计划书上签字。在随后的布达佩斯欧安会首脑会议上，叶利钦愤怒地表示“单个首都决定整个大陆或整个共同体的命运”，将给欧洲带来“冷和平”。俄罗斯还不顾西方的谴责将俄军开进

---

① Adeed Dawisha and Karen Dawisha (eds.), The Making of Foreign Policy in Russia and the New States of Eurasia, M. E. Sharpe, Inc, 1995, pp. 312 – 315, 341 – 343.

② 刘再起：“从追求‘强国’地位到更加关注‘民生’——解读普京总统的国情咨文(2000—2006年)”,《俄罗斯研究》2007年第1期。

车臣。直到1995年克林顿到莫斯科参加纪念二战胜利50周年，双方关系才有所好转。1999年由于科索沃战争的爆发，俄罗斯与西方关系降至历史上的最低点。北约驻莫斯科代表被驱逐，双方一直处于不接触状态，常设委员会及理事会形同虚设。2001年“9·11”事件之后俄罗斯与西方关系开始回到新的起点。在2001年的俄美首脑会晤中，普京总统表示，如果北约发生演变使其更富于政治性而不是军事性，俄罗斯将重新考虑反对北约东扩的态度。① 俄罗斯还与北约建立了新的制度性联系框架，并一直延续下来。但是，普京执政后期，俄美关系的倒退非常明显。尽管俄国力下降，但俄罗斯的大国意识仍然十分强烈，普京政治理念的核心就是实现国家复兴，因而不可能再做西方的“小伙伴”；俄罗斯人，特别是大多数政治精英对“戈尔巴乔夫新思维”和“科济列夫主义”所带来的耻辱与失落仍然记忆犹新，不可能在伤痛未愈之时就重蹈覆辙。② 2007年普京在慕尼黑安全会议上对美国及北约的尖锐批评，继而到2008年8月俄罗斯与格鲁吉亚的军事冲突，使得俄罗斯与西方关系再一次陷入危机之中。总之，在追求世界大国国家定位背景下，俄罗斯对西方的政策呈现出非常明显的强硬性。

第二节 作为全球行为体的欧盟

冷战后欧盟对外政策的最终目标是成为一个世界性的角色（world player），但是并不寻求成为一个世界大国（world power）。③ 这一目标的提出具有坚实的基础：扩大后的欧盟人口世界第一，是世界上最大的经济体，生产全球1/4的财富。尽管欧洲在世界政治的棋盘上被边缘化，但是随着欧盟一体化的不断深入、欧盟成员国的不断扩大，一个全新的欧盟在欧洲及全球事务中正发挥着越来越重要的作用。

---

① Anthony Forster and William Wallace, “What is NATO for?” in Survival, vol. 43, no. 4, Winter 2001 - 02, pp. 107 - 122.

② 冯玉军：“俄与‘北约’新关系潜力有限”，《瞭望》2001年第49期。

③ A world player, the European Union's external relations, http://ec.europa.eu/publications/booklets/move/47/en.pdf.

欧洲一体化的步伐是从经济领域开始的。自成立以来，欧盟就通过共同的贸易政策、发展援助以及一系列正式的贸易与合作协定同世界上其他单个国家以及地区组织发展关系。20 世纪 70 年代以来，欧盟开始了人道主义援助。1993 年马约签署以来，欧盟通过共同外交与安全政策（CFSP）为欧盟整体的利益进行联合行动，同时还致力于积极发展独立防御并使之成为共同外交与安全政策中一个重要的方面。在对付恐怖主义、国际犯罪、毒品、非法移民等全球事务上时，欧盟又同世界其他国家及国际组织紧密地联系在一起。

在谋求全球伙伴关系的大背景下，欧盟认为，冷战后一系列新的威胁在全球出现，要处理来自全球层面的威胁必须要有全球性的伙伴关系，相互之间进行合作才能得以处理。建立全球伙伴关系还可以形成欧盟与其他行为体合作的安全文化，减少误解，增进了解。因此，欧盟同其全球伙伴都建立了相互联系、合作及贸易协定的网络，并通过定期的首脑峰会及部长级会议来深化这些关系，主要表现在：通过跨大西洋纽带发展并巩固同美国的关系，通过睦邻政策及伙伴关系发展与俄罗斯的关系，通过日益靠近亚洲来发展与中国的关系。此外，欧盟同前苏联地区国家、地中海、非洲、拉丁美洲等国家也广泛建立伙伴关系，同世界上重要的国际及地区性组织也建立密切的联系。

通过跨大西洋纽带发展与美国的跨大西洋伙伴关系是欧盟对外关系的关键部分。从经济上看，大西洋两岸紧密地联系在一起，跨大西洋贸易与投资流量差不多每天达到 10 亿欧元。美国与欧盟享有许多共同的价值观与共同利益，尽管在他们之间有时候有许多分歧，比如双方之间的贸易战，“9・11”后围绕单边主义与多边主义、伊拉克战争等问题上的分歧等，但是跨大西洋的分歧看来短期内难以成为分裂西方的导火索。从贸易方面看，考虑到双边贸易规模，双方不时爆发争端的问题仅仅代表跨大西洋贸易中不到 2% 的份额。此外，通过政治对话，双方在一些重大国际问题上的分歧也得以逐渐消除。

欧盟的睦邻政策在冷战后随着欧盟的不断扩大逐渐发生影响。由于欧盟的边界不断延伸开来，欧洲地缘战略态势发生极大变化，为处理好与周边国家的关系，欧盟实施友好的睦邻政策，主要表现在中东欧国家、前苏联国家、地中海国家，包括中亚、北非等。欧盟认为，欧盟的扩大其结果不能在欧盟与邻国之间制造任何新的障碍，同时欧盟向邻国延伸其内部市场的许多优惠，提供额外的贸易进入与金融援助。作为交换，邻国要承诺在国内进行民主与市场经济改革，改善人权。

一、欧盟全球战略新调整

美国国家情报委员会在《全球趋势 2030》中指出，欧洲作为一个整体，在 2030 年仍然是重要一极。但是，欧洲的未来具有很大的不确定性。2030 年的欧洲及其国际角色将有三种前景：第一，散伙，欧元崩溃，欧盟散架；第二，萎缩，经济连年低增长，欧洲的国际地位大大削弱；第三，新生，经过充分的民主协商，达成更统一的外交和安全政策，欧洲的影响力上升。[①] 尽管经历了金融危机的打击，但欧盟试图在联合自强的基础上在一个多极的世界上发挥重要作用，作为一种全球角色存在这一目标始终没有改变。

欧盟委员会 2010 年 3 月 3 日公布了指引欧盟发展的“欧洲 2020 战略”，提出欧盟未来 10 年的发展重点和具体目标，以帮助欧盟最终摆脱金融危机。根据这一战略，欧盟未来经济发展的重点将放在 3 个方面：发展以知识和创新为主的智能经济；通过提高能源使用效率增强竞争力，实现可持续发展；提高就业水平，加强社会凝聚力。根据该项计划，欧盟在未来 10 年内将重点关注科技创新、研发、教育、清洁能源及劳动力市场自由化。为此，欧委会在欧盟发展战略中设定了一系列具体目标：到 2020 年，20—64 岁适龄人群就业率由目前的 69% 提升至 75%；研发投入占欧盟总体 GDP 比重由 1.9% 增加至 3%；二氧化碳排放量在 1990 年基础上削减 20%，可再生能源占最终能耗来源的比重达到 20%，能耗下降 20%；削减贫困人口 2000 万左右。但欧委会主席巴罗佐认为，2020 战略的实施将可能使欧盟潜在增长率达到 2%。“欧州 2020 战略”是金融危机后欧盟推出的重点在于经济发展的战略，但是欧盟总体对外战略仍然不明朗，《里斯本条约》后的欧盟仍在探索自身

① 美国国家情报委员会：《全球趋势 2030：变换的世界》，时事出版社 2013 年版，第 24 页。

在国际舞台上的全球大战略。

2012年7月，意大利、波兰、西班牙和瑞典四国外长发起了积极的欧盟全球战略计划，旨在明确欧盟在国际舞台的主要任务，希望推动欧盟形成新的战略文件。2012年底，西班牙国际关系研究所发表题为《积极的欧盟全球战略》报告。该报告认为，过去10年国际形势发生巨变，金砖国家崛起，国际金融危机爆发，全球经济失衡，资源紧张，后霸权世界风险日益分散。欧盟应了解国际环境的变化，明确自身利益所在并分清轻重缓急。欧盟全球战略的制定不仅与国际环境有关，也与自身世界观有密切联系。欧盟应避免两种先入为主的观点：一是乐观地认为新兴大国最终将接受现存国际秩序；二是悲观地认为多元化世界观念与利益的差别将导致冲突。欧盟要学会在多元化世界里维护自身利益。欧盟全球战略不是简单地维持现行国际秩序或维护欧盟利益，而应与其他大国一起发挥塑造力和变革力，推动国际秩序改革，倡导在具体问题上的合作。报告认为，欧盟推行积极的全球战略有两大有利条件：一是美欧仍是世界主导性力量；二是其他国家尚未形成挑战性集团。

2010年3月，欧盟外长非正式会议在西班牙南部城市科尔多瓦举行，旨在为欧盟设计全球外交新战略，谋求在多极世界发出最强音。欧盟外交和安全政策高级代表阿什顿和欧盟27个成员国的外长齐聚这里，讨论欧盟50年历史上“最重大”和“最根本”的改革。通过本次会议，各国外长认识已经高度一致。他们认为，进入21世纪以后，世界形势已经、正在并且仍将发生重大变化，新兴国家力量日益增强，多极化正在向纵深发展。在这样的新形势下，欧盟调整其全球外交战略刻不容缓。阿什顿说，在继续发展与美国、俄罗斯、中国等主要战略伙伴关系的同时，欧盟将重点发展与新兴国家的关系，欧盟的外交重点将转向中国、巴西、印度等新兴力量，为此欧盟将改编和扩大驻新兴国家的外交团队。在《里斯本条约》后产生欧盟外交和安全政策高级代表的基础上，欧盟正在筹建一个全新的机构——“欧洲对外行动服务局”，希望将其打造成为未来欧盟外交的指挥和运作中心。通过这个机构，欧盟将在国际舞台上用“同一个声音”说话，这个更强大的声音将在未来多极世界中发挥与欧盟经济力量相称的作用，欧盟正朝着“成为未来多极世界中重要一极”的目标渐行渐近。

二、走向亚洲新战略

冷战后的欧盟根据变化了的国际格局不断调整自身对外战略，相继推出了一系列的地区性战略，其中，走向亚洲新战略是一个重要的组成部分。1994 年 7 月，欧盟委员会发表了《走向亚洲新战略》（Toward A New Asia Strategy）的报告，作出加强与崛起的亚洲关系的总体规划，进而开始制定对亚洲大国的国别政策。在亚洲，欧盟在经济上通过积极发展与东南亚联盟、中国、日本的经济合作，促进与亚洲的经贸发展；在政治上通过对地区热点的介入力求扩大其在亚洲的影响力；在涉及能源、教育、环保等社会文化领域，欧盟与亚洲也有密切的合作。

亚洲人口密集、地域广阔、资源丰富，经济发展潜力大，特别是第二次世界大战以后，亚洲经济发展迅速，并诞生了“亚洲四小龙”。随着“亚洲四小龙”的起飞和中国、东盟的经济崛起，亚洲日益成为世界经济增长最快的地区，并受到世界广泛关注。与此同时，欧洲共同体在经历了经济发展的黄金时期之后，在 70 年代进入长期的经济滞胀阶段，20 世纪 90 年代以来欧盟的扩大并未使成员国实现经济的腾飞。因此，欧盟把目光转向市场广阔的亚洲，期望通过加强与亚洲的经贸往来实现经济的长期、快速发展。在此情况下，欧盟通过颁布实施有关亚洲政策的文件，制定了基本的对亚战略。

迄今为止，欧盟已颁布了多个针对发展亚洲关系的文件，这些文件构成了欧盟对亚战略。《走向亚洲新战略》正式提出要加强欧盟“在亚洲的经济存在”。此战略的主要目的是赋予亚洲更优先的地位，加强与亚洲的经济合作，增强双方的理解和互动，建立与亚洲的“平等伙伴关系”。为此，欧盟提出开展如下方面的工作：经济上，加强对亚洲的投资和技术支持，实施对亚洲国家的经济援助，促进亚洲加入世界贸易体系；政治上，就人权、政治体制改革、军控等问题与亚洲开展对话；安全上，积极支持亚洲建立信任合作对话机制，以妥善解决南沙群岛争端、地区冲突和地区军备竞赛等问题。

如果说《走向亚洲新战略》是欧盟以经济为手段重返亚洲的宣言书，那么2001年9月4日，欧盟委员会通过的名为《欧亚：强化伙伴战略框架》文件则完成了欧盟在亚洲战略的第二次调整，即由与亚洲的经济合作转向以经济、政治、安全等全方位的合作并加大后者的合作力度。《欧亚：强化伙伴战略框架》的主旨是加强欧盟与亚洲诸国的关系，加强欧盟在亚洲地区的存在。文件指出，欧盟这项新的亚洲政策是基于世界新形势的变化并着眼于双方在未来10年发展关系而制定。文件认为，为了适应欧盟近年来在国际舞台上作用的不断加强，欧亚关系需要相应的调整。为此，欧盟与亚洲需要就以下问题展开合作：加强欧盟同亚洲在政治和安全方面的磋商；发展双方的经贸关系和投资；有效地减少亚洲地区的贫困；推动亚洲地区的民主、良政和法制国家建设；与亚洲主要伙伴国建立世界性的联盟关系；促进欧盟与亚洲国家的相互了解。

为落实上述文件的精神，欧盟通过建立一系列定期会晤机制的方式加强双方在经济、能源、地区安全、解决贫困方面的合作。目前欧盟与亚洲的会议机制主要有亚欧会议，它由新加坡提出，其目的是通过亚欧对话促进双方合作。亚欧会议每两年召开一次，轮流在亚洲和欧洲国家举行。亚欧会议的活动通过首脑会议、外长会议、高官会议、部长级会议及其他后续行动在多层次上进行。

在欧盟的亚洲战略中，与中国的关系不仅重要而且发展迅猛。自1975年中国与欧共体建立正式关系以来，经过双方30多年的不懈努力，中国与欧洲经济共同体的关系目前已取得巨大进展，形成了全方位、宽领域、多层次的合作局面。近年来，由于欧盟与中国作为全球政治角色的重要性不断上升，双方关系大幅度提升，双方都强调政治对话、制度性交流及广泛的协定。中欧关系取得显著进展的原因在于：在政治方面，中欧没有根本的利害冲突，双方在重大国际和地区问题上有着广泛共识；在安全方面，中欧无历史遗留问题，双方都希望并致力于保持地区稳定；在经济方面，中欧互补性强，合作的潜力巨大。中欧关系，经贸先行。尤其是近年来，中欧双方均将彼此视为国际经济舞台上最为重要的经贸合作伙伴之一，注重优势互补，合作规模不断扩大。2004年，扩大后的欧盟成为中国第一大贸易伙伴，双边贸易额达1773亿美元，是中欧建交时的74倍，而中国目前已是欧盟的第二大贸易伙伴。欧盟同时还是中国第一大技术供应方和重要的外资来源地。①

中欧双方对中欧关系的发展都持乐观态度。原欧盟驻华大使赛日·安博认为中欧关系犹如“蓝天”，尽管还有少量“云彩”，但是这些“云彩”并没有挡住中欧关系的顺利发展。② 习近平新一届政府执政以来，中欧关系迈上了一个新的台阶。习近平于2014年3月22日至4月1日访问荷兰、法国、德国、比利时，并出席在荷兰召开的核安全峰会，访问联合国教科文组织总部、欧盟总部，提出要共同努力建造和平、增长、改革、文明4座桥梁，建设更具全球影响力的中欧全面战略伙伴关系。

从总体上看，当前中欧发展全面战略伙伴关系面临3个重要挑战，这也是今后双方应该努力的方向。第一，加强双方相互了解和理解对实现全面战略伙伴关系的目标尤为重要。第二，全面战略伙伴关系不应局限于政府层面的交流与合作，要扩展到社会的各个层面，最终实现民间的充分交流。第三，中国和欧盟都应努力保证地区稳定。从经济合作的角度看，中欧建设全面战略伙伴关系不应局限于经济往来，更应着眼于能够真正产生全球性影响的战略合作。总之，30多年来中欧关系的发展取得了迅猛的进展，从双边的长期关系到成熟的伙伴关系最后到全面的战略伙伴关系，中欧之间的关系不断提升，真正体现了全方位、宽领域、多层次以及全局性、长期性和稳定性的特点。

三、从东扩到东部伙伴关系计划

欧盟的扩大是欧洲一体化不断走向深入的结果。整个20世纪90年代，欧盟不断强调东扩的地缘政治和安全的动机与目标，即“为将欧洲的安全和繁荣带给我们的东部邻居，这也是50年来我们的夙愿，将增

---

① 高华：“中欧关系30年：过去、现在和未来”，李慎明、王逸舟主编：《2006年：全球政治与安全报告》，社会科学文献出版社2006年版。

② 欧盟驻华大使接受人民日报记者专访，2006年9月7日。

进整个欧洲的安全和繁荣。”① 从欧盟扩大的进程看，上世纪90年代初，欧盟开始对中东欧进行财政与技术援助，并同中东欧国家签署了一系列协定，要求中东欧国家加强制度建设、法律建设，以达到入盟标准。1994年12月，欧盟首脑会议通过“准备加入战略”，确立了欧盟国家与联系国的对话机制，中东欧国家也开始陆续提交入盟申请书。欧盟1997年签署的《阿姆斯特丹条约》提出了未来的扩大问题。从1998年开始，欧盟开始了与候选成员国的谈判；到2004年5月1日，中东欧10国顺利加入欧盟，欧盟实现了历史上最大规模的一次扩大。2007年1月1日，随着罗马尼亚和保加利亚的入盟，欧盟已经发展成为拥有27个成员国的组织。

在冷战结束以来俄欧关系的历程中，欧盟的扩大是影响双方关系的重要因素之一。“如果说欧盟东扩对跨大西洋关系的影响还只在微妙的开始，那么它给俄罗斯在欧洲的地缘政治环境带来的变数则已相当明显。”②

对于欧盟来说，冷战后最大的战略考虑即实现统一的大欧洲，实现欧洲的重生。因而吸纳中东欧国家，包括新生的前苏联国家加入欧盟是实现统一的大欧洲梦想的关键环节，也是难得的发展机遇。此外，欧盟在冷战后另一重要的战略考虑就是实施共同外交与安全政策，独立地、以统一的欧洲名义向外发出声音，参与重大国际事务的管理，不断提升欧盟的政治作用与大国形象。在欧盟实施新的对前苏联地区国家战略中，俄罗斯无疑是一个重要的方面。

俄欧关系的历史早在戈尔巴乔夫时期就已开始深入发展。从戈尔巴乔夫的“欧洲共同家园”到1994年俄欧伙伴关系与合作协定，从1999年欧盟对俄共同战略和《俄联邦同欧盟关系中期发展战略（2000—2010年）》到普京时期的“俄欧关系第一”，都标志着俄欧关系发展跨入了一个历史性的新阶段。20世纪90年代以来，俄罗斯与欧盟之间的战略伙伴关系不断趋向深化。发展与欧盟的关系是90年代初期以来俄

① Malcolu Rifkind, Speech to the British House of Commons, December 7, 1995, qtd. In “Enlargement of the European Union to the east,” Background Brief (London: Foreign and Commonwealth Office, 1995).

② 冯绍雷：“欧盟东扩与大国关系”，《俄罗斯研究》2004年第3期。

罗斯外交政策始终坚持的一个优先方向。1992 年 5 月叶利钦说:“俄罗斯自古以来就跟欧洲是一体，因此我们应该与欧洲委员会和欧洲经济共同体等欧洲机构联成一体，应该加入其政治和经济同盟。”① 俄罗斯的欧洲派认为,“只有在与欧洲的内部与外部密切交往中，俄罗斯的生活才造就了真正的伟大现象”。②

纵观冷战结束以来欧盟与俄罗斯的双边关系，呈现出不同的阶段性。从 1989 到 1994 年是俄欧伙伴关系的形成时期。经过 90 年代初期的相互接近，1994 年6 月，俄罗斯与欧盟最终达成了在双边关系史上具有重要意义的伙伴关系与合作协定。这一协定的基石是将经济合作与政治对话联系起来，其目标是为双方提供政治对话的合理框架；在遵守市场经济规则的基础上推动双方发展贸易、投资与和睦的经济关系进而促进双方关系持续不断的发展；支持俄罗斯致力于巩固民主、发展经济并且实现向市场经济的转轨；在共同进步、互相负责的规则指导下，提供一个经济、社会、金融和文化合作的基础；积极推动涉及共同利益的行动；为俄欧在广泛领域的合作提供一个逐步整合的合理框架；为建立一个自由贸易区以及为实现设立公司、服务业和资本流动的自由跨国贸易创造必要条件。伙伴关系与合作协定是俄罗斯与欧盟签署的最广泛、最全面的协议，是发展双边关系的法律基础。

上世纪 90 年代以来俄欧首脑定期峰会对于双方的政治互信及交流与沟通产生了积极的作用，同时也解决了欧盟扩大过程中所产生的一系列与俄罗斯相关的问题。1999 年 6 月在德国科隆举行的欧盟首脑会议正式采纳了欧盟“对俄罗斯的共同战略”。“欧盟对俄共同战略”指出，俄罗斯将成为未来欧洲大陆的重要组成部分，其目的在于发展欧盟与俄罗斯之间长期和稳定的伙伴关系。欧盟希望加强与俄罗斯在各个领域的合作并为俄罗斯的民主和市场经济建设提供帮助。共同战略还表示，欧盟各国今后将在对俄政策上紧密合作，致力于与俄罗斯保持长期的政治和安全政策对话，加强双方公民之间的联系和往来。至此，欧盟共同外交的新机制——即在阿姆斯特丹条约中确定的“共同战

① 王正泉:“俄罗斯围绕外交构想的三次争论”,《国际观察》1998 年第 2 期。
② 索洛维约夫，徐风林译:《俄罗斯与欧洲》，河北教育出版社 2002 年版，第 138 页。

略”概念，第一次被运用到欧盟以外的国家。俄罗斯方面对此反应非常积极，俄在 1999 年 10 月召开的赫尔辛基欧盟—俄罗斯高峰会议上向欧盟正式提交了“俄罗斯联邦与欧盟关系发展的中期战略（2000—2010）”。

进入新世纪以来，在欧盟扩大的背景下，俄欧关系不断深化，并掀开了新的篇章。普京时期，如何发展与西方的建设性关系是普京新政的重点之一，尤其是俄罗斯与欧盟的关系在原有基础上不断深化。普京治下的俄罗斯重新确立了面向欧洲的国家发展战略，普京明确宣称“一个首要的问题是，无论在过去、现在还是将来，俄罗斯都是一个主要的欧洲大国。”① 与此同时，俄罗斯也有着与欧盟发展关系的现实动因。从现实利益角度看，俄罗斯与欧盟在经济上有一定的相互依赖性。“欧洲之于俄罗斯，不仅是鼓舞力量之源、科技之源、减免债务之源和安全之源，而且是文明之源、资金之源、国家振兴之源。”② 欧盟的市场、资本与技术是推动俄罗斯经济改革的有力杠杆，而俄罗斯丰富的能源与巨大的市场潜力对于欧盟也日益显示其重要性。所以，2000 年的俄联邦外交政策构想明确提出：与欧洲国家的关系是俄罗斯外交政策的传统优先方面，同欧洲联盟的关系具有关键性意义，俄罗斯联邦把欧洲联盟视作自己一个极为重要的政治和经济伙伴，并努力与它发展积极和稳定的长期合作。俄罗斯与欧盟关系中期发展战略也强调“未来十年的优先方向是发展和巩固俄罗斯联邦与欧盟之间的合作和伙伴关系”。③

在高举返归欧洲大旗的原则下，俄罗斯在政治、经济及战略层面加大了与欧洲国家合作的力度。2000 年 4 月，普京上台伊始就选择英国作为执政后出访的第一个国家，随后 6—10 月，又相继访问了意大利、西班牙、德国和法国。在这些访问中，普京在经济合作与争取援助方面获得了较大实惠，如推迟偿还或减免债务、增加在俄投资、争取经济援助

---

① Vladimir Putin, Annual address to the Federal Assembly, The Kremlin, Moscow, April 25, 2005, International Affairs, Volume 51, Number 3.

② 许志新：“‘9·11’事件后普京对西方的重大变化”，《欧洲》2002 年第 2 期。

③ 伊·伊万诺夫，陈凤翔等译：《俄罗斯新外交——对外政策十年》，当代世界出版社 2002 年版，第 157、158、194 页。

等。此外，2000 年 10 月俄与欧盟举行首脑会晤，在经济合作方面得到了欧盟的支持。欧盟表示将在经济领域进一步加强与俄罗斯的合作，继续向俄提供技术援助，促进对俄投资，并帮助俄尽快加入世界贸易组织。在 2002 年 5 月的欧俄首脑会议上，俄欧双方签署了五项联合声明，其中是在经济方面要求加强能源对话，同时还提出启动欧俄一体化进程，将俄罗斯融入欧洲经济体系，营造统一的经济空间。同年 11 月，在布鲁塞尔召开的第十次欧盟—俄罗斯首脑会议上，双方重点讨论了欧盟扩大所涉及的加里宁格勒飞地和能源合作等问题，并达成了共识，为欧盟顺利实现历史性扩大和进一步加强双边合作奠定了更加坚实的基础。① 双方还发表了反恐联合声明，表示将继续打击各种形式的恐怖主义，支持最广泛的反恐联盟，并在预防和打击恐怖主义方面加强合作。此外，在此次会议举行前夕，欧盟委员会于 11 月 7 日宣布欧盟决定正式承认俄罗斯的市场经济地位，这将有助于双方加强贸易往来，同时也有助于俄罗斯加入世贸组织。

俄欧关系在 2003 年的伊拉克战争中受到了广泛的关注。不仅在伊拉克战争前，围绕这场战争的合法性问题，俄罗斯与欧盟大国始终坚定地站在一起，共同反对美国的单边主义，显示了俄罗斯与欧盟大国在重大国际问题上的团结一致；而且在欧盟扩大前夕，俄罗斯与欧盟首脑峰会就欧盟扩大问题达成共识，使得欧盟扩大得以顺利实现。伊拉克战争后，俄罗斯与欧盟的关系也得到进一步发展，主要体现在 2003 年俄欧之间的两次峰会确立了俄欧关系的发展方向。2003 年 5 月在圣彼得堡举行了俄欧峰会，欧盟 14 个国家的领导人以及于 2004 年加入欧盟的 10 个中东欧国家的领导人，参加了圣彼得堡建市 300 周年庆典。俄欧双方签署了《联合声明》，表示双方将加强在政治、安全、反恐、经济等领域的合作，增添俄欧关系中新的战略性内容，在伙伴关系及合作协定框

---

① 会后发表的联合声明说，欧盟将从 2003 年 7 月 1 日起建立“便捷过境手续机制”，为加里宁格勒和俄罗斯本土居民通过陆路进行互访实施免费或低收费过境手续。立陶宛共和国同意在 2004 年年底前以俄罗斯内部护照为依据实施便捷过境手续。此后，俄罗斯公民必须持有上述便捷过境手续和俄罗斯发放的国际旅行护照方可出入立陶宛国境。欧盟还同意在适当条件得到满足后，在 2003 年对俄罗斯提出的建立连接俄罗斯本土和加里宁格勒的直达快车的建议进行可行性研究。

架下建立长期的共同经济空间以及内部或外部安全空间，努力解决欧盟扩大后可能对双边关系发展带来的新问题。《联合声明》指出，双方认为应提高双边合作的有效性，决定将现有的双边合作委员会改组为俄罗斯与欧盟“常设伙伴关系委员会”。《联合声明》还强调，欧盟的扩大要求对俄欧双边合作的形式等方面作出调整。双方商定，将加强在防止大规模杀伤性武器、运载工具和相关技术扩散方面及在国际反恐和安全领域进行密切合作，完善双边反恐磋商机制。2003 年 11 月，俄欧罗马峰会就欧盟扩大带来的影响、建立共同安全体系、形成统一经济空间及发展科技文化对话等四个方面的议题交换了意见，最后发表的《联合声明》总结了俄欧双方在政治、经济和安全领域合作的共识，表达了“巩固和加强战略性伙伴关系”的愿望。2005 年 5 月莫斯科峰会批准了建立四个共同空间的“路线图”计划。但是，双方关系的发展进程中也同时衍生着重大分歧，2007 年 5 月的俄欧峰会没有达成任何协议，一时间，俄欧关系急剧滑坡。

在影响俄欧关系发展的种种因素中，欧盟的扩大无疑是非常重要的一个环节。面对欧盟的扩大，俄罗斯大多数人对欧盟东扩持积极态度，认为欧盟东扩对于俄罗斯来说是有利的。有学者认为，欧盟东扩不仅是对外贸易市场的扩大，而且还将使俄罗斯进一步融入欧洲的经济空间。作出这种判断的基础是，欧盟的扩大将使俄罗斯的对外贸易增加 50%，这证明俄罗斯不断成为欧洲共同经济空间的一部分。同时，因为“贸易融入论”的作用，俄罗斯将不断地融入欧洲的经济空间。[①] 在俄罗斯内部，政界和知识界的精英都认为欧洲一体化是一种积极的发展方式，是俄罗斯人比较感兴趣的。欧洲一体化已被看作是欧洲稳定的基石。从欧盟的角度来看，俄罗斯 1.5 亿的消费者是一个大有希望的市场，要比中东欧 10 个申请国的综合市场大 1.5 倍。如果俄罗斯经济稳定，法律环

---

① Bobo Lo, Vladimir Putin and the Evolution of Russian Foreign Policy, Blackwell Publishing, 2003, p. 60. 作者认为，莫斯科增加向西欧市场的天然气出口并不仅仅是为了经济利益，而是基于一种信念，即欧洲对俄罗斯的依赖越大，俄罗斯就更多地被认为是欧洲大陆的一部分，而不仅仅是外在的能源供应者。对于东方也是一样。20 世纪 90 年代以来，当俄罗斯想加入 APEC 的时候，它大量扩张与单个成员国的经济联系，尤其是中国，从而使自己成为这一地区事实上的成员国。

境正常，那么与欧盟发展更亲密的关系将会形成对比较低落的外国直接投资更加有利的气候。但是，所有这些积极的发展主张都取决于俄罗斯政治和经济过渡的成功与否以及稳定、持续增长的市场经济的发展状况。如果一切运行良好，那么商业接触的增加、跨欧洲交换和供给网络的发展、不断增强的信心和相互信任都将使俄罗斯成为欧洲经济体系中必不可少的一部分。此外，欧盟坚持中东欧申请国必须在解决了与所有邻国的边界冲突后，才有资格加入欧盟。从这个角度来说，欧盟东扩到不太稳定的东欧地带对俄罗斯还是有利的。而且，欧盟与俄罗斯双方都估计到了欧盟东扩的预期结果。就欧盟来说，它有一个明确的愿望就是“不要在欧洲再制造一条错误的界线”，因此欧盟下决心与俄罗斯建立一种建设性关系。

但是，俄罗斯国内同样也有一部分人持更为谨慎的立场，强调如果欧盟东扩不包括俄罗斯的话，有可能使欧洲重回分裂时代。[①] 此外，尽管俄罗斯对欧盟东扩持欢迎态度，但是俄罗斯官方也很早就注意到欧盟东扩所带来的一系列消极影响，并向欧盟申明了俄罗斯的态度。1999年10月，俄罗斯提交给欧盟理事会的中期战略中提到欧盟东扩对俄罗斯利益的冲击，并提交了一份有关东扩可能对俄造成消极影响的清单，内容包括：新入盟国家将采用更加严格的关税制度；欧盟老成员可能将贸易联系重点转向新成员；新成员将获得进入原欧盟市场的优惠待遇，从而削弱俄罗斯企业原有的经济联系和竞争力；新成员将采用欧盟技术标准，提高了俄罗斯产品进入门槛；新成员采用欧盟反托拉斯和反倾销法后对俄罗斯的伤害；外部投资可能转向中东欧新成员；加里宁格勒问题等。

从上述逻辑出发，普京上台之初，俄罗斯与欧盟双方争论的焦点在于加里宁格勒“飞地”、俄罗斯加入WTO等问题，令欧盟东扩前双方关系处于敏感状态。然而，特立独行的俄罗斯总统普京总是令人吃惊。他一改对欧盟对俄政策的批评，称“欧盟的扩大不是问题”，令来访的欧盟委员会主席普罗迪及贸易代表拉米大为高兴。2004年4月27日，

---

① Margot Light, Jowenhardt and Stephen White, Russia and the Duel Expansion of Europe: Russia between East and West, London, MPG Books Ltd, 2003, p. 66.

俄欧政府间就进一步发展双边关系所签署的协议，也多少为欧盟东扩前夕俄欧间的敏感状态有所驰缓起了作用。一时间，对俄欧关系感到悲观的政治评论家们纷纷调转笔锋，欢呼俄欧之间的“柳暗花明又一村”。

冷战结束后，欧盟与俄罗斯之间存在种种分歧，但总体上仍是合作与对抗并存，一度曾以合作的成分居多，合作是俄欧关系发展的主线。但是，2013 年底发生的乌克兰危机造成了俄罗斯与西方的尖锐对抗，欧盟同美国一起对俄罗斯进行制裁，尽管制裁的影响不是很明显，但是带来了欧盟与俄罗斯在未来相当长时间关系的冷淡。

从欧盟角度看，欧盟东扩也迈出了重大步伐，2004 年欧盟成员国增加到 27 个，欧洲的经济实力大增，欧盟市场大为扩展，而且欧盟东扩的政治意义也非常突出。在此背景下，欧盟任何与俄罗斯对抗的势头都是对欧洲一体化以及欧盟东扩事业的损害。有学者认为，欧盟的对俄政策已从 90 年代较为理想化、较为抽象的概念中摆脱出来，俄欧关系开始变得较为现实和具体。重要的是，这种关系已经逐渐制度化，新的机制不断产生，新的途径已经打开，新的思路亦开始形成。这样，俄欧战略关系就有可能朝着平稳的方向发展。

在欧盟扩大的同时，欧盟“东部伙伴关系”的倡议也开始提出并在 2008 年 6 月欧盟首脑会议上得以通过。经过近 1 年时间的酝酿，2009 年 5 月，欧盟 27 国与乌克兰、白俄罗斯、摩尔多瓦、格鲁吉亚、亚美尼亚和阿塞拜疆 6 个欧亚国家签署了《东部伙伴关系宣言》，正式启动旨在增进双方合作的“东部伙伴关系”计划。作为欧盟睦邻政策的一部分，“东部伙伴关系”计划支持伙伴国的政治和经济社会改革，促使其向欧盟靠拢，推动欧盟与伙伴国建立自由贸易区，提高财政援助，简化进入欧盟的签证手续，加强能源和安全等方面合作，鼓励伙伴国与欧盟发展经济一体化，并最终与欧盟形成经济共同体。对俄罗斯来说，欧盟的“东部伙伴关系”计划几乎等于在挖其后院的墙脚，所以俄反应相当激烈，指责欧盟把矛头指向俄，制造“新的裂痕”。[①]

---

① “欧盟‘东部伙伴关系’计划正式启动”，《人民日报》2009 年 5 月 9 日 03 版。

第三节　中国的崛起

经过30多年的改革开放，中国作为新兴经济体的代表快速崛起并吸引了国际社会的广泛关注。日益崛起的中国如何应对与世界的关系，采取一种怎样的战略融入国际社会，不仅是中国也是整个国际社会关注的问题。党的十八大报告明确指出，中国将继续高举和平、发展、合作、共赢的旗帜，坚定不移地致力于维护世界和平、促进共同发展。

一、和平发展道路

中国对外战略除了首创人类命运共同体意识外，还提出了明确的旗帜与宣言，这就是党的十八大报告中指出的，中国将继续高举和平、发展、合作、共赢的旗帜，坚定不移地致力于维护世界和平、促进共同发展。它体现了中国对外战略思想在经历30多年的改革开放之后继承和平与发展的时代主题观，同时提出了新的发展共赢理念，两者的相互结合成为中国对外战略始终不渝坚持并予以高举的旗帜。

和平发展合作共赢的旗帜所蕴含的思想相互贯通、相互联系，共同构筑了中国对外战略的思想体系。其中，和平是环境，发展是根本，合作是手段，共赢是目标。第一，追求一个和平的环境，在和平共处五项原则基础上发展同各国的友好合作关系，是中国对外战略的核心所在。中国对外战略所宣称的和平不仅仅是营造为中国经济建设与发展所需要的和平国际与周边环境，而且，也致力于推动构建一个持久和平的和谐世界，立足于人类命运共同体的角度，为人类的和平贡献力量。这是当代中国对外战略指导思想的创新与升华，它明确宣告中国对外战略不仅仅是为了追求本国利益，而且还是为了追求人类命运共同体的整体利益。

第二，和平与发展仍然是当今世界两大主题。要和平不要战争，要发展不要贫穷，这是世界各国人民的共同愿望。邓小平在1992年的南方谈话中指出，抓住时机，发展自己，关键是发展经济。发展才是硬道理。[①] 在和平与发展的关系问题上，发展需要和平，和平离不开发展。没有一个和平的环境，发展无从谈起，但是和平也离不开发展，通过发展可以维护和平。而且，如同和平是人类命运共同体所共同追求的目标一样，发展也是世界各国的共同发展，各国都要争取和平的国际环境发展自身，同时通过自身的发展维护世界和平，促进共同发展。发展是中国对外战略的根本所在，对外战略要服务于国家的发展大局，要服务于人类命运共同体的发展大局，为国家的根本利益，也为人类命运共同体的根本利益服务。中国的发展，如同习近平所指出的，正处在快速工业化、城镇化进程中的当代中国，始终致力于聚精会神搞建设、一心一意谋发展，同时始终致力于维护世界和平、促进人类共同发展。中国谋求的发展，是和平的发展、开放的发展、合作的发展、共赢的发展。[②]

第三，要实现和平的国际环境，实现共同的发展，合作是各国推进相互关系必不可少的保障条件，国家间合作是实现对外战略目标的基本手段。十八大报告提出的要合作不要对抗，也是总结60多年来中国对外战略正反两方面经验教训提出的命题。冷战时期的两极对抗、集团政治使得中国长期以来对世界局势与时代主题的判断发生偏差，战争与革命成为对外战略的核心。只有在改革开放以后，在和平与发展成为时代发展的主题后，在世界多极化、经济全球化的国际背景下，中国与世界的关系才发生根本性变化，中国日益融入世界体系，真正地在和平共处五项基本原则基础上全面发展同世界各国的合作关系，始终不渝地走和平发展道路，开辟了中国对外战略发展的新局面。

最后，共赢是坚持走和平发展道路，通过相互合作实现的最终目标。共赢的理念是中国对外战略思想体系中的崭新概念，它标志着旧的国际政治经济秩序中零和定律的失效，在新的世界政治经济格局下完全可以实现非零和的共赢局面。“一花独放不是春，百花齐放春满园。”世

① 邓小平：“在武昌、深圳、珠海、上海等地的谈话要点”，《邓小平文选》（第三卷），人民出版社1993年版，第375页。

② 习近平：“携手合作 共同维护世界和平与安全——在‘世界和平论坛’开幕式上的致辞”，2012年7月7日。

界各国联系紧密、利益交融，要互通有无、优势互补，在追求本国利益时兼顾他国合理关切，在谋求自身发展中促进各国共同发展，不断扩大共同利益汇合点。共赢理念的提出进一步丰富了中国对外战略思想体系，也具有非常重要的现实意义。中国改革开放30多年来，经济快速发展，在国际上的地位与影响不断攀升，尤其是2010年中国GDP总量超过日本成为世界第二，更是在世界上掀起了关于中国模式与中国发展道路的讨论热潮，同时，也进一步刺激了"中国威胁论"等负面影响的流传。在这一背景下，共赢理念的提出在一定程度上可以消除国际社会对中国的误解，中国致力于在发展自己的同时惠及周边国家，为世界经济的复苏作出贡献。2008年国际金融危机发生后，中国积极参与二十国集团等全球经济治理机制建设，推动国际金融体系改革，参与各国宏观经济政策协调，参与国际贸易融资计划和金融合作，组织大型采购团赴海外采购，向陷入困境的国家伸出援手。中国认真落实联合国千年发展目标，成为全球唯一提前实现贫困人口减半国家，并根据自身能力积极开展对外援助。截至2009年底，中国累计向161个国家、30多个国际和区域组织提供了2563亿元人民币的援助，减免50个重债穷国和最不发达国家债务380笔，为发展中国家培训人员12万人次，累计派出2.1万名援外医疗队员和近1万名援外教师。中国积极推动最不发达国家扩大对华出口，并已承诺对所有同中国建交的最不发达国家95%的输华产品给予零关税待遇。[①]

和平发展合作共赢的旗帜是一面崭新的旗帜，体现了中国对外战略的新发展。它是在当今世界发生深刻变化、国际力量对比发生巨大变化的大背景下的新发展。进入新世纪的第二个十年，世界政治经济格局悄然发生巨大变化，世界多极化、经济全球化深入发展，文化多样化、社会信息化持续推进，第三次工业革命在全球孕育新一轮的变革，全球合作向多层次全方位拓展，以金砖国家为代表的新兴市场国家群体性崛起，发展中国家整体实力增强，同时受金融危机的打击，西方发达国家实力整体下降，国际力量对比朝着有利于维护世界和平的方向发展。在这一大背景下，中国高举和平发展合作共赢的旗帜是中国对外战略适应

---

① 国务院新闻办公室：《中国的和平发展》白皮书，2011年。

新形势、新变局的基本要求。国际力量对比发生变化将更加有利于中国和平发展道路的进一步推进，新兴经济体的群体性崛起、发展中国家整体实力的增强有利于中国进一步推进互利共赢的开放战略，做发展中国家的可靠朋友与真诚伙伴。它是中国以更加积极姿态参与国际事务、发挥负责任大国作用基础上的新发展。在国际金融危机影响深远、全球性问题更加突出的背景下，中国高举和平发展合作共赢的旗帜具有良好的机遇，它彰显了中国坚持在发展本国利益的同时同各国人民利益相结合的原则，体现了中国立足于人类命运共同体意识，从人类的根本利益出发，共同解决人类共同面临的全球性问题的良好意愿。通过积极参与国际事务，发挥负责任大国作用，致力于减轻、消除国际社会对中国发展的困惑、误解和疑虑。树立大而不骄、强而不霸的形象，把中国和平发展的真诚愿望，化为外部世界对中国的普遍信任，实现与世界的共同繁荣。①

二、和谐世界目标

新中国成立 60 多年来，对外战略思想的发展在时代风雨的洗礼中，不断适应并思考中国与世界的新关系，不断探索新的促进人类和平与发展事业的新道路。进入新世纪以来，中国对外战略思想在继续坚持和平共处五项原则、始终不渝走和平发展道路的基础上又一次向世界提出了面向全人类的、崭新的价值观，这就是建设持久和平、共同繁荣的和谐世界的思想。

和谐世界思想的提出是中国传统文化与价值观的内在反映，是运用中国传统文化与价值观观察世界、认识世界、改造世界的核心思想。和谐，简而言之，就是“和”。所谓“和”，是在肯定事物或因素存在多样性、差异性的前提下，使矛盾、对立的诸因素、方面统一起来，其要点是尊重差异与保存个性。“和”是万物产生的基础。“和谐”理念是中华各民族在长期融合中形成的民族性格。和谐理念，能为促进世界和平与发展、促进国与国之间关系、协调国内区域发展、培育文化的多样

---

① 王敏：“探索中国对外战略新思维”，《金融时报》2013 年 3 月 28 日。

性，提供精神资源和价值理念。[①]

从历史的、文化的角度看，和谐理念深深蕴藏在中华民族的民族特性、价值观念中，是中华民族非常宝贵的精神财富。在中国特色社会主义建设的漫漫征途中，在国内建设和谐社会，在国际上推动建立持久和平、共同繁荣的和谐世界是中国特色社会主义的必然要求。胡锦涛同志从2003年以来，多次提出要构建社会主义和谐社会，并指出，社会和谐是中国特色社会主义的本质属性，这个重大判断深化了对社会主义本质的认识，是总结国内外社会主义建设特别是我国社会主义建设历史经验得出的重要结论，也是构建社会主义和谐社会的理论基础。[②] 和谐的理念、和而不同的思想等也体现了中国对于世界和平与发展的追求。如同江泽民2002年访问美国期间提出，和而不同是人类各种文明协调发展的真谛。在当今世界上，我们提倡“和”，也就是说，各国应当在政治上互相尊重，经济上互相促进，文化上互相借鉴，这将有利于世界的和平与发展。[③]

和谐世界思想的提出反映着中国与世界关系的变迁。在中国与世界关系问题上，新中国成立前30年与后30年有着显著的区别。前30年，从“一边倒”的外交方针到“三个世界”的理论，客观上使得中国与世界的关系更多地考虑与社会主义国家关系、与第三世界国家关系；而后30年，随着中国改革开放进程的启动，中国更多地融入世界，中国与世界的关系突破了意识形态的束缚，开始全方位地发展与世界各国的关系。因此，党的十七大报告明确指出，中国发展离不开世界，世界繁荣稳定也离不开中国。中国人民将继续同各国人民一道，为实现人类的美好理想而不懈努力。[④]

随着中国不断地发展壮大，中国日益融入世界，要建设一个什么样的世界就成为人们需要回答的理论命题。江泽民1995年在联合国成立

---

① 郭齐勇、张志强：“‘和谐’是中华各民族在长期融合中形成的民族性格”，《光明日报》2013年4月12日。

② 胡锦涛在党的十六届六中全会第二次全体会议上的讲话，2006年10月11日。

③ 《江泽民文选》（第三卷），人民出版社2006年版，第524页。

④ 胡锦涛：“高举中国特色社会主义伟大旗帜 为夺取全面建设小康社会新胜利而奋斗——在中国共产党第十七次全国代表大会上的报告”，2007年10月15日。

50周年特别纪念会议上的讲话提出，要共同缔造一个更美好的世界，要形成自主选择、求同存异的国际和谐局面。[①] 但是，这一个更美好的世界的内在涵义如何？其构成要素是什么？中国历届领导集体也在不断探索这一问题。总体来看，新中国成立60年来，建立和维护一个和平的世界是中国共产党人对外战略思想中的最根本性任务。尽管在新中国成立前30年，在冷战的两极对抗及集团政治的大背景下，战争与革命的问题成为这一时期的重点，但是用和平的方法来解决问题，为国内经济建设创设和平的环境始终是中国共产党外交政策的基本原则。毛泽东1955年在会见印尼总理阿里·沙斯特罗阿米佐约时提出和平为上，他说，"就是西方国家，只要他们愿意，我们也愿同他们合作。我们愿意用和平的方法来解决存在的问题"。[②] 毛泽东还多次谈到，"和平共处五项原则是一个长期的方针"，"和平共处五项原则应推广到所有国家关系中去"。

中国共产党人对中国与世界的关系以及对未来理想世界的战略谋划经历了一个不断发展的过程，主要表现为"三个世界"理论、倡导国际政治经济新秩序，最后到和谐世界思想的提出。

20世纪70年代初毛泽东提出的三个世界理论反映了中国共产党人对世界的认知，三个世界理论连同之前的"一条线"、"一大片"战略，其主要宗旨是团结一切可以团结的力量，主要依靠第三世界国家和人民，共同反对霸权主义和强权政治，建立国际反霸统一战线。1974年2月22日，毛泽东同赞比亚总统卡翁达谈话时提出了三个世界划分问题，认为美国、苏联是第一世界；中间派，日本、欧洲、澳大利亚、加拿大是第二世界；亚洲除了日本，都是第三世界，整个非洲都是第三世界，拉丁美洲也是第三世界。[③] 三个世界理论准确地反映了当时的国际政治格局与力量对比态势，指出了中国外交的主要依靠方向，同时对自身的国际定位也有明确的界定，深刻地影响了中国外交的未来发展方向。

毛泽东时代确立的中国作为第三世界的国际定位长期以来影响中国

---

① 《江泽民文选》（第一卷），人民出版社2006年版，第480页。
② 《毛泽东外交文选》，中央文献出版社、世界知识出版社1994年版，第210页。
③ 《毛泽东外交文选》，中央文献出版社、世界知识出版社1994年版，第600—601页。

的对外战略，往后的历届领导集体也多次强调中国是第三世界的一员。邓小平同志也多次强调中国是第三世界的一员。1984年5月29日，他在会见巴西总统菲格雷多时指出，“中国永远属于第三世界。中国现在属于第三世界，将来发展富强起来，仍然属于第三世界”。① 1999年8月4日，江泽民同志在中央外事工作会议上指出要从战略高度加强同第三世界的团结合作，他说：“加强同第三世界国家的团结合作，是我国对外政策的基本立足点——我们必须从战略高度，从我国外交全局和国家整体利益出发，思考怎样加强同第三世界国家的合作问题，进一步提高对第三世界国家工作重要性的认识。”② 一直到2002年党的十六大报告仍强调，我们将继续增强同第三世界的团结和合作，增进相互理解和信任，加强相互帮助和支持，拓宽合作领域，提高合作效果。③

20世纪90年代末，随着经济全球化与世界多极化趋势的发展，对广大亚非拉国家的定位也出现变化。1998年8月29日，江泽民在第九次驻外使节会议上的讲话中指出“中国作为一个社会主义国家和世界上最大的发展中国家”、“要进一步加强同广大发展中国家的团结合作”。④ 党的十七大报告明确宣告：我们将继续加强同广大发展中国家的团结合作，深化传统友谊，扩大务实合作，提供力所能及的援助，维护发展中国家的正当要求和共同利益。⑤

如果说三个世界的理论曾经主导中国共产党人对世界的认知，那么，随着国际形势的变化，中国逐渐融入国际社会，并相应提出了自身的国际观、世界观，这就是要建立国际政治经济新秩序的主张。1988年邓小平就提出要建立国际政治经济新秩序，要以和平共处五项原则为准则建立国际新秩序。他说：“世界总的局势在变，各国都在考虑相应的新政策，建立新的国际秩序。”“世界上现在有两件事情要同时做，一

---

① 《邓小平文选》（第三卷），人民出版社1993年版，第56页。

② 《江泽民文选》（第二卷），人民出版社2006年版，第373页。

③ 江泽民：“全面建设小康社会，开创中国特色社会主义事业新局面——在中国共产党第十六次全国代表大会上的报告”，2002年11月8日。

④ 《江泽民文选》（第二卷），人民出版社2006年版，第205页。

⑤ 胡锦涛：“高举中国特色社会主义伟大旗帜　为夺取全面建设小康社会新胜利而奋斗——在中国共产党第十七次全国代表大会上的报告”，2007年10月15日。

个是建立国际政治新秩序，一个是建立国际经济新秩序。”[①] 为此，党的十四大报告指出，建立什么样的国际新秩序，是当前国际社会普遍关心的重大问题。根据历史经验和现实状况，我们主张在互相尊重主权和领土完整、互不侵犯、互不干涉内政、平等互利、和平共处等原则的基础上，建立和平、稳定、公正、合理的国际新秩序。这一新秩序包括建立平等互利的国际经济新秩序。[②]

20世纪80年代末，随着冷战的终结，国际社会对建立国际新秩序的呼声日益高涨，这是在国际格局发生变化背景下对旧的国际政治经济秩序的反弹，要求结束不公正不合理的旧秩序，建立符合整个国际社会共同利益的新秩序。中国所倡导的国际政治经济新秩序其根本出发点仍然是和平共处五项基本原则。这一新的秩序应该反映世界各国人民的普遍愿望和共同利益，应该体现历史发展和时代进步的要求。具体来说，这一新秩序应坚持以下基本原则：第一，互相尊重主权和领土完整、互不侵犯、互不干涉内政。第二，坚持用和平方式处理国际争端。反对凭借军事优势动辄使用武力或以武力相威胁，要彻底摒弃冷战思维，树立以互信、互利、平等、协作为核心的新安全观，通过对话增进相互信任，通过合作促进共同安全。第三，世界各国主权平等。所有国家不论强弱、贫富都是国际社会平等的一员，都有平等参与世界事务的权利。各国的事情要由各国人民做主，国际上的事情要由各国平等协商，全球性的挑战要由各国合作应对。第四，尊重各国国情、求同存异。每个国家都有权独立自主地选择自己的社会制度与发展道路。世界本来就是丰富多彩的，不可能只有一种模式。各国社会制度和价值观念等方面的差异不应成为发展正常国家间关系的障碍，更不应成为干涉别国内政的理由。第五，互利合作、共同发展。各国之间，特别是发达国家和发展中国家应该相互合作，平等互利，共同发展。要改革旧的不合理的国际经济秩序，使之有利于维护世界各国特别是广大发展中国家的权益。

国际政治经济新秩序反映了中国在公正平等基础上、从国际社会共

---

① 《邓小平文选》（第三卷），人民出版社1993年版，第282页。

② 江泽民：“加快改革开放和现代化建设步伐夺取有中国特色社会主义事业的更大胜利——在中国共产党第十四次全国代表大会上的报告”，1992年10月12日。

同利益出发提出的对未来美好世界的设想，是和谐世界思想出台的理论前提。1995 年江泽民在联合国成立 50 周年特别纪念会议上的讲话呼吁共同缔造一个更美好的世界，倡导形成自主选择、求同存异的国际和谐局面。这一讲话初步反映了中国共产党人对未来理想世界前景的描绘。

进入新世纪，国际局势及国际力量对比发生较为明显的变化。世界多极化不可逆转，经济全球化深入发展，尤其是 2008 年之后，美国与欧洲国家深受金融危机的打击，其综合实力呈现出相对下降的趋势；另一方面，新兴经济体群体性崛起，世界力量对比发生显著的变化，在这一背景下，中国再次创造性地提出了和谐世界的战略思想。胡锦涛在联合国成立 60 周年大会上呼吁建设持久和平、共同繁荣的和谐世界，他说："历史昭示我们，在机遇和挑战并存的重要历史时期，只有世界所有国家紧密团结起来，共同把握机遇、应对挑战，才能为人类社会发展创造光明的未来，才能真正建设一个持久和平、共同繁荣的和谐世界。"① 党的十七大报告指出，各国人民携手努力，推动建设持久和平、共同繁荣的和谐世界。为此，应该遵循联合国宪章宗旨和原则，恪守国际法和公认的国际关系准则，在国际关系中弘扬民主、和睦、协作、共赢精神。② 党的十八大报告再次倡导要建立和谐世界，报告中提出，要和平不要战争，要发展不要贫穷，要合作不要对抗，推动建设持久和平、共同繁荣的和谐世界，是各国人民共同愿望。③

推动建设一个和谐世界，首先必须是一个平等互信的世界。平等互信的精神是和谐世界思想首先倡导的一个原则。平等互信就是要坚持国家不分大小、强弱、贫富一律平等，在平等相待的基础上建立战略互信。要建立真正的平等互信，必须实现国际关系的民主化。国际关系民主化的最终目的就是要尊重主权，共享安全，维护世界和平稳定。要实现一个平等互信的世界对中国外交提出了三项任务：推动建立新型的大

---

① 胡锦涛："努力建设持久和平、共同繁荣的和谐世界——在联合国成立 60 周年首脑会议上的讲话"，2005 年 9 月 15 日。

② 胡锦涛："高举中国特色社会主义伟大旗帜　为夺取全面建设小康社会新胜利而奋斗——在中国共产党第十七次全国代表大会上的报告"，2007 年 10 月 15 日。

③ 胡锦涛："坚定不移沿着中国特色社会主义道路前进　为全面建成小康社会而奋斗——在中国共产党第十八次全国代表大会上的报告"，2012 年 11 月 8 日。

国关系，构建一个睦邻友好的周边合作环境，永远做发展中国家的可靠朋友与真诚伙伴。推动建设的和谐世界，也必须是一个包容互鉴的世界。就是要尊重世界文明多样性、发展道路多样性，尊重和维护各国人民自主选择社会制度和发展道路的权利，相互借鉴，取长补短，推动人类文明进步。推动建设的和谐世界，也是一个合作共赢的世界。面对国际形势的深刻变化和世界各国同舟共济的客观要求，各国应该共同推动建立以合作共赢为核心的新型国际关系，各国人民应该一起来维护世界和平、促进共同发展。合作共赢作为新型国际关系的核心，也是通向建立新型全球伙伴关系的必由之路。国际社会的合作共赢其结果就是持久和平、共同繁荣，也即和谐世界建设目标的根本所在。

总之，从“三个世界”理论到国际政治经济新秩序再到和谐世界思想的提出，反映了中国国际战略思想的不断丰富，并随着时代主题的变化而呈现出与时俱进的完善过程。

第二章　俄欧现代化伙伴关系的发展演变

面对冷战结束后欧洲政治格局深刻调整，欧盟抓住时机成功实现了历史性扩大，俄罗斯的对外战略也进行了全面调整。在这种巨大的转变中，俄罗斯与欧盟关系的定位和发展无论是对欧洲的一体化，还是对俄罗斯的全面转型，都产生了深刻影响。

第一节　“一边倒”战略指导下的俄欧关系

苏联解体之初，俄罗斯坚持完全自由化的立场，“回归欧洲大家庭”一度成为其外交的主旋律。事实发展表明，重新加入欧洲文明远非想象中那么简单，俄罗斯完全融入欧洲的乐观主义很快被现实的矛盾和冲突所取代，相应地出现了采用欧亚主义或民族主义立场来平衡有关欧洲化和西化的趋势。

一、转型初期俄罗斯的“一边倒”战略

苏联解体后，在“历史终结论”的鼓噪中，新俄罗斯的领导人认为，通过快速推行完全西化式改革，俄罗斯会很快踏上文明和复兴之路。在国内推行自由主义的“休克疗法式”改革方案的同时，俄罗斯在对外政策上则完全倒向西方，在许多重大问题上对西方作出了无原则的让步。在戈尔巴乔夫改革的推动下，欧洲—大西洋主义（也即亲西方主义思潮）在新条件下重新兴起，并很快在思想领域取得优势。苏联解体

后，亲西方主义者致力于形成一种不同于斯拉夫派和欧亚主义的独特战略。他们强调西方体制是世界上唯一能够延续和有发展前途的文明，俄罗斯是绝对的欧洲国家，必须选择西方世界及其体制，而且，只有通过与西方社会融合，俄罗斯才能够解决国内各种问题和应对来自欧亚地区的各种政治挑战。所以，俄罗斯的发展战略应当创造性地适应全球和地区出现的新情况，而不是像其他流派所提倡的努力稳定欧亚大陆和与周边国家融合。莫斯科卡内基基金会的著名外交专家特列宁（Дмитрий Тренин）指出，由于来自外部，尤其是西方社会和西方主导下的全球化的影响，俄罗斯目前正处于传统地缘政治和西方主导下的全球化这两种趋势的边缘，因而必须作出果断选择。“俄罗斯正处于后现代社会和现代社会、甚至前现代社会边界之间，唯一理性的选择应该是强调俄罗斯的欧洲特征，使其更深入地融入欧洲。明确自己亲欧洲的选择能够使俄罗斯更容易实现现代化，适应21世纪。为此，俄罗斯首先应该使自己的周边欧洲化，如果不能融入欧洲，俄罗斯很可能会被边缘化。所以，俄罗斯无论如何再也不应退回欧亚大陆。”① 在特列宁看来，俄罗斯主要是欧洲国家，而不是亚洲国家，所以亲欧洲的选择是自然的，莫斯科必须在前苏联地区起带头作用；同时，如果俄罗斯要发挥作用的话，就必须建立自由民主社会，而不是致力于进行反西方的地区稳定或联合；就俄罗斯与邻国关系而言，充其量也就是发展与中国和中亚国家的双边关系。俄罗斯要想摆脱苏联解体以来的不利处境，就必须与西方合作发挥多边合作机制的作用，因为，“欧盟不仅是俄罗斯外交的重点，也是影响俄罗斯国内政策的制定和俄罗斯现代化进程的重要因素。”②

亲西方思想在独立之初的俄罗斯一度占据主导地位，包括总统叶利钦、外长科济列夫（А. В. Козырев）、代总理盖达尔（Е. Т. Гайдар）及国务秘书布尔布利斯（Г. Э. Бурбулис）等都是这一思想的重要支持者。其中“民主俄罗斯”及后来盖达尔领导的“俄罗斯民主选择”等政党

---

① Dmitri Trenin, The end of Eurasia: Russia on the Border between Geopolitics and Globalization, Moscou, Carnegie Moscow Center, 2001, p. 319.

② 这是特列宁在接受中国《新闻周刊》记者专访时表达的观点，《新闻周刊》2003年6月30日。

是欧洲—大西洋主义的主要倡导者。尽管这一思潮在形式上并未被确定为官方的意识形态，但掌权者事实上已将其视为唯一正确的理论并加以推行。在苏联解体前的1991年，叶利钦在美国纽约大学的一次演讲中说道："俄罗斯已经作出的选择不是社会主义道路，也不是共产主义道路，而将是美国及其他西方文明国家所走过的文明之路。"[①] 盖达尔认为，俄罗斯要摆脱落后就必须"彻底改变社会经济制度结构，努力去除几百年来形成的所谓特殊性，统一到已经中断的欧洲社会和文化之中，从东方转向西方。"[②] 科济列夫更进一步指出，俄罗斯的重点伙伴是有着成熟经济和民主的富裕发达国家，也就是美国、西欧和日本，所以，他甚至主张公开放弃俄罗斯在后苏联空间的任何特权和利益，争取尽早从原联盟地区撤出，不再干涉该地区的民族和地区冲突，并促使这些冲突的解决国际化。[③] 在这种氛围之下，为得到西方的投资、技术、市场等经济回报，转型之初的俄罗斯在许多重大问题上向美欧作出让步，在外交领域很快形成了全球收缩的地缘战略。

叶利钦主导下的俄罗斯继承了戈尔巴乔夫的"政治新思维"构想和"返回欧洲"的口号，把许多改革政策建立在西方的积极支持上，要求在俄罗斯与西方之间建立"战略伙伴关系"。当时的俄罗斯流行这样一种观点："通向世界经济之门的钥匙不在的黎波里，也不在北京手中，而在华盛顿、波恩、伦敦、东京手中。"[④] 由此，俄罗斯外交政策的重点是，希望加入新的世界经济联系和国际机构，极力谋求与美国的协作。可见，俄罗斯在外交领域并没有形成系统的指导性文件，政策往往过于理想化、抽象化，忽略了国际关系中永恒不变的国家利益。只是在受到西方的排挤和对美欧大规模援助的幻想落空后，俄罗斯才开始认识到同西方在国家利益上的分歧。在1993年出台的《俄罗斯联邦对外政策构想基本原则》中，俄罗斯在承认"政治新思维"构想作用的同时，指

---

① См.：Правда. —1991，9июля.

② Гайдар Е. Т. Государство и эволюция. —М.：Евразия，1995. —С. 52 – 53.

③ David Hearst，How the East was Won ~ and Lost，The Guardian，19 October，1996，p. 21. Козырев А. В. Стратегия партнерства//Внешняя политика и безопасность современной России. Том1. Книга1. —М.：Московскийобщественный научный фонд，1999. —С. 150 – 166.

④ См.：Московские Новости. —1992. —Номер 9.

出了这一构想的不足之处："一方面热衷于某种无冲突的全球主义的抽象概念，另一方面又把'两大体系'对立的陈旧观念作为俄罗斯联邦对外政策的定向标。"同时，该文件强调，"把保证俄罗斯联邦国家利益置于主要地位，是俄罗斯外交政策思想的核心"。[①] 其中，在与欧洲的关系方面，该构想更主张发展同包括德、法、英等主要国家之间的关系；而在对欧洲共同体外交方面，只是强调要完成同欧共体协商和签订关于发展各方面关系条约的谈判，同时形成有效的合作机制，利用其一体化经验来解决独联体的问题。转型之初（20 世纪 90 年代中期以前），俄罗斯在西方推行的是以美国为中心的政策，对欧共体各成员国更多地是寻求经济援助，而没有注意到欧共体在冷战结束后的独立性和在欧洲大陆安全构建中的独特利益。针对欧共体加强对中东欧国家渗透、抛开俄罗斯准备单独操控欧洲事务的意图，俄罗斯强调俄欧平等合作才是维持欧洲和平与稳定的最佳战略选择，欧洲安全与合作组织是处理欧洲事务的有效机制，这种机制应当建立在欧盟—北约—俄罗斯三方平等的基础之上。

二、欧洲的"新俄罗斯"问题

在欧洲方面，两极格局瓦解为欧盟的深化和扩大，进而主导未来欧洲大陆安全格局的重建提供了难得的历史机遇。在深化和扩大的过程中，欧盟首先遇到的就是如何处理同"新俄罗斯"的关系问题。

欧盟在处理同俄罗斯关系问题上经历了一个较长的探索过程。当然主要原因在于俄罗斯方面存在较多的不确定性：俄罗斯自身重新定位需要一个较长的过程；俄罗斯与相邻的独联体及中东欧国家的关系长期处于不稳定状态；俄罗斯国内的经济、政治转轨前景不明朗。从地缘战略角度考虑，随着苏联威胁的消失，欧盟所面临的防务问题的性质发生了根本性变化，从抵抗外部侵略转变为保持内部稳定。而在欧洲中部和西南边缘地带出现的领土、民族冲突大都与苏联及其继承者俄罗斯密切相

---

① Концепция внешней политики Российской Федерации. Дипломатический вестник. специальное издание，январь1993г.

关，就是俄罗斯自身也存在引发欧洲动荡的潜在不确定性因素。一方面，车臣战争使俄罗斯内部稳定问题凸现，欧盟不得不担心大规模难民问题和有组织犯罪活动的渗透，以及核扩散和泄漏对欧洲的影响，同时，俄罗斯人口众多，任何大的内部动乱都可能成为全欧洲范围内的灾难。另一方面，俄罗斯长期的经济滑坡和政治体制的不稳定也引起了欧盟的担心。俄罗斯的民主制度尚处于初始阶段，转型中形成的以总统集权为中心的政治体制带有明显的威权主义色彩：议会有权力，但无责任感；总统能掌握行政部门，但立法和行政过程又受到各种利益集团的严重影响。俄罗斯的威权主义政治在维护国家统一和稳定上有其一定的积极意义，但同时也对俄罗斯的经济发展和政治进步带来了负面影响。

出于对俄罗斯发展前景无从把握而又力图对其转轨施加影响出发，欧盟一方面支持美国以北约东扩为手段，将前华约成员国纳入北大西洋防御体系，以威慑俄罗斯；另一方面以积极发展经贸关系为手段，推行西方价值观和社会制度，试图影响俄罗斯的改革方向。正如地缘政治家布热津斯基（Z. Brezinski）所指出，俄罗斯还远远不够格做西方的战略伙伴，西方战略的重点是“给俄罗斯创造一种良性的环境，使其能够以俄罗斯这样一个政治实体重新定位。”[①] 简单讲，就是以一定的威慑手段（非公开敌对），迫使俄罗斯彻底放弃超级大国的旧梦。因此，从“以援促变”的立场出发，欧盟设立了每年耗资约 2 亿欧元的对俄罗斯技术援助计划（TACIS）。TACIS 计划受惠的伙伴国除俄罗斯外，还包括其他独联体国家及蒙古，于 1991 年开始实施，2000 年至 2006 年期间的财政预算为 31.38 亿欧元。该计划的核心是向上述国家提供向市场经济转轨所需的知识和技术并加强其民主和法制建设。该计划不仅限于技术合作，后来越来越被用于帮助双方实施“伙伴与合作协定”。“伙伴与合作协定”是欧盟同独联体国家达成的、确定相互关系性质的文件。此举旨在加强这些国家的民主、法治和公共机构建设，并帮助其融入“欧洲共同经济和社会区域”，包括与欧盟建立一个自由贸易区。欧盟还是西方国家中最积极的对俄罗斯援助者。1990—1993 年，以欧盟为主的西

---

① Z. Brezinski, The Premature Partnership, in Foreign Affairs, March/April, 1994.

方国家向俄罗斯提供了120亿美元的政府间援助。1991—1996年间，欧盟除通过TACIS向俄罗斯提供了约10亿埃居的技术援助外，还提供了3.54亿埃居的食物和医疗援助，以及2800万埃居的人道主义援助。此外，欧盟还推动国际货币基金组织和世界银行分别向俄提供226亿和105亿美元贷款，以促进俄罗斯的改革进程。

三、俄欧伙伴关系与合作协定的签署

北约东扩加快了俄罗斯国内政治的“左”转（俄共在国家杜马选举中的崛起），催生了总统集权政治体制，使民主受到极大削弱。同时，俄罗斯开始放弃自由主义的激进改革计划，加强了国家对经济的控制。在这种背景下，欧盟希望通过某种基于共同行为准则和法律义务的制度框架来确定相互关系的性质，并希望通过加强经济和政治联系来影响俄罗斯的改革进程。经过谈判，1994年6月，俄罗斯与欧盟第三次首脑会议通过了俄欧伙伴关系与合作协定，从政治、经济、文化3方面确定了俄罗斯与欧盟关系的性质和框架。

俄欧伙伴关系与合作协定规定了以下具体目标：建立有助于密切双方关系的政治对话框架；为促进双边关系的持续发展，以市场经济的基本原则为基础，推进双方贸易投资和经济关系的和谐；增进政治和经济自由；帮助俄罗斯巩固民主制度，完成向市场经济转轨；在共同进步、互相负责的原则指导下，提供一个经济、社会、金融及文化合作的基础；促进有共同利益的事业的发展；为双方在更广泛合作领域的渐进式一体化构建适当的框架；为俄欧之间形成庞大的货物贸易自由区创造条件，也为自由设立企业、跨境服务贸易、投资创造条件。[①] 协定还提出了一个涉及30多个领域的广泛经济合作计划，决定于1998年开始就建立自由贸易区问题进行谈判。协定规定，在俄罗斯加入世贸组织、本协定期满前进一步协商提高双方的合作。此外，协定同意处于转型期的俄罗斯可以就与其他独联体国家的贸易作出特别安排。伙伴关系与合作协

---

① Partnership and Cooperation, 1994, Article 1, p. 7, taken from European Commission: http: europa. eo. int. /comm/extenal-relations/Russia/pea-legal/index. htm.

定是俄罗斯与欧盟签署的最广泛、最全面的协议，为双边关系发展奠定了法律基础。俄罗斯前外长伊万诺夫后来评价说，这是一份“在建立俄罗斯和统一欧洲伙伴关系中起着历史作用的文件”。[①]

伙伴关系与合作协定为俄欧双边贸易奠定了基础，即以世界贸易组织的原则作为贸易的基础，这可以被看作俄罗斯商品进入欧洲和全球市场的手段，也可以说是对其丧失传统市场的一种补偿。俄罗斯所作的相关政治承诺是必要的妥协，相对于其所获得的潜在经济利益来说则是次要的。[②] 从欧盟角度看，表面上它似乎没有从这一协定中获得相应的经济利益回报，但重要的是通过该协定建构起了多层次的双边常设对话机制，为欧盟对俄罗斯转型施加影响提供了前提。

四、“一边倒”战略的失败

实践证明，独立初期俄罗斯过于理想化的亲西方政策并没有取得预期效果。在俄罗斯国内，经济持续滑坡，政治斗争也愈演愈烈，人民不满情绪不断增长，社会动荡不安；在外交领域，俄罗斯不仅没有因此而换来所期待的大量援助和实现融入欧洲的目标，甚至同美国连平等伙伴关系的地位也未能取得，更为严重的是，北约东扩和近邻独联体地区的不断冲突导致俄罗斯的地缘政治环境急剧恶化。自转轨到 1994 年底，俄罗斯仅从西方得到不附带条件的贷款 46 亿美元（包括世界银行提供的 6 亿美元），还不到俄罗斯这 3 年中年 GDP 的 1%。直到 2002 年 5 月的俄美彼得堡峰会上，俄罗斯同意美国退出反导条约，使美国部署 NMD 没有障碍后，美国布什政府才承认俄罗斯为市场经济国家。欧盟委员会也随后承认俄罗斯为市场经济国家。《杰克逊法案》是 1974 年美国国会为了向前苏联施压，把是否允许犹太人自由移民问题和美国对前苏联的贸易关系挂钩而制定的法案。时至今日，俄犹太人早已能自由出入国境，但美国仍迟迟不愿废除这一过时的法案，直到 2012 年 12 月 20

---

① См.：Шенгенская зона противоречит фундаментальной основе Евросоюза，заявил Игорь Иванов//Известия. —2003，10января.

② Heinz Timmermann，relations between the EU and Russia：the agreement on partnership and Co-operation，Journal of Communist Studies and Transition politics 12/2（June，1996）p. 219.

日，美国总统奥巴马才签署法令，废除了《杰克逊法案》对俄罗斯和摩尔多瓦的限制。

独立初期的俄罗斯外交政策更多地反映了早期自由主义（或称理想主义）思想，而忽视了世界上仍然存在的现实主义以权力为中心的国家利益差别和俄罗斯的独特历史文化传统及民族特性。正如科济列夫在同美国前总统尼克松的一次谈话中所说："苏维埃联盟的一个问题是我们过分关注国家利益，所以现在我们将更多地考虑人类共同的价值问题。但是，如果您有什么想法并且能告诉我们应该怎样确定我们的国家利益的话，那么我将对您非常感谢。"[①] 一味地面向西方，使俄罗斯在后苏联地区维持传统影响力的行动受到很大制约，致使该地区各种矛盾及冲突不断升级。同时，随着俄罗斯的全线退出，美国和北约自然要取代其在后苏联地区的终极裁判者、保护者及捐款人地位，使俄罗斯的国家利益面临严峻挑战。把俄罗斯的这种亲西方举措说成是对西方的适应未免有些太过理想化。正如俄罗斯哲学家梅茹耶夫（B. M. Межуев）所指出：新西化派蔑视自己的国家，只是从幻想如同西方、巴黎那样的生活才进行改革，而国家被认为是私有制的主要敌人，尽管实际上对私有制形成障碍的是村社而非国家；新西化派是平民自由主义，其在俄罗斯并没有根基，无论从宗教、文化还是民族方面，都与俄罗斯的历史没有联系；新西化派不屑于自己的民族特点，其最大的特征在于国家虚无主义。[②] 随着俄罗斯政治、经济、社会和地缘环境的恶化，亲西方外交招致朝野一致谴责。而强调俄罗斯民族传统和特点及特殊历史使命的新斯拉夫派思想，以及主张俄罗斯具有东西结合的独特欧亚文明和在原苏联领土上实现某种形式重新统一的现代欧亚主义的崛起，正是对亲西方外交失败的一种反应。1996 年初，随着具有欧亚主义倾向的普里马科夫（E. M. Примаков）取代科济列夫的外长职位，俄罗斯基本完成了从亲西方外交向以确保独立大国地位为核心的多极化外交的转变。在谈到欧洲局势时，普里马科夫指出，"冷战结束后，两极对抗的世界向多极世

---

① См.：Международная жизнь. —1997. —Номер11－12. —С. 16.

② 转引自安启念、姚颖："苏联解体后俄罗斯的道德混乱与道德真空"，《国外理论动态》2006 年第 12 期。

界过渡的趋势得到发展。这不仅体现在绝大多数中、东欧国家不再依赖俄罗斯和俄与独联体各国的联系大大削弱上，而且西欧国家也表现出较大的独立性，不再依靠美国的核保护伞，它们所提出的建立欧洲中心的思想正在逐步取代跨大西洋方针”。[①] 随着对外政策的调整，俄罗斯的对欧外交在仍强调欧洲特殊地位的同时，更关注于俄欧平等伙伴关系，而不再一味地强调欧洲援助的重要性。

五、伙伴关系与合作协定生效

伙伴关系与合作协定签署之时，俄罗斯正逐渐对其亲西方政策进行调整，强调恢复大国地位的思潮在俄罗斯政治思想方面的影响日益增强。尽管受到来自国际社会的强烈指责，但俄罗斯还是在1994年发动了对车臣分裂主义武装分子的大规模战争。车臣战争的爆发，既是俄罗斯外交政策转变的结果，同时也是俄欧关系的重要分水岭。车臣战争爆发后，欧洲很快意识到了伙伴关系与合作协定作为影响俄罗斯行为的政治工具的局限性。在欧盟的坚持下，伙伴关系与合作协定将经济条款与政治和人权联系起来，规定双方有义务支持民主权利和人权，声称如果一方违背承诺，另一方可以暂停协定执行。车臣危机使欧盟面临是否坚持协定规定的政治条款的考验。这样，伙伴关系与合作协定墨迹未干，欧洲委员会就以车臣战争侵犯人权为由，宣布停止协定的执行。这期间，尽管伙伴关系与合作协定暂停下来，但双方还是积极寻求摆脱僵局的途径。

在双方共同努力下，1996年2月，俄罗斯与欧盟就简化伙伴关系与合作协定中的贸易条款达成协议。为加强双边交流与合作，欧盟各国外长还批准了一项旨在加强双边联系的行动计划，主张形成一个就对外政策与安全问题同俄罗斯加强对话的框架。该计划强调，除加强高级首脑定期对话、共同确定欧洲安全模式、欧盟对培训俄罗斯外交官提供支持、促进俄欧贸易往来以及在环保、治安与核安全方面合作外，欧盟各

---

① См.：Примаков Е. М. На горизонте-многополюсный мир//Независимая газета. —1996，22октября.

成员国应尽快批准俄罗斯与欧盟之间的原则性伙伴关系协议。同时，欧洲委员会最终于1996年接纳俄罗斯为正式成员。压力之下，莫斯科也被迫同意欧洲安全与合作组织在格罗兹尼设立办公机构，监督车臣人权状况。1996年底，叶利钦宣布从车臣撤军，相关的讨论重新开始。1997年12月1日，俄罗斯与欧盟伙伴关系与合作协定正式生效。1998年，俄罗斯与欧盟根据这一协定制定了第一个联合行动计划，并达成了纺织品贸易协定。但俄罗斯很快发生的金融危机和双方在科索沃危机中的分歧，使协定的执行再次停顿下来。

至此，在冷战结束后的10年间，欧盟对俄罗斯的基本战略是，待俄罗斯国家定位基本完成，国内经济基本稳定，民主制度基本完善后，再考虑采取以何种方式让俄罗斯重返欧洲。所以，俄欧因北约东扩、南斯拉夫内战、车臣战争等问题龃龉不断，双边关系发展举步维艰。在科索沃问题上，欧盟支持并积极参与北约对南联盟的军事行动，导致俄欧关系出现严重危机。伙伴关系与合作协定除维持了双边关系的制度构架外，在其他方面的作用有限。正如普京在2000年6月批准的《俄罗斯联邦外交政策构想》中所指出："1994年6月24日的伙伴关系与合作协定确定了俄罗斯与欧盟关系的性质，这一协定当时使俄罗斯联邦与欧共体及其成员国建立起了伙伴关系，但它未能充分发挥作用。"① 随着俄罗斯内外政策的调整，欧盟意识到，在俄罗斯国内稳定之前就采取措施将其融合进来是极为重要的，从而开始放弃温和遏制政策，转而趋向于与之建立建设性伙伴关系。显然，欧盟90年代的对俄罗斯战略并没有奏效，其在俄罗斯重新定位和国内转型的过程中并没有发挥太大作用，促使俄罗斯与欧盟关系发生较大调整的是科索沃战争和普京主政俄罗斯之后。

六、欧盟出台"对俄罗斯共同战略"

科索沃战争给欧洲造成了巨大震动，使欧盟的共同外交与独立防务

---

① См.: Концепция внешней политики Российской Федерации//Российская газета. — 2000, 11июля.

问题显得更加迫切。科索沃战争使欧洲人意识到欧洲防务的虚弱，没有俄罗斯的参与，欧洲大陆不可能实现真正的稳定与和平。正是在这种背景下，欧盟意识到在对俄罗斯的政策上完全追随美国是不明智的，从而开始改变对俄罗斯的外交战略。1999 年 6 月，欧盟科隆首脑会议通过了“对俄罗斯共同战略”，其中明确提到：“我们认为，未来的俄罗斯将成为整个欧洲大陆发展的重要因素，它对欧盟具有重要的战略意义。”① 欧盟此举旨在加强俄罗斯的民主、法制和公共机构建设，并帮助其融入“欧洲共同经济和社会区域”。这一共同战略表明，欧盟对俄罗斯关系的战略目标有两个：一是帮助俄罗斯实现稳定、民主和良性的市场经济环境，促进俄罗斯经济的发展；二是与俄罗斯共同努力，维护欧洲大陆和世界的稳定、安全，解决共同关心的问题。为此，欧盟提出以下优先考虑事项：俄罗斯联邦进一步融入欧洲安全架构，首要目标是避免欧洲出现新的分裂；进一步完善民主准则、制度、措施并尊重人权和个人自由；为保证俄罗斯经济自由化和建立市场经济，加大经济改革和鼓励欧盟与俄联邦经济一体化，同时推动俄罗斯不断加入更大范围的欧洲经济发达区域及国际体系中；强化其他如司法、国内事务和预防犯罪以及危机防控和处理等领域的合作；就所有共同关心的事务扩大不同层次和论坛的公开和建设性对话。欧盟对俄罗斯共同战略是阿姆斯特丹公约所规定的欧盟共同外交与安全政策新工具的首次运用，充分体现了影响西欧长达半个多世纪的惯性思维，即经济一体化孕育出政治一体化，最终实现安全一体化。

但令人遗憾的是，普京力主的第二次车臣战争使俄罗斯与欧盟关系再次蒙上阴影。在战争开始之初，欧盟还对俄罗斯的做法表示同情，但在赫尔辛基俄欧首脑峰会上（1999 年 10 月），欧盟试图通过施加压力来寻求政治解决车臣问题，从而导致俄欧关系紧张。不过在 1999 年 12 月的赫尔辛基欧盟理事会上，尽管对俄罗斯进行了谴责，但还是表示：俄联邦作为欧盟的重要伙伴，布鲁塞尔愿意为俄从传统向现代民主国家转轨提供帮助，但要想使双方战略伙伴关系顺利发展，俄方必须履行其

---

① Common strategy of European Union on Russia, June 1999, available at, http: europa. eo. int. /comm/extenal-relations/ceeca/com-strat/index. htm.

义务，同时，欧盟也不希望俄罗斯被孤立于欧洲之外。2000 年 1 月，欧盟再次通过了一系列制裁提议。但欧盟很快发现自己不仅无力阻止普京在车臣的军事行动，而且针对车臣问题向俄罗斯施压，将使俄欧关系面临破裂的危险。因此，尽管欧盟中较大的国家利用各种声明谴责俄罗斯在北高加索的军事行动，但在双边关系上却采用较为温和的立场，以避免双边政治关系的破裂。①

欧盟更具建设性的对话要求得到俄罗斯的积极回应。冷战的结束迫使俄罗斯重新定位自己的身份和思考其与欧洲其他国家的关系。随着对外政策的全面调整，叶利钦曾试图推行一种在实用主义和亲西方主义利益集团之间平衡的外交政策，也就是既承认自己对西方援助和国际市场的依赖，又伴有同西方国家保持一定距离的民族主义倾向。这样做的结果是，俄罗斯的外交政策多变，缺乏连续性。直到普京接替叶利钦的总统职位，俄罗斯才出现比较连续的外交政策。虽然对欧盟在车臣战争问题上的指责不予理会，但普京仍对欧盟发展双边建设性关系的信号作出了积极回应。为了回应欧盟对俄罗斯的共同战略，在 1999 年 10 月的俄欧赫尔辛基峰会上，莫斯科发表了“俄罗斯联邦与欧盟关系发展的中期战略（2000—2010）”。

第二节　欧盟东扩与俄欧关系

欧盟早在 1993 年就正式出台了东扩战略，但莫斯科直到 1999 年才把对欧盟扩大的担心通知布鲁塞尔，俄罗斯的这种做法实际上已表明了对欧盟扩大的认可。虽然大多数人对欧盟东扩持积极态度，但也有一部分人持谨慎立场，并警告欧盟东扩如果不包括俄罗斯的话，有可能使欧洲重回分裂时代。②

① Hiski. Haukkala，the Making of the European Union's Common Strategy on Russia（Hersinki：the Finnish Institute for International Affairs，working papers No. 28，2000）p. 38.

② Margot Light. Jowenhardt and Stephen White，Russia and the Duel Expanaion of Europe.，Russia between East and West，London：MPG Books Ltd.，2003，p. 66.

一、俄罗斯对欧盟东扩所持的立场

俄罗斯对欧盟东扩的立场，总的来说是积极的，这与对北约东扩的激烈批评形成鲜明对比。相对于北约东扩，欧盟东扩似乎被视为是可以接受的。“在俄罗斯存在美国/北约为首的‘恶’西方国家和以欧洲/欧盟为首的‘善’西方国家的划分趋势。”[①] 但另一方面，在俄罗斯又很少有人真正了解欧盟的复杂情况。总体上，相对于国内事务所引起的关注度而言，国际事务在俄罗斯媒体方面要低调得多。俄罗斯与欧盟关系的发展更多地体现在经济和科技方面，所以很少成为国内新闻的头条。尽管俄罗斯接受了欧盟的大量援助，但欧盟仍困惑地发现几乎没有多少俄罗斯人意识到其所做的一切。随着欧盟东扩战略的推进，俄罗斯国内的担忧开始出现，甚至有人主张断绝与欧盟的经济联系。例如，曾担任俄联邦政府工业问题顾问和国家杜马副主席的米哈伊尔·尤里耶夫（M. З. Юрьев）在一份名为《俄罗斯堡垒》的报告中，公开鼓吹俄罗斯应当回到“铁幕”时期：商业自给自足，与外界隔离，加强国家在经济领域中的作用等等。[②] 但多数人还是认为，欧盟东扩将有助于俄罗斯与欧盟接近，而且他们相信满足欧盟的要求和条件将有助于俄罗斯的经济发展。随着欧盟东扩的完成，在俄罗斯的西部将形成最大的按照统一规则运行的统一市场，而新成员加入欧盟后经济很可能会加速增长，这将会扩大对俄罗斯商品的需求。在俄罗斯，欧盟东扩尤其得到一些较为成功的私营企业主的支持。不过，几乎没有人清楚欧盟扩大把俄罗斯排除在外的潜在危害。当然，在应对欧盟东扩的相关部门官员非常清楚地意识到，欧盟东扩可能给俄罗斯带来的消极后果。由于批准申请国和准备入盟国逐渐调整与欧盟的贸易关系，将对它们同俄罗斯的贸易产生极大的负面影响，而俄罗斯对欧盟的依赖性也将进一步增大。尽管这样，俄罗斯在抗议北约东扩的同时，并没有反对中东欧及波罗的海国家加入

---

① Dmitri Trenin，“Russia-EU Partnership：Grand Vision and Practical Steps”，in Russia on Russia，Moscow School of Political Studies，February 2000.

② Юрьев М. З. Крепость Россия//Новая газета. —2004，15 – 17 марта.

欧盟。

1999 年 10 月，俄罗斯提交给欧盟理事会的中期战略中反映了这种担忧。该战略的第五部分提到了欧盟东扩对俄罗斯利益的“不确定冲击”，并且把取得最大优势和阻止、消除及警觉东扩可能出现的消极后果作为优先考虑的事项。随后，俄罗斯联邦政府向欧盟委员会提交了一份有关东扩有可能对俄罗斯造成消极影响的清单，内容包括：新入盟国家将采用更加严格的关税制度；欧盟老成员可能将贸易联系重点转向新成员；新成员将获得进入原欧盟市场的优惠待遇，从而削弱俄罗斯企业原有的经济联系和竞争力；新成员将采用欧盟技术标准，使俄罗斯产品进入需跨越更高的门槛；新成员采用欧盟反托拉斯和反倾销法后对俄罗斯的伤害；这些国家将削减与俄罗斯的军事技术合作；外部投资可能转向中东欧新成员；加里宁格勒州问题，等等。在所有欧盟东扩的潜在负面后果中，引起俄罗斯方面最大担心的问题是过境问题。当中东欧国家加入申根协定时，俄罗斯公民将需要出入签证。对于加里宁格勒州来说，这更是特别敏感的问题，因为该地区会被扩大后的欧盟包围起来。随着欧盟东扩日期的日益临近，俄欧战略伙伴关系经历了严峻考验。2004 年 4 月下旬，欧盟委员会主席普罗迪（Romano Prodi）访问莫斯科，双方商定设立由欧盟委员会委员和俄罗斯联邦政府部长组成的常设理事会，解决双方合作中出现的问题。在欧盟的压力下，双方最终在是年 4 月 27 日达成妥协，签署了将俄欧伙伴关系与合作协定扩大到欧盟 10 个新成员国的议定书及欧盟扩大后俄欧关系联合声明。俄罗斯承受不起俄欧关系破裂的风险，被迫同意把伙伴关系与合作协定适用于扩大后的欧盟。但在签证问题上，欧盟领导人拒绝给出完全取消签证的时间表，只是同意简化欧盟国家与俄罗斯之间公民往来的签证手续，并就分阶段取消各类人员签证问题进行可行性研究和磋商。

二、俄欧在东扩问题上的分歧

虽然俄罗斯力求同欧盟发展全面伙伴关系，但从安全角度讲，莫斯科外交的中心仍在美国。尽管有众多给人留下深刻印象的宣言和声明强调俄欧关系的重要性，但欧盟几乎没有花太多的时间于此，而把更多的精力用在扩大欧洲宪法条约上。所以，在欧盟东扩完成前夕，双方不断出现争端。

首先是技术性的贸易问题。在俄罗斯看来，中东欧和波罗的海国家加入欧盟后，将获得以比以前低得多的关税向俄罗斯出口商品的权利，同时这些国家还会加入对俄罗斯的反倾销和海关程序，将使俄农产品和纺织品等商品的出口受到限制。从经济角度看，欧盟扩大对俄罗斯而言是一柄双刃剑。一方面，欧盟扩大到中东欧后，俄罗斯对欧盟新成员的出口关税将从9%降低到4%，这些新成员国将按照欧盟标准与俄罗斯进行贸易；另一方面，这些新成员国将可能会像欧盟那样对俄罗斯采取反倾销措施，产品的科技标准将提高，同时俄罗斯在引进外资方面也会遇到新的竞争。此外，俄方认为，欧盟东扩还会产生诸如俄罗斯商品经过波罗的海港口的过境问题、核燃料的贸易和服务问题。这样，如果俄罗斯的经济改革不能取得较大进展的话，其在欧洲就有被“边缘化”的危险。由于国内在这个问题上的激烈反应，俄罗斯的态度也比以前更为强硬。2004年初，俄罗斯向欧盟提出了14项要求，目的是通过增加进口配额和争取更加优惠的关税来保护自身的经济利益，希望欧盟能够出台一些补偿措施，并表示在这些问题解决前拒绝把俄欧伙伴关系与合作协定适用于欧盟新成员。但在表态同意商讨俄方对欧盟扩大的合理关注的同时，布鲁塞尔坚决反对将补偿措施的谈判与欧盟扩大挂钩。2004年2月，布鲁塞尔欧盟外长会议通过一份对俄罗斯关系的强硬决议，指出：伙伴关系与合作协定是欧俄关系的基石，在欧盟扩大后，这个协议必须无条件地对欧盟所有国家适用，否则布鲁塞尔将对莫斯科实行经济制裁。但成员国外长们也强调，协定扩大到新成员，俄罗斯也可以从中受益，包括在贸易领域，而只有这样才不会给双边关系带来消极影响。

其次，俄罗斯最为担心的就是所谓的加里宁格勒“飞地”问题，也就是俄罗斯的旅客、货物以及军队如何从立陶宛过境问题。波罗的海三国独立后，加里宁格勒被波兰和立陶宛包围，成为与俄罗斯本土隔离开的一块“飞地”。在欧盟与俄罗斯的关系中，作为俄罗斯“飞地”的加里宁格勒问题导致了一系列复杂争议的产生。按照俄罗斯与立陶宛达成的协议，俄罗斯公民在通过陆路穿越立陶宛时无需签证，但随着波兰和立陶宛的入盟，俄罗斯公民在本土和加里宁格勒之间旅行是否需要申请欧盟签证就成了双方争论的话题。

俄罗斯认为，本国公民在自己国家领土之间旅行需要外国签证是对国家主权和尊严的侵犯，而且签证制度势必使加里宁格勒与俄本土之间的关系日益疏远，因此，建议与欧盟实行互免签证或在两地之间建立“特殊走廊”。互免签证无异于使“申根”待遇扩大到俄罗斯，这是欧盟无法接受的，况且俄罗斯的边界管理与欧盟标准还有较大差距。考虑到犯罪、走私及传染性疾病等问题，布鲁塞尔拒绝对加里宁格勒州居民的通行问题作例外处理。经过双方多次磋商，2002 年 11 月 11 日，俄罗斯与欧盟谈判小组在布鲁塞尔达成协议，决定在立陶宛等国加入欧盟以后，允许俄罗斯公民在本土与加里宁格勒州之间往来时使用通行证，而不需要正式签证，从而解决了双方在这一问题上持续一年多的争端。从 2003 年 7 月开始，俄罗斯人在加里宁格勒州和俄罗斯联邦其他地区之间来往，可以通过取得“简易过境通行证”来进行。这实际上只是在手续上更方便和免费而已。在铁路运输方面，同样实行所谓“简易铁路过境通行证”。欧盟同意对在立陶宛领土上实行无签证交通问题进行研究，以提高铁路运输效率。但是，为取得居民“简易过境通行证”，必须要有国际护照，而不再是以前的私人证件。而且新简化系统的扩大也只是针对过境居民，而不是针对那些想到邻近的波兰和立陶宛去的居民，这些人将不得不适应《申根协定》的要求。俄罗斯多次向欧盟提出解决互免签证问题，但一直没有找到一个有效的解决办法。

欧盟东扩后，人员过境交通并不是加里宁格勒州的唯一问题，其他还有能源来源、货物过境运输、驻军、环境保护及捕鱼权等问题。加里宁格勒州本身还根本做不到经济独立，每年需从俄罗斯本土运入的物资超过 250 万吨。在东扩进程中，欧盟同俄罗斯首先讨论的就是过境税收、海关监管、货运保险等问题。俄罗斯希望欧盟能够保证未来过境支出不增加，而欧盟指出，由于欧盟新的程序与立陶宛所使用的相比更加便捷和便宜，俄罗斯将会从中受益。对欧盟法律必须向两地人员和货物过境运输领域扩展，俄罗斯方面非常不满，他们担心，这会使加里宁格勒长期处于“飞地”地位。欧盟主要考虑加里宁格勒安全保障较弱、有组织犯罪和非法移民等，而俄罗斯则主要从地缘战略角度看待加里宁格勒问题。欧盟认为，加里宁格勒应该更好地同日益发展的波罗的海国家开展合作，并通过内部改革和参加“北方测试”（Северное измерение）进行地区合作。为了缓解东扩后加里宁格勒问题对双边关系的冲击，欧盟在1997年提出“北方测试”的倡议，尝试先在巴伦支海和波罗的海地区与俄罗斯建立地区合作伙伴关系。对外共同战略出台后，欧盟积极发展与非欧盟的俄罗斯、波罗的海和北欧地区国家的关系。2000—2003年的“北方测试”计划包含许多保护文化个性（包括少数民族语言）、发展文化交流和旅游业及电子文化产品制作等内容。随着欧盟东扩的完成，目前该计划主要是欧盟与非欧盟的冰岛、挪威和俄罗斯之间的合作。但俄罗斯的立场并不明确，加里宁格勒可以成为俄罗斯建立更稳定、经济更发达的民主展台，同时莫斯科也担心更为稳定和富裕的加里宁格勒会日渐疏远与俄罗斯其他地区的关系，最终投入欧盟的“怀抱”。许多加里宁格勒人已经称呼自己为“欧洲—俄罗斯人”，而且他们更愿意到波兰、立陶宛及西欧去旅行，而不是俄罗斯。① 此外，莫斯科还担心俄罗斯其他地区会效仿加里宁格勒。

第三，俄罗斯担心被欧洲“边缘化”。在俄罗斯看来，欧盟东扩对俄罗斯的经济影响是双面的，而对政治和安全领域的影响则主要是负面的，俄罗斯很可能会被排除在欧洲一体化进程之外而“边缘化”。一方面，俄罗斯对欧盟东扩的关切并没有引起布鲁塞尔的认真考虑，而在车臣问题、人权问题和政治改革等问题上欧盟更是对莫斯科实施了很大的政治压力，莫斯科认为，布鲁塞尔正是以此为借口在政治上打压俄罗斯；另一方面，欧盟扩大对北约东扩的依赖，强调确保欧洲稳定是欧盟扩大的主要目标之一，但这需要与北约东扩来共同实现。② 在俄罗斯看来，中东欧国家加入欧盟和北约所要实现的不是欧洲共同安全，而是他们相对于俄罗斯的安全，所以，在这一点上欧盟东扩难以保持政治上中立，必然与俄罗斯的国家利益相矛盾。时任俄罗斯外长伊万诺夫就指出，“很大一部分人强调冷战的最终结果就是中东欧国家加入欧盟，这是西方世界的胜利，或者更进一步说是反雅尔塔体制的，是对第二次世

---

① Kaliningrad：between Moscow and the EU，Jun 27th 2002，The Economist print edition.

② Antonio Missiroli：CFSP and ESDP after Enlargement，Seminar report of EU's Institute for Security Studies，14 – 15 May 2004.

界大战结果的修正。”[①] 有鉴于此，俄罗斯要求欧盟东扩只能在不对俄罗斯的利益造成冲击的情况下展开，而且双方就东扩进程要进行广泛协商。但欧盟拒绝了“协商”，而只接受就俄罗斯关心的问题交换意见，这意味着俄罗斯无权对欧盟东扩施加任何影响，只能被动地接受欧盟和中东欧国家达成的协议所带来的现实。

三、俄罗斯的选择

在对欧盟东扩持积极立场的同时，俄罗斯一直致力于加强与欧盟的战略伙伴关系，但俄罗斯仍强调自己作为强国的自主性。在对欧盟中期战略中，莫斯科指出：“作为横跨欧亚大陆的世界大国，俄罗斯联邦应该保留制定和实施自己内外政策的自由，应该保持作为欧亚国家和独联体最大成员国的地位和优势，以及在国际组织中立场和活动的独立性。”[②] 这表明，俄罗斯不打算成为欧盟一员，尽管愿意与欧盟发展战略伙伴关系。中期战略确定了俄欧关系的原则，即维护俄罗斯的国家利益和确保莫斯科有权处理自己主权范围内的一切事务。一句话，该战略强调莫斯科决不允许布鲁塞尔干涉其主权事务。2000 年 5 月，普京在莫斯科会见欧盟高级代表团时，对欧盟 15 国的代表说：“从地理、文化和经济统一的观点来说，俄罗斯过去、现在和将来都是欧洲国家。因此，俄罗斯今后仍将把同欧洲的关系摆在其对外政策的最重要位置上。”[③] 随后，普京与欧盟领导人共同作出了“加强欧俄战略伙伴关系”的决定，并给双方的合作规定了四项具体内容：就安全和防务问题建立适当级别和方式的特别磋商机制；在有关双方的安全等问题上进行战略对话；在裁军、军备控制和反扩散等问题上加强专家级定期磋商；促进双方在危机控制方面的合作。至此，俄罗斯对欧盟的外交政策就是，继续发展与

---

① Ivan Ivanov：Enlargement of the EU：scenarios，problems and consequences，Mirovaya Ekonomika，Vol. 9，1998.

② См.：Стратегия развития отношений Российской Федерации с Европейским союзом на среднесрочную перспективу（2000 - 2010 гг.）. //Дипломатический вестник. —М.，1999. —Номер11.

③ РИА Новости，МОСКВА. —2000，29мая.

欧盟的政治和经济关系，保持双方关系的良好态势，但并不力求成为欧盟的一员；拒绝欧盟对俄罗斯国内发展，包括政治改革、经济政策、车臣问题等国内事务施加影响力。也就是说，同欧盟的关系要坚定地局限在外交政策范围内，而不是国内政策。因为，对于一个渴望加入欧盟的国家，允许进入谈判进程就像“革命”一样，必须进行全面的内政外交改革，以达到欧盟的要求。尽管俄罗斯的身份、文化、历史与欧洲紧密相连，但布鲁塞尔对莫斯科而言首先是一个最重要的经济伙伴。

总体上，俄罗斯对欧盟的外交政策有两大主要方向，即发展与欧盟的战略伙伴关系和保持俄罗斯联邦的完全主权独立。随着欧盟东扩的快速推进，俄罗斯开始转向担心和焦虑。俄欧经济和贸易依赖性越来越严重，这坚定了莫斯科对欧盟决策影响到俄罗斯利益的领域，例如在贸易政策、反倾销法案等方面坚持自己十分明确的立场。莫斯科很清楚，同欧盟几个主要国家的双边关系再也不能完全解决与欧盟之间的问题。与德国、法国、意大利及英国的关系仍然在俄罗斯对欧洲外交中至关重要，但对莫斯科来说这还远远不够。2002 年，在布鲁塞尔就加里宁格勒州的进出交通问题进行协商时，俄罗斯希望借助与法国及意大利的关系来达成妥协，但最终没有成功。法国和意大利所能提供的帮助有限，最终还是采用欧盟的主要条款来同布鲁塞尔达成妥协。

为促使俄罗斯向欧盟开放市场和安抚莫斯科对欧盟向其传统势力范围扩张的不满心态，布鲁塞尔在 2002 年提出了创建俄罗斯与欧盟统一空间的倡议。同时，欧盟官员还在各种场合向俄罗斯保证“不会让欧洲出现新的分界线”。[①] 这从另一个侧面反映出，俄欧之间不仅传统问题没有解决，相反在地理上还出现了新的“中间地带”。乌克兰、白俄罗斯、摩尔多瓦以及高加索地区代替中东欧成为俄欧之间需要面对的新问题。与俄罗斯历史上势力范围内的中东欧国家不同，这些国家都是前苏联的加盟共和国，而且大部分仍是独联体成员。这些国家或以中东欧国家为

---

① Выступление г-на Гюнтера Ферхойгена, члена Европейской Комиссии в Дипломатической академии-Москва, 27. 10. 2003. http: //www. delrus. cec. eu. int/ru/news _ 45. htm.

榜样，希望能早日加入欧盟，参与欧洲一体化进程；或处于观望之中，在俄罗斯与欧盟之间进行取舍。如果不能将这一地区纳入俄罗斯与欧盟合作的框架内，就很有可能在这里形成欧洲新的分界线。因此如何处理同这些新“中间地带”国家的关系，成为俄罗斯与欧盟关系的一个新的重要内容。在欧盟2009年推出针对这一地区的“东部伙伴关系计划”后，在欧盟与乌克兰签署联系国协定问题上莫斯科与布鲁塞尔相互指责就是一个典型事例。

为协调对俄罗斯的共同立场，2004年2月召开的布鲁塞尔欧盟外长会议对俄欧关系作出总体评估，认为欧盟的对俄政策实施不尽如人意，要求确定以下战略目标：欧盟必须与俄罗斯接触，建立真正的战略伙伴关系；欧俄伙伴关系必须基于共同价值观和共同利益；寻求与俄罗斯建立更加平衡的合作议程，增加欧盟成员国对俄政策的凝聚力；成立欧俄“常设伙伴关系委员会”处理相关问题。2004年5月12日，欧盟委员会发表了《欧洲睦邻政策》。该文件涵盖的地域范围包括欧盟东部和南部17个邻国（俄罗斯、乌克兰、白俄罗斯和摩尔多瓦，高加索地区的亚美尼亚、阿塞拜疆和格鲁吉亚，以及地中海地区的伙伴国家或称为巴塞罗那进程参与国）。

《欧洲睦邻政策》可以被理解为欧盟为解决“新的中间地带”问题而作出的尝试。这样，一方面不会刺激俄罗斯，同时该文件也能够使现有成员国确信，同盟不会无限扩大。在得不到入盟承诺的前提下，该文件为这些国家提供了一个参与欧洲一体化进程的机会，使这些国家有可能在政治和经济方面同欧盟加强联系。这表明，欧盟睦邻政策参与国将有机会参与欧洲一体化进程，但没有政策的制定权。实际上，欧盟的对外关系中早已存在这种形式，挪威、冰岛和列支敦士登等国家同欧盟的关系与此类似，这些国家是“欧洲经济区”（European Economic Area）的成员，它们可以享有欧洲统一市场的政策，但不能参与相关决策。显然，欧盟的《欧洲睦邻政策》能否实现它所希望达到的目标，关键是能否处理好同俄罗斯的关系。

在俄罗斯方面，新世纪的外交构想不仅明确了与欧盟的战略关系是俄对外关系的传统优先方面，也提出了具体的战略要求：扩大俄罗斯与欧盟政治对话的规模并提高其效能；开展相互贸易与投资；发展财政领域的合作；在欧盟扩大时保障俄罗斯的利益；发展全欧合作结构；发展科技领域的合作；扩大跨地区的交通联系；使经济立法和技术标准相互接近。显然，这些战略目标的实现可以将俄欧之间的合作提高到一个崭新的水平。所以，俄罗斯在无奈之下也乐于接受通过同欧盟建立四个统一空间来实现欧洲的“统一”，这在某种意义上实现了自己长久以来的所谓“返回欧洲”的愿望。2003 年 5 月，在圣彼得堡高峰会议上，俄罗斯与欧盟就建立四个统一空间达成协议，即在平等、伙伴关系和考虑彼此利益的基础上建立四个统一空间：统一经济空间；统一自由出入、安全和司法空间；统一科教文化空间；统一外部安全空间。2004 年 4 月，双方首次就建立统一空间的总原则、指导思想和合作形式进行了实质性讨论。2005 年 5 月，俄欧莫斯科峰会通过了关于建立四个统一空间“路线图”的一揽子文件，以期消除因欧盟扩大引发的双方关系中的紧张气氛，推动俄欧战略伙伴关系的发展。文件规定了发展俄欧关系的具体目标和应为此采取的行动计划。[①] 普京呼吁欧盟加快这方面的工作，同时授权俄联邦工业和能源部长赫里斯坚科（В. Б. Христенко）、外长拉夫罗夫（С. В. Лавров）及总统助理维克多·伊万诺夫（В. П. Иванов）和亚斯特任布斯基（С. В. Ястржембский）分管四个统一空间的工作。

四大统一空间路线图详细规划了俄欧关系发展的目标和行动计划，涵盖了各个领域，内容十分丰富，是双边关系发展中的重要步骤。俄罗斯外长拉夫罗夫撰文指出，自俄罗斯独立以来，俄欧之间已经进行了多次首脑峰会，唯有此次峰会无论是在意义上，还是在成绩上都取得了极大成果。[②] 该协议不仅标志着双方伙伴与合作协定进程的胜利结束，同时也是欧盟、俄罗斯巩固合作和对话的历史性进程中一个新阶段的开始。普京认为，“路线图”的实施将大大推动统一欧洲的建设，有效保障包括少数民族在内的人权，并为双方人员自由往来创造条件。欧盟委员会主席巴罗佐（Jose Manuel Barroso）说，目前最重要的是将双方达成的协议付诸实施，欧盟希望俄罗斯经济繁荣，希望其具备吸引外资的条

---

① См.：Что такое“дорожные карты”. Российская газета. —2005，11мая.

② Сергей Лавров. курс на Европу. Российская газета. —2005，11мая.

件。至此，尽管双方在政治经济体制、价值观上存在着较大的差异，并因此产生了一系列分歧和矛盾，但现实中的相互利益决定了妥协、合作仍是今后俄欧关系发展的主流。正如欧盟外交政策和安全事务高级代表索拉纳（Javier Solana）所说："尽管欧洲还需要消除旧分界线最后的痕迹，但是在根本问题上，或在人们的头脑中，更密切的合作趋势已不可逆转。"①

事实上，由于各种因素的影响，四大统一空间路线图计划并未取得实质进展，基本还只是停留在纸面上的成果，与双方的期望有着巨大的差距。尽管如此，俄罗斯政治、知识精英的欧洲情结使其对俄欧关系仍抱有极大期望。2007 年 12 月，在俄罗斯科学院欧洲研究所举办的"俄罗斯与欧盟：未来合作"国际研讨会上，俄罗斯学者还规划了俄欧之间需要加强合作的 17 个具体步骤。② 普京本人也一再强调俄罗斯是一个欧洲国家，俄罗斯文化是欧洲文化的主要组成部分，发展同欧盟的关系是俄罗斯的优先选择，一系列统一空间构想的实施是整个欧洲发展的重要组成部分。

第三节　从战略伙伴关系到现代化伙伴关系

进入 21 世纪以来，俄罗斯对欧洲的关注持续高涨，并试图打造全面的俄欧战略伙伴关系，以加快俄罗斯的崛起步伐。在普京务实外交原则指导下，俄罗斯对欧洲的战略决策从着眼于科索沃战争后双边关系的恢复，到后来希望俄欧关系更具战略性质和稳定的基础。不可否认，俄罗斯与欧盟就双边关系发展确实达成了一系列框架性文件，但由于双方在历史传统、文化和现实利益等方面的矛盾和分歧，致使实际效果和期望值之间存在着巨大的反差。

---

① Александр Минеев. Карты в руки-Россия и Евросоюз будут жить по новому атласу. Время новостей. —2005，11мая.

② Иванов И. Д.，Борко Ю. А.，Белов В. Б.，РФи ЕС：семнадцатъ шагов навсгречу дург другу，СоВременнαя Европа，№3 июлъ-сентябръ 2008г，с. 22－26.

一、务实外交指导下的俄欧战略伙伴关系

普京一直致力于发展与欧洲的关系，试图借助俄罗斯与欧盟的高峰会议等一系列双边接触机制为布鲁塞尔所宣布的战略伙伴关系添加实质内容。除了传统的安全和经贸问题外，长期的能源合作与高端技术也已被纳入日程。在普京看来，欧盟日益成为欧洲大陆和国际事务的新安全主角，推动双边政治和经济关系的发展对俄罗斯国内转轨具有重要意义。至此，经历了叶利钦时代的混乱和孤立后，俄罗斯找到了其外交政策的国际任务和恰当位置，欧洲则成为俄罗斯外交的重点。

“俄罗斯联邦与欧盟关系发展的中期战略（2000—2010）”的出台，使俄欧伙伴关系具有了战略意义。该战略旨在建立和巩固俄罗斯与欧盟在全欧洲和国际事务中的伙伴关系，首先是运用国际法和不使用武力，并共同致力于预防和解决欧洲的地区冲突。同时，文件还首次明确表明俄罗斯不准备成为欧盟的一员。在强调俄欧伙伴关系具有战略意义的同时，中期战略提出要在扩大政治对话、发展相互贸易和投资、金融、欧盟扩大、基础设施、科技和知识产权、跨界、司法等各领域展开全面合作。所有这一切将最终导致在21世纪的国际社会里形成没有分界线的统一欧洲，而且俄罗斯与欧盟的立场将增强相互关联性和平衡性。① 1999年12月，在“千年之交的俄罗斯”的演讲中，普京在承认苏联型的社会体制“在物资和精神上”给俄罗斯带来了巨大伤害的同时，提出了要进行社会和解、政府改革、促进经济效益提高的政策目标。② 这一政策目标要求俄罗斯更深地融入全球经济，突出强调了外交要为国内服务的务实理念。普京所坚持的是以西方为重点的政策，而非斯拉夫的民族主义。随着新的对外政策构想的发表，俄罗斯再次确认了对欧盟的外交战略。该构想指出，由于对外政策保障手段的有限，“俄罗斯联邦成

① См.: Стратегия развития отношений Российской Федерации с Европейским союзом на среднесрочную перспективу (2000 – 2010 гг.) //Дипломатический вестник. —М., 1999, № 11.

② См.: Путин В. В. Россия на рубеже тысячелетий//Независимая газета. —1999, 30декабря.

功的外交政策应当建立在使其目标与实现目标的可能性保持平衡的基础之上……集中政治、外交、军事、经济、财政及其他手段解决外交任务应看其是否符合俄罗斯国家利益的实际需要，而参与国际事务应当真正有助于加强国家地位。”① 新构想突出了俄罗斯参与欧洲安全架构的愿望，强调与欧盟关系具有关键性意义，同时认为，欧盟内部发展的进程，包括欧盟的东扩、统一货币、机构改革以及共同外交、安全领域政策及防御身份认同等，正在对动态中的欧洲形势产生巨大影响。俄罗斯认为这些进程是欧洲发展的客观组成部分，俄罗斯在与欧盟国家的双边关系中应重视自身的利益。俄罗斯联邦把欧盟视为其主要的经济政治伙伴之一，并且要努力同欧盟发展积极稳定的长期合作关系。

欧盟日益成为欧洲大陆和国际事务的新安全主角，推动双边政治和经济关系的发展对俄罗斯国内转轨具有重要意义。尽管多次强调俄罗斯的身份、文化、历史与欧洲紧密相连，但在普京眼中欧盟首先是俄罗斯的一个最重要的经济伙伴。俄罗斯与欧盟在能源领域的相互依赖要大大超过其他任何方面。据测算，俄罗斯经济的15%依靠通向欧洲的油气管道支撑。② 正是由于国际能源价格的持续高位徘徊，使以油气出口为主的俄罗斯经济得以多年保持较快增长。能源领域的相互依赖推动俄罗斯与欧盟在伙伴关系与合作协定框架内签订了能源出口协议。第二次车臣战争爆发后，欧盟要求政治解决并向莫斯科施压，但欧盟中较大的国家还是采用了较为温和的立场以避免双边政治关系的破裂。2000 年 10 月，欧盟委员会通过“普罗迪计划”，决定强化与俄罗斯的能源合作。2002 年 5 月，俄欧首脑会议要求加强能源对话，提出启动俄欧一体化进程，将俄罗斯融入欧洲经济体系。同时，欧盟委员会承认了俄罗斯的市场经济地位。2003 年 5 月，俄欧峰会签署的《联合声明》表示，双方将加强在政治、经济、安全、防恐等领域的合作，为俄欧关系增添新的战略性内容。

尽管存在诸多分歧，但俄欧在能源领域的相互依赖关系是无法回避

---

① См.：Концепция внешней политики Российской Федерации//Российская газета. —2000，11июля.

② ［日］伊藤光彦：“欧盟会被俄罗斯的‘石油霸权’降伏吗?”，［日］《选择》月刊 2005 年第 1 期。

的现实。随着欧盟共同能源政策的推行，俄罗斯作为欧盟能源主要供应者的地位可能会有所下降，但这一领域的对话与合作仍是双方的根本利益之所在，对欧盟尤其如此。针对欧盟方面对能源供应安全的担忧，在2008年6月于汉特—曼西斯克（俄罗斯中部城市，以盛产石油著称）举行的俄欧首脑峰会上，俄罗斯方面重申，其“现在是、将来也是国际能源市场可靠的供应国。”

虽然俄罗斯与欧盟之间形成了战略伙伴关系，但除了能源领域以外，双方对俄欧关系的战略考量并不多，在更多的领域都更热衷于与美国发展各种所谓战略关系。从标志双方战略伙伴关系的两份主要文件可以看出，欧盟的“对俄罗斯共同战略”更侧重于关注俄罗斯国内民主、市场经济和社会的稳定与发展，以及保障欧洲大陆的安全和稳定；而“俄罗斯联邦与欧盟关系中期发展战略（2000—2010）”则突出强调俄罗斯保持大国地位和独立性，与欧盟的合作要以加强莫斯科在独联体的地位和影响、推进独联体的联合为前提。欧盟扩大把俄罗斯排除在外，同样，俄罗斯也希望保持自己的独立地位，恢复和保持世界大国的影响力。

二、“现代化伙伴关系”的确立

梅德韦杰夫就任总统时，恰逢国际金融危机全面爆发，俄罗斯资源型经济严重受挫，民众不满情绪上升。为应对危机，普京政府在提出“反危机计划”的同时，酝酿出台了《俄罗斯联邦2020年社会经济发展构想》，希望借助科技和企业“创新计划”，在摆脱危机的同时实现结构调整和增长方式的转变，使俄罗斯走上创新型经济发展之路。在这种背景下，2009年9月梅德韦杰夫总统初步提出使国家实现“经济和社会全面现代化”的思想和任务，并在随后11月发表的国情咨文中作出了全面部署，提出了要实现国家经济和社会全面现代化的“全面现代化战略”。

这一时期，俄罗斯与欧盟的关系尽管受到俄格军事冲突的冲击，但由于在能源和安全等领域的利益需求，双方各级别的交流渠道仍保持畅通，而且双方都有通过加强经济合作以减弱金融危机冲击的愿望。全球金融危机促使俄罗斯改变了与格鲁吉亚军事冲突以来对美欧的强硬政策，引进资金和技术为国内现代化服务成为其对欧洲外交政策调整的主要动力和目标。在金融危机的大背景下，欧洲作为俄罗斯的第一大贸易伙伴和最主要的投资来源地，自然成为莫斯科改善外交环境的首选。早在2009年11月的斯德哥尔摩俄欧第24次峰会上，梅德韦杰夫就提出了欧俄“现代化伙伴关系倡议”。

在欧盟方面，金融危机刚有所缓解，主权债务危机又接踵袭来，正经历着统一货币区濒临崩溃的严峻考验。面对冷战结束20年来国际力量消长的变化，特别是新兴力量崛起给世界所带来的冲击，欧盟内部开始讨论对外政策的重大调整，期望与包括俄罗斯在内的各主要国际力量紧密协作，以早日摆脱困境走上复苏之路。这样，在2010年6月初的罗斯托夫俄欧第25次峰会上，尽管在互免签证问题上仍未取得实质性进展，但双方在共同声明中宣布正式启动现代化伙伴合作计划。共同声明指出，俄罗斯与欧盟一致同意加强双方长期战略伙伴关系，进一步实践2005年通过的建立四个统一空间计划；现代化伙伴合作计划将致力于推动双方的改革和竞争力的提高，优先扩大双方在关键领域的投资、促进增长和创新、加强双边贸易和经济合作以及为中小型企业创造良好的发展空间；双方还计划在未来统一技术操作规程和标准，以及加强对知识产权的保护。梅德韦杰夫总统表示，会议本身是具体、务实和有建设性的，它是欧盟《里斯本条约》2009年12月生效以来双方举行的首次峰会，具有纪念意义。

尽管由于欧盟成员国存在严重分歧致使俄欧互免签证的问题仍难以达成一致，但俄罗斯在峰会期间还是向欧盟提交了协议方案，并希望以此为基础最终解决该问题。2010年6月中旬，外长拉夫罗夫在对欧洲的访问中再次强调“俄罗斯是欧洲的一部分”，明确表达了与欧盟深化合作的急切愿望。2010年7月，在驻外使节会议上，梅德韦杰夫总统要求外交要为国内现代化建设聚力献策。在“全面现代化战略”的指导下，俄罗斯联邦外交部出台了“有效利用外交因素推动俄长期发展计划”指导性文件，强调要与美欧结成“现代化伙伴关系”，加快引入西方的资金和技术，为国内现代化战略的执行创造有利的国际环境。随着俄欧关系的全面改善，在2010年底的布鲁塞尔峰会前双方签署了有关欧盟支持俄罗斯加入世贸组织的谅解备忘录，最终为俄罗斯入世开了绿灯。此外，峰会还为构建俄欧“现代化伙伴关系”制订了具体的实施计划。

虽然在经济上寻求互利合作，但在安全问题上俄罗斯仍难以作出重大让步。由于以欧安组织为基础构建欧洲安全框架的建议不被美欧所接受，而美国继续推动北约东扩并直指俄罗斯的“后院”独联体，还加快推进在欧洲部署导弹防御系统，2009 年 11 月 29 日，梅德韦杰夫总统正式公布了由俄方起草的欧洲新安全条约草案，希望借此增加自己在欧洲安全问题上的话语权。但在当前力量对比之下，俄罗斯要想重新安排欧洲的安全制度框架和实质性地介入欧洲安全建设（例如加入欧洲导弹防御系统）是不可能的。与新欧洲安全条约相呼应，2010 年 11 月，普京总理在访德前夕在德国《南德意志报》发表文章，就俄欧新经济合作模式正式提出“欧洲经济新体系”计划，呼吁建立覆盖全欧洲的经济共同体。普京的“欧洲经济新体系”构想，主要包括建立经济共同体、战略产业联盟、统一的欧洲能源体系、科技共同体和实施互免签证等 5 个方面的内容。

2012 年，普京重新当选总统之初签署的《关于落实俄罗斯联邦外交方针措施的命令》中再次表达了对俄欧关系的高度重视和期待。[①] 该《命令》除强调俄罗斯要以务实性、开放性和全方位的原则为基础，在新的多极国际体系日趋成型的前提下保障自身的国家利益外，还对俄欧关系的发展作出了详尽规划和部署：努力实现建立覆盖从大西洋到太平洋的统一经济和人文空间的战略目标；近期争取与欧盟签订短期公民互免签证的协定；坚持平等与互利原则制定俄欧战略伙伴关系基础协定；有效落实“现代化伙伴关系”计划；加快互利能源战略伙伴关系的发展，推进建立欧洲统一能源综合体，严格遵守已经达成的各种双边和多边合约的义务。“欧洲经济新体系”与新欧洲安全条约相呼应，初步形成了俄罗斯对欧新战略的总体构想。至此，俄罗斯的欧洲战略已经不再把加入欧盟作为选项，而是致力于切实加强与欧盟的战略伙伴关系，同时强调俄罗斯作为强国的自主性，以自己能够接受的方式融入欧洲。但

① Владимир Путин подписал Указ “О мерах по реализации внешнеполитического курса Российской Федерации”. http://kremlin.ru/news/15256.

是，从双方在北约东扩、欧洲导弹防御体系、互免签证等问题的严重分歧上可以看出，俄罗斯与欧盟要建立起战略互信还有很长的路要走，乌克兰危机更使双方的互信和关系降到了冷战后的最低点。

第三章　俄欧政治对话与安全合作

冷战结束后，俄罗斯和欧盟都面临着艰难的内部转型和对外关系的重建。在这一进程中，俄欧之间的政治对话与安全合作无论对于欧洲安全格局的构建，还是俄罗斯国内的转型和欧盟的深化与扩大，其影响都是极为关键的。

第一节　俄欧政治对话机制的构建

就冷战以来俄罗斯与欧盟关系的发展而言，同样存在着国际机制的作用。苏联解体后，由于在地缘、经济、政治、安全等领域的相互依赖，俄罗斯与欧盟关系中的协调机制也相继构建起来，促进了双边关系的调整和发展。随着常设伙伴关系委员会的启动，俄欧之间的协调与协商机制更加顺畅，这种以各层次对话为基础的框架机制在促进双边关系发展中发挥了很大的作用。

从实践上看，在国际安全问题的处理上有两种基本方式：一种是，权力政治平等的敌对力量和国家忽视国际法及法律义务，积极努力寻求通过双方实力的接近来实现安全——力量平衡方式（例如，美苏在冷战时期的恐怖平衡）；另一种是，通过相互承担法律义务，使多个国家在经济、安全甚至内务政策基本保持一致——制度制约方式（例如欧盟）。

独立之初，俄罗斯的对外战略是希望与西方建立“战略伙伴关系”，甚至加入或组建新的组织，通过制度制约方式来解决自身的安全问题。俄罗斯曾建议把北约和华约统一于欧洲安全组织的框架之下，由欧安会负责欧亚大陆的安全，这不可避免地遭到西方的拒绝。1991 年以后，俄罗斯仅被欧洲委员会接纳为正式成员，而同欧洲大陆最有影响的两大组织——北约和欧盟，只签订了某种合作协议，并没有取得成员国资格，最终退回到传统的力量平衡体系之中。可见，在俄罗斯国内民主体制得到巩固和国家重新定位完成之前，采用二战后处理德国问题的方式来解决新俄罗斯问题显然是不现实的。俄德两国有相似之处（长期对外扩张、被削弱、宣称致力于民主和自由，而且都希望援助），但新俄罗斯相对于当时的德国而言依旧是世界大国（不仅国土面积辽阔、人口众多，而且拥有庞大的核武库），而且不像当时的德国处于盟国的控制之下。尽管如此，为对俄国内的转轨方向施加影响，欧盟还是尝试为与俄罗斯的关系确定某种制度性框架。

从“以援促变”的立场出发，欧盟自 1991 年就开始制定对俄罗斯的技术援助计划（TACIS）。该计划不仅限于技术合作，而且越来越被用于帮助双方实施“伙伴关系与合作协定”。同时，欧盟也是西方国家中最积极的对俄援助者，欧盟希望从物质上刺激和加速俄罗斯的西化进程。1994 年 6 月，俄罗斯—欧盟第三次首脑会议通过了俄欧伙伴关系与合作协定，该协定从政治、经济、文化三方面确定了俄罗斯与欧盟关系的性质。伙伴关系与合作协定不仅确定了俄欧关系的性质，更为重要的是它使双边关系具有了一定的制度基础，从而被视为俄欧关系的基石。这突出体现在多层次定期政治对话机制的规定上。

根据这一协定，俄欧之间建立起了不同层次的定期政治对话机制，形成了一系列制度机构，为双方阐述立场和增进交流提供了广阔的空间，使俄欧关系发展的稳定性和预见性得到增强。就国际机制的功能而言，主要在于它为行为体之间的沟通提供了必要的渠道和准则，可以降低不确定性而有助于合作。“国际机制通过提高破坏他人财产权利行为的预期成本，降低一体之间的交易成本，以及为其成员提供可靠的信息，促进协议的达成。与庞杂的互不相关的协议间的选择相比，机制是更有效的制度，因为其原则、规则和制度，在各个议题之间创造了联系，使行为者有强烈的动机去达成互相有利的协议。”[①] 俄欧常设机制包

① ［美］罗伯特·基欧汉著：《霸权之后——世界政治经济中的合作与纷争》，上海人民出版社 2001 年版，第 119 页。

括每年两次的首脑峰会、部长级合作会议、高级政府官员合作委员会、涵盖各领域的9个小组委员会，以及欧洲议会和俄罗斯国家杜马之间的联系。一年举行两次由俄罗斯联邦总统、欧盟委员会主席和欧盟轮值主席国领导人参加的定期高级峰会机制（从1998年开始，截止目前已经进行了30多次），通过这种高级峰会来确定欧俄关系发展的战略方向；新设立的常设伙伴关系委员会授权各国部长们尽可能多地举行会晤，灵活多变地讨论具体问题，成为解决双方共同关注问题的重要场所；双方的高级官员还可以通过合作委员会和各小组委员会进行对话与合作，但俄罗斯已经多次拒绝举行除海关事务以外的所有小组委员会会议；在政治和安全委员会中，俄罗斯驻欧盟大使每月在布鲁塞尔同欧盟轮值主席国、欧洲委员会和欧盟议会的专家级代表就国际问题进行广泛磋商；通过欧盟—俄罗斯议会合作委员会，欧盟议会和俄罗斯国家杜马之间进行交流和合作。

这种机制化、制度化的安排为欧盟对俄罗斯的转轨进程施加影响提供了渠道，而这一点对致力于主导冷战后欧洲大陆安全重建的欧盟而言，具有重要的现实意义。为加强交流与合作，1996年5月欧盟各国外长还批准了一项旨在加强俄欧联系的行动计划，中心内容是形成一个就对外政策与安全问题与俄罗斯加强对话的框架。1996年，欧洲委员会接纳俄罗斯为正式成员。在欧洲的诸多国际组织中，除欧安组织外，俄罗斯唯一拥有成员国地位的就是欧洲委员会。在接纳俄罗斯为正式成员的过程中，欧洲委员会提出了一系列要求：俄罗斯除要遵守欧洲委员会的欧洲人权公约外，还要在取得正式成员国资格后的1年内批准保护少数民族公约，并从成为正式成员国之日起延期执行死刑，在3年内取消死刑；改善监狱条件并将其划归司法部门管理；要求用和平方式解决车臣冲突；批准引渡公约等。加入欧洲委员会为俄罗斯进一步融入欧洲社会和安全体系创造了条件，但欧洲委员会有关人权、民主标准的规定也对俄国内的立法程序和法律体系造成冲击。当然，俄罗斯通过加入欧洲委员会，可以平等地利用欧洲议会和欧洲法院的讲坛，对境外俄罗斯人实行保护，对其认为的反人权行为提出起诉。但在对等条件下，当俄罗斯公民就人权问题诉诸欧洲法院时，欧洲议会的决定俄罗斯政府也必须执行。无论如何，俄罗斯加入欧洲委员会对于推进双边关系制度化，促进俄罗斯与欧盟之间的相互理解与沟通，提高俄罗斯在欧洲社会的地位无疑是有利的。

随着对外政策的调整，在多极化战略的指导下，为平衡北约东扩、削弱美国对欧洲事务的控制和影响，叶利钦把法国、德国当作欧盟内的主要合作伙伴，甚至希望建立所谓“莫斯科—巴黎—柏林轴心”。出于对多极世界格局的认同和反对美国过多干预欧洲事务的共同立场，1996年9月法国总统希拉克访问莫斯科，两国甚至宣布建立特殊伙伴关系。同时，俄德关系也由于苏联对两德统一的默许和俄罗斯从中东欧的顺利撤军而一度取得较大发展。1997年10月，叶利钦甚至提出欧洲人自己管理欧洲的“大欧洲”设想，还建议俄、法、德三国建立首脑年度会晤机制，并得到希拉克和科尔的赞同。但这种机制只在1998年举行过一次，很快就因1999年的科索沃战争而不了了之。后来又形成了一个俄、德及波兰的三国外长会晤机制。2013年5月10日，俄罗斯、德国和波兰三国外交部长在华沙举行会晤，讨论了欧盟与俄罗斯的关系、北约—俄罗斯理事会的活动，还涉及到了欧洲安全与合作组织、波罗的海国家委员会及欧委会等国际组织。会晤中，三国外长还确定了2011年加里宁格勒会晤及2012年柏林会晤上所达成协议的进展情况，三方高度评价了波俄2012年签署的关于加里宁格勒飞地边境问题的合作协议。该协议为边境地区居民提供了更加便利的签证手续，方便了边境之间居民的来往。据介绍，2012年边境往返人员从200万人次增加到400万人次。波兰外长西科尔斯基（W. E. Sikorski）强调，波兰与俄罗斯就加里宁格勒边境问题签署协议得到了德国的帮助，但波俄实施签署免签协议则需要得到欧盟所有成员国外长的一致同意。俄罗斯外长拉夫罗夫也对这一协议给予积极评价，认为在这一段边境实施便利政策有利于双方居民的相互沟通，也有利于促进贸易往来。拉夫罗夫说，尽管欧洲出现危机，但三国之间的贸易保持增长势头，贸易额超过1000亿美元。他同时表示，三国外长之间的合作富有成效，希望俄波双方的这一便利协议有利于推动俄罗斯和欧盟之间互免签证问题的谈判进程。德国和波兰表示支持迅速取消俄罗斯与欧盟之间的签证制度。德国外长韦斯特韦勒（Guido Westerwelle）声称，德国外交部与内政部已经向欧盟委员会发出信函，支持俄罗斯与欧盟施行免签制度。他认为，欧盟在签证制度方面应表现出足够的灵活性，最终目标则是免除一切签证制度。波兰外交部长也表示，在更早之前，俄罗斯与波兰之间曾经短暂施行过签证自由化制度，华沙希望该项制度重回轨道。三国外长还就俄罗斯与欧盟和北约的关系以及叙利亚等问题进行了讨论。[①]

第二节　俄欧政治对话机制的完善

科索沃战争后，双方在各领域合作的愿望增强，俄罗斯和欧盟都意识到原有的政治对话体系过于僵硬和官僚化。为改变这种现状，2003年5月，双方签署的圣彼得堡《联合声明》，在主张加强双方在政治、安全、反恐及经济领域合作的同时，认为应提高双边合作的有效性，并决定将原有的双边合作委员会改组为俄罗斯与欧盟“常设伙伴关系委员会”。在这种部长级合作框架中，不仅包括外交部长，还包括运输、贸易以及农业等部部长参加，而且该委员会可以独立讨论问题，并可以根据需要经常举办活动。但遗憾的是，由于双方在委员会的组成问题上争执不下，使常设伙伴关系委员会在成立近一年的时间内没有进行正常活动。欧盟方面坚持要求俄罗斯相应的部长应该同欧盟“三驾马车”（欧盟轮值主席、欧盟委员会主席、欧盟外交与安全事务高级代表）进行协商、谈判；而俄罗斯方面则要求采取“欧盟各国+1”模式，同欧盟各成员国所有对应官员举行谈判。许多欧盟官员对俄罗斯的要求非常敏感，他们坚持认为，成员国的相应官员只能参加咨询、协调及合作，不允许其参与欧盟既有的决策过程。欧盟官方坚持要求按照伙伴关系与合作协定的规定，强调双方只能在欧盟层次进行对话，认为按照“欧盟各国+1”模式进行会晤将会使正在进行的谈判和妥协失去可控性。

欧盟之所以不同意这种模式，更主要的原因在于，欧盟认为俄罗斯这样做有使欧盟委员会与其成员国发生分化的潜在危险。欧盟的立场并非没有道理，因为自普京就任总统以来，俄罗斯通过积极发展与欧盟主

---

① СООБЩЕНИЕ ДЛЯ СМИ О встрече министров иностранных дел России, Германии и Польши, http://www.mid.ru/brp_4.nsf/0/838F827ACA49782044257B680025728A.

要国家的双边关系来弥补俄欧关系的不足，这一定程度上引起了欧盟内部的不和谐。例如，在俄罗斯与欧盟就加里宁格勒问题相争执的同时，普京却与法国总统希拉克以及西班牙和意大利的领导人取得共识。2002年7月，希拉克在对莫斯科的访问中表示，加里宁格勒问题的解决不应损害俄罗斯和俄罗斯人的尊严。尤其值得注意的是，2003年11月，在俄罗斯—欧盟罗马峰会的记者招待会上，当普京批评欧洲某些势力别有用心地利用车臣问题向俄罗斯施加压力时，时任意大利总统和欧盟轮值主席的贝卢斯科尼解释说，他很了解俄罗斯的形势，在车臣问题和尤科斯事件上，意大利和欧洲新闻媒体都作了“传奇式的报道”，歪曲了事实真相。贝卢斯科尼的讲话在欧盟内部引起强烈反响，欧洲一些媒体对贝卢斯科尼进行了强烈的批评，法国《世界报》甚至说贝氏讲话是“欧洲的耻辱”。对此，欧盟急忙表态，强调其对车臣问题的立场没有变化，对车臣人权状况仍很担忧。俄罗斯政治家认为，欧盟的政策缺乏长远考虑，为使双边关系拥有广阔的基础和动力，需要更深层次的制度性协商机制。俄罗斯方面希望，在各领域问题谈判中，能够有与此问题相关的国家官员参加。例如，在有关人权问题的讨论中，俄罗斯希望拉托维亚和爱沙尼亚能够参与（莫斯科认为这两个国家存在践踏俄罗斯族人权利的问题），而不仅仅是轮值主席国参加。最终，俄罗斯同意其外长应与欧盟负责外交事务的官员举行会晤，欧盟也原则上同意将来的会晤可以向其相应的成员国开放。2004年4月，欧盟与俄罗斯达成妥协，同意举行俄欧常设伙伴关系委员会首次会晤。2005年，在常设伙伴关系委员会的框架内，俄罗斯与欧盟各国的外交部长、司法和内务部长及能源部长一起就双方所关心的问题举行了多次会晤。这与新自由制度主义的观点相吻合，即：合作要求参与的行为体调整自己的利益和需要，但合作并不能保证相互之间不存在冲突，而合作恰恰是对当前冲突的一种反应或者是为避免冲突所做的一定努力。2010年6月，德国总理默克尔与到访的俄罗斯总统梅德韦杰夫举行会谈。双方同意提升欧盟与俄罗斯安全合作的层次，推动二者开展更紧密的安全合作。双方建议，探索成立部长级的欧盟—俄罗斯政治和安全委员会，该委员会的主要任务包括：交流当前国际政治和安全议题，制订欧盟—俄罗斯民事和军事危机管理行动的基本规则等。

冷战结束后，俄欧关系总体上保持了一种相对平稳的发展态势。尽管双方在民主、人权、能源、安全、签证及独联体等许多问题上仍存在相当大的分歧，但各层次定期政治对话和会晤机制为双方阐述立场和增进交流提供了制度框架，这也是转型以来俄欧关系虽有波动但基本能保持平稳发展的重要原因之一。正是在双边多次磋商的基础上，2004 年 4 月双方签署了关于将俄欧伙伴关系与合作协定扩大到欧盟 10 个新成员国议定书，使一度面临严峻考验的俄欧关系峰回路转。紧接着，俄罗斯与欧盟签署了关于支持俄加入世贸组织议定书，结束了长达 6 年的谈判。就欧盟与俄罗斯关系的现存制度结构而言，既不能说简单，也不能称之为特别有效，双边关系的机制构建也远未完成，但它能够确保双方在各层次有较为通畅的交流和沟通渠道，从而为俄欧关系的平稳发展奠定了制度基础。即使在俄罗斯与格鲁吉亚军事冲突的背景下，双方也保持了沟通渠道的顺畅。尽管如此，大部分对于技术性合作极为重要的制度性机构仍未有效地发挥作用，例如俄欧伙伴关系与合作协定中规定的专家委员会。此外，在交往中，双方的谈判代表互相指责对方不够灵活。由于体制上的差异，俄罗斯负责谈判的官员要向自己的部长甚至总统进行汇报，他们只有权就谈判中那些不太重要的妥协达成协议；而欧盟的谈判代表由于是欧盟各成员国在艰苦的协商基础上产生的，相对拥有较大的谈判决定权。

正是在相关政治对话机制的框架内，经过艰苦的谈判，俄罗斯与欧盟终于通过了关于建立四个统一空间“路线图”的一揽子文件，以期消除因欧盟扩大而引发的双方关系中的紧张气氛，进一步推动战略伙伴关系的发展。俄欧“路线图”计划，不仅标志着双方伙伴与合作协定进程的结束，同时也代表俄欧之间合作与对话进程中新阶段的开始。但现实的情况并不妙，俄欧伙伴关系与合作协定已经到期（2007 年底），但由于波兰和立陶宛的阻挠以及俄格冲突的影响，双方就签署基础性条约问题所进行的磋商多次中断，而乌克兰危机使俄欧关系的持续恶化使这种谈判更是遥遥无期。不可否认，俄欧关系中各层次定期对话机制为双边协商、妥协提供了制度基础，但乌克兰危机使原本就缺乏战略互信的政治关系旋即跌入谷底，而相应的渠道或机制对双边关系的发展能在多大程度上发挥稳定和促进作用，我们将拭目以待。

第三节 俄欧安全对话与合作

在冷战结束后的国际格局转型中，无论对俄罗斯还是欧盟而言，安全领域的对话与合作都是极为复杂和敏感的问题，因为这不仅触及到未来欧洲大陆安全框架的主导权问题，而且还要考虑到通过北约介入欧洲安全事务的美国的利益和立场。俄罗斯与欧盟安全对话以伙伴关系与合作协定（PCA）的相关规则和机制为基础，主要在欧盟第二个支柱的共同外交与安全政策（CFSP）以及安全与防务政策（ESDP）的构架内进行。依据 PCA 的规定，双方在安全领域对话的目标是“产生对共同关心的国际问题的凝聚力，以此增强双方的安全感和稳定感”。但在实际展开的对话中，欧盟希望在两个方面取得成效：就包括地区冲突在内的国际问题与俄罗斯展开对话；结合欧洲共同价值观念，就俄罗斯国内改革，诸如民主、人权、法制等问题的现状及发展方向进行对话。也就是说，俄罗斯与欧盟在安全领域的对话与合作主要围绕双方所达成的“对外安全共同空间”和“自由、安全和司法共同空间”问题展开。

后冷战时期，俄罗斯在欧洲安全问题上的立场变化分为两个阶段，先是希望能够以欧安组织为基础来构建欧洲安全框架，后在地缘政治的强大压力之下，俄罗斯明确提出了欧洲新安全条约倡议，以期在与美国主导下的北约的博弈中增加自己在欧洲安全上的话语权。

苏联解体后，虽然欧洲已不再面临大规模攻击的威胁，但巴尔干半岛的形势表明，威胁其稳定和发展的因素变得更加复杂。同时，美国对欧洲在安全上“搭便车”的角色一直不满，在冷战后的军事战略调整中要求欧洲在防务和安全方面承担更多责任。正是在这种背景下，欧盟在《欧洲联盟条约》（也称《马斯特里赫特条约》）中首次提出了共同外交与安全政策，并在随后的《阿姆斯特丹条约》中作了进一步的修订。《阿姆斯特丹条约》最显著的成绩之一，就是设立了共同外交与安全政策高级代表。科索沃战争暴露了欧洲在防务上的虚弱，促使欧盟最终下决心进行更为大胆的体制性变革。1999 年 6 月的欧盟科隆首脑会议发表了《加强欧洲安全与防务政策的声明》，通过了安全与防务政策，决定建立独立的欧洲防务，作为共同外交与安全政策的组成部分。但在欧盟看来，北约仍是共同防务的基础，欧盟一般只在北约没有参与的情况下采取行动。欧盟本身准备成为防御性组织，这在其历史上还是首次，但使用武力仍是不得已而为之的最终手段。而在没有自己的战略手段和军事能力的情况下，为了进行危机处理，欧盟仍将必须使用北约的军事设施。

由于北约在欧洲的继续存在并不断向东扩张，俄罗斯几乎在整个20世纪90年代都没有对欧盟在安全与防务领域的举动给予足够的重视。鉴于共同外交与安全政策刚刚起步，俄罗斯与欧盟只是借助政治对话来探讨共同关心的一些问题（例如中东和平问题），而在国际上很少进行外交协调。这一时期，莫斯科所关注的是，希望以欧安组织为基础来构建欧洲安全框架，以最终取代北约在欧洲安全上的主导地位。

冷战结束之初，莫斯科不断强调上述立场，并把其列入《俄罗斯联邦外交构想基本原则》（1993年）之中："在东欧和近邻国家不稳定因素进一步增长的情况下，欧洲安全与合作会议作为维护和平与安全的重要因素和'自温哥华到符拉迪沃斯托克'整个空间内国家间各领域建设性合作的机制，大大增加了赫尔辛基进程的意义。赫尔辛基进程的发展是保证俄罗斯广泛参与欧洲、'欧洲—大西洋'及'欧亚'共同体的主要渠道。欧洲安全与合作会议向前发展，推动其进一步制度化并使之成为正在形成的共同体结构的基础，符合俄罗斯的利益。"① 俄罗斯并未意识到共同外交与安全政策对于欧盟的重大历史意义，在其外交构想基本原则中只是认为欧洲发展出现了两种倾向，即一方面形成紧密的欧洲共同体，另一方面又面临一系列新挑战，而且这种挑战威胁到了欧洲长期以来形成的稳定和积极发展趋势。相反，欧盟则致力于提高自身的作用，并从俄罗斯的反对要求中感觉到加强欧安组织在统一欧洲"责任区"中作用的危险性。

苏联解体后，欧洲大陆地缘政治的新现实要求欧盟（与北约合作）承担保障地区安全的责任，《马约》明确强调把西欧国家的经济合作转

① См.：Концепция внешней политики Российской Федерации. Дипломатический вестник. специальное издание，январь1993г.

向集体安全机制。至此，欧盟决定建立就尖锐的国际问题统一立场的机制，并努力推进集体危机反应机构（其中包括军事反应）的创建。而欧安组织创建于冷战时期，除欧洲国家外还包括美国、加拿大及中亚国家，其主要任务在于对人权问题和民主程序的监督，并不具有军事、政治职能。所以，冷战结束后，布鲁塞尔很快就将欧安组织视为象征性机制，认为它不可能作为自身安全的可靠保证，只能起到辅助性作用。①

俄罗斯与欧盟在安全问题上的另一个分歧，是关于美国在欧洲存在的必要性问题。俄罗斯主要从是否增强美国对欧洲事务影响的角度来评判欧洲发生的事件，所以，提高欧盟在北约中抗衡美国的能力就成为莫斯科对欧洲安全政策的主要取向。② 而在欧盟看来，美国作为自己的重要盟友，其在欧洲的存在是必要的，因为北约的存在不仅没有成为自身一体化的障碍，相反却可以作为安全的“保护伞”。整个冷战时期，北约是西欧的保护人，美国的军事存在使欧洲人可以安心地发展各领域的合作，推进一体化进程。而且，为适应冷战后欧洲安全威胁的新变化，北约也处于转型之中。只是欧盟在安全与防务问题上迈出实际步伐，也即 1998 年 12 月英法在法国圣马洛（St Malo）达成的《欧洲防务合作宣言》中首次提出建立快速反应部队之后，俄罗斯才真正意识到欧盟在外交与安全问题上的重要性。随后的科索沃战争导致俄与北约关系暂时中止，促使莫斯科开始重新评价自己的欧洲安全政策。

新世纪以来，俄罗斯开始调整在欧洲安全问题上的立场，希望推动建立一种对俄罗斯相对有利的安全体系，在这一体系中俄罗斯应作为平等成员并能够充分发挥影响。科索沃战争表明了欧安组织在维持欧洲安全上的脆弱性和不足，俄罗斯转而希望欧盟的安全与防务政策能够削弱美国在欧洲防务创建中的影响，填补欧洲安全领域的“真空”。在莫斯科看来，欧盟与北约不同，美国不是其成员，而且在很多方面欧盟有同北约在欧洲安全领域抗衡的潜能，同时欧盟在这一领域也需要俄罗斯的

---

① Puig L. M, de, The European Security and Defence ldentity within NATO, NATO Review, 1998, Vol, 46, No2, pp. 6 – 9.

② См.：Д. Тренин. Ненадежная стратегия//Pro et Contra. Т. 6. No1 – 2. 2000. С. 50 – 65.

合作。在“俄罗斯联邦与欧盟关系发展的中期战略（2000—2010）”（针对欧盟对俄共同战略，俄罗斯在1999年10月的俄欧赫尔辛基峰会上发表的战略文件）中，谈到了双方在军事领域合作的前景，强调欧盟是其所倡导的多极世界和泛欧洲集体安全体系中的一员，主张“依靠欧洲人自己的力量保障全欧安全，不排斥美国和北约，但也不要他们对欧洲大陆的垄断；确定俄罗斯联邦对欧盟包括西欧联盟在内的‘独立防务’的立场，发展与作为欧盟组成部分的西欧联盟的政治和军事联系，以及安全领域（维和、危机处理、各类限制和削减武器）的实际合作，以作为在欧洲对北约中心主义的抗衡”。①

在莫斯科看来，就安全问题与欧盟展开合作，可以扩大俄罗斯在欧洲安全领域的影响。普京在《俄罗斯联邦外交政策构想》（2000年6月28日批准）中强调指出：欧洲正在形成的军事政治格局应当引起关注；在北约东扩已经既成事实的情况下，莫斯科和布鲁塞尔在安全领域的合作有利于维护欧洲的安全与稳定。② 在建立“没有边界线的欧洲”口号的激发下，2000年10月的俄欧首脑峰会上莫斯科对布鲁塞尔的热情达到了高潮，会议发表的共同声明宣称双方决心在欧洲政治与安全问题上展开密切对话与合作。俄罗斯驻布鲁塞尔大使把这次峰会比作人造卫星——如同火箭发射卫星一样，使双边关系进入新的轨道。③ 这样，时任欧盟主席国的法国开始同俄罗斯就外交和安全问题进行对话。俄罗斯国防部向欧盟建议进行联合理论研究、维护和平行动和军事工作方面的合作。

当然，在欧洲安全问题上仍然存在很大分歧的情况下（例如关于欧盟使用北约军事设施），俄罗斯对欧洲安全与防务政策的怀疑也开始增加，担心自己是否会被欧洲安全体系排除在外。同时，布鲁塞尔也在担心建立欧洲安全与防务体系过程中与莫斯科密切交往的可能后果，使得

---

① См.：Стратегия развития отношений Российской Федерации с Европейским союзом на среднесрочную перспективу（2000－2010 гг.）.//Дипломатический вестник. -М.，1999，№ 11.

② См.：Концепция внешней политики Российской Федерации//Российская газета. —2000，11июля.

③ EU/Russia：What Are the Next Steps? European Report EIS，http：//eisnet. eis. be（accessed December 16，2003）.

双方放慢了对话进程。[1] 这是因为建立欧洲安全与防务体系必然要考虑同美国、北约之间的政治平衡。“9·11”恐怖袭击发生后，俄罗斯的态度相对变得较为积极。2001 年9 月普京在德国联邦议会演讲时指出，俄罗斯与西方国家缺乏国际合作是国际恐怖主义上升的主要因素，他说：“为进一步加强合作我们缺少什么？尽管在过去的几十年取得了一些成就，但我们仍然没有建立起有效的合作机制。迄今建立的合作组织没有给俄罗斯真正的机会参与筹备和批准决议的过程。现在决议基本没有俄罗斯的参与而只是在事后坚决地要求俄罗斯批准……不久前，好像在欧洲大陆真的要建立共同家园，一个欧洲人不被分成东西南北界限的家园。不过，这种错误界限仍然存在，主要原因是我们还不能完全摆脱冷战思维。”他同时强调，俄罗斯的经济、文化及防御能力与欧盟的愿望息息相关，如果欧盟把自己的愿望同俄罗斯人民、领土和自然资源联合起来，将会使欧盟作为强有力和真正独立政治中心的地位更加巩固。[2]

在这种背景下，2001 年 10 月的俄欧布鲁塞尔峰会提出要开设新的联系渠道，即建立欧盟“三驾马车”的政治安全委员会与俄罗斯驻欧盟大使每月定期会晤机制，以及欧盟外交与安全事务代表与俄罗斯外长定期会晤机制。这样，至少在文件中显示欧盟要提供给莫斯科享有对欧洲安全与防务政策的咨询权，表明俄罗斯的地位要优于非欧盟的北约成员国。“9·11”事件加速了美国从维和行动中撤出，北约把巴尔干地区的维和任务移交给欧盟。由此，欧盟对于欧洲安全要承担更大的责任，而莫斯科也必须重新认识欧盟在欧洲安全上的地位和思考如何与之打交道的问题。首先，俄罗斯仍认为欧盟的安全与防务政策是一个前景并不明朗的方案。虽然欧盟的防务政策已初现端倪，但莫斯科首先持一种观望态度，在完全支持其之前要看该政策能否有持久的生命力。这就不难理解俄罗斯为什么一再对该政策非常谨慎。鉴于此，俄罗斯仍然通过罗马理事会与北约协调关系，以应对欧洲安全问题。其次，俄罗斯认为有必要提早加大介入力度。如果俄罗斯还处于弱势，而欧盟又变得更加强

---

① Sergei Prikhodka, Russia-EU Cooperation: The Need for a New Impetus, Europa, no. 3 (2001, 10).

② Dov Lynch, Russia's Strategic Partnership with Europe, The Washington Quarterly, Spring 2004, pp. 99 - 118.

大，那么莫斯科有必要提前介入欧洲安全与防务体系的形成，以保证不对自己造成威胁。第三，俄罗斯渴望形成一种自己能够很好适应的安全体系，在其中俄罗斯的声音能够平等而充分地被听到。所以，“9·11”事件后俄罗斯与欧盟开始更加积极地组织各种会晤和会议，还签署了有关政治和安全问题的各种协定。

北约在完成冷战结束后的第二轮扩大后，其前沿已经触及俄罗斯边境。不仅如此，美国还积极推动乌克兰和格鲁吉亚加入北约，并加快推进在东欧部署导弹防御系统。北约、欧盟东扩明确把俄罗斯排除在外，而以欧安组织为主构建欧洲安全框架的倡议又不被美欧所接受，莫斯科在对自身安全担忧之余只能另寻他径。2008 年 6 月 5 日，梅德韦杰夫在就任总统后访问德国期间首次提出了签署“欧洲安全条约”的倡议，强调在原有集团政治框架内已无法解决国际社会所面临的一系列安全问题。[①] 随后，俄罗斯借助俄欧首脑峰会等平台向欧洲各国极力阐明自己的主张。在与格鲁吉亚发生军事冲突后，俄罗斯与北约的正常军事交流与合作中断，莫斯科更加感到制定欧洲安全新条约的必要性。2008 年 11 月，普京在圣彼得堡国际人权问题会议上提出了新欧洲安全条约的三原则：本国的安全保障不能以牺牲他国的安全为代价；不允许采用对共同安全空间构成威胁的举动；军事同盟的扩大不应威胁其他缔约国的安全利益。[②]

2009 年 11 月 29 日，梅德韦杰夫总统正式公布了由俄方起草的欧洲新安全条约草案，同时提供给相关欧洲国家及国际组织。2009 年 12 月 1 日，俄罗斯在欧安组织外长会议上正式公布了该草案。该草案共有 14 条，涵盖了从北美洲跨越大西洋，再到欧亚大陆北部的广阔区域，政治上包括了北约、欧盟、欧安组织和独联体等国际组织。草案强调各缔约国应依据国际法发展关系，遵循《联合国宪章》、《赫尔辛基最后文件》、《欧洲安全宪章》等相关重要法律文件，不允许在国际关系中使用武力或以武力相威胁；承认并支持联合国安理会在维护世界和平与安

---

① Медведев обсуждал с Меркель идею договора о европейской безопасности. БЕРЛИН, 5июни 2008 – РИА Новости.

② Даниил Айзенштадт, Наталья Куклина. Три принципа Путина. http: //pda. gazeta. ru/politics/2008/11/24_ a_ 2894086. shtml.

全上的作用，同时各国应共同面对全球化时代所出现的威胁和安全挑战；缔约方应共同努力建立起有效的协作和争端处理机制，包括举行磋商、会议和紧急会议的方式。[①] 俄罗斯的目的很明确，就是希望借此摆脱北约对欧洲安全主导权的垄断，尽管这将是难以实现的目标，但起码可以在与美国主导下的北约博弈中增加自己在欧洲安全问题上的话语权。在2009年12月举行的布鲁塞尔俄罗斯—北约理事会会议上，双方首次就该草案进行了讨论。尽管北约秘书长拉斯穆森对讨论给予了积极评价并强调可以继续磋商，但他同时表示北约无论如何仍将是欧洲安全的主要框架。同样，对欧洲特别是那些对俄罗斯仍持有高度戒备心理的东欧国家而言，北约仍将是他们首选的集体安全机制。尽管俄罗斯大力宣传自己的欧洲安全新构想，但美欧国家普遍态度冷淡，并没有更多的积极回应，美国更是明确表示了不支持的立场。在2010年2月举行的华盛顿北约战略构想研讨会上，美国国务卿希拉里强调，北约不是俄罗斯的安全威胁，欧洲安全问题应在欧安组织、北约—俄罗斯理事会等现有机制内进行讨论。[②]

尽管在2010年11月的北约里斯本峰会上俄罗斯和北约书面承诺不再互相视为敌人，俄罗斯还同意在欧洲导弹防御系统上与北约合作，但巨大的矛盾分歧决定了双方很难在这一问题上展开实质性合作。北约拒绝就反导系统不针对俄罗斯作出法律承诺，只希望双方以交换信息的方式合作。俄罗斯方面要求，制定反导系统互不针对的法律保证和客观的评估标准，以证明该系统的确是针对欧洲以外的潜在威胁，同时要保障俄罗斯能够平等参与未来反导系统建设。俄方甚至表示，如果美国和北约在发展反导系统时无视俄罗斯的立场和需求，莫斯科不排除退出新签署的《削减和限制进攻性战略武器条约》的可能。

随着谈判一次次无果而终，俄罗斯先后提出要在加里宁格勒州部署"伊斯坎德尔"战术导弹系统、S-400反导导弹以及导弹袭击预警系统雷达站等进行回应。针对北约的欧洲反导系统，俄罗斯可谓绞尽脑汁，

---

① Проект Договора о евробезопасности опубликован на сайте президента РФ. МОСКВА, 29ноября 2009 – РИА Новости.

② НАТО не является угрозой для России-Хиллари Клинтон. ВАШИНГТОН, 23февраля2010 – РИА Новости.

但仍难以达到阻止其部署的目的。2012 年 5 月 3 日，俄罗斯武装力量总参谋长马卡罗夫（Н. Е. Макаров，2012 年 11 月被普京解职）在莫斯科举行的“新安全空间构建中的反导因素”国际会议上警告说，如果北约还计划开发欧洲导弹防御系统，俄罗斯或将考虑对该防御系统采取先发制人的打击。他说：“如果形势恶化的话，俄罗斯将作出抢先动用毁灭性力量的决定。”① 与此同时，俄罗斯与北约在常规力量裁减方面也存在着严重分歧。2012 年 12 月 6 日，俄罗斯外长拉夫罗夫在欧洲安全与合作组织外长理事会会议上明确表达了对欧洲常规武器控制情况恶化的不满。拉夫罗夫外长批评道，欧安组织在军事政治方面所呈现出的现状就是，常规武器控制体系恶化和加强信任及巩固安全方面的前景不明朗，这是多年来利用军备作为工具谋求达到政治目的所导致的后果；欧洲安全宪章有关不得以他国安全为代价加强自身安全的内容并未在现实中得到体现，这在建立欧洲反导系统问题上特别明显。②

俄罗斯与欧盟之间的对话除每年两次的最高峰会外，还有欧盟政治与安全委员会同俄驻布鲁塞尔大使进行的定期磋商。2002 年 5 月，欧盟军事委员会主席和俄罗斯国防部军官首次举行了一系列磋商会议，随后俄罗斯派遣军官作为联络员进驻布鲁塞尔欧盟军事参谋总部。此外，俄罗斯的欧盟常驻代表每月还同欧盟政治和安全委员会的成员举行会晤。

总体上，俄罗斯与欧盟在安全领域的对话与合作主要围绕“对外安全共同空间”和“自由、安全和司法共同空间”问题展开，主要包括以下内容：

一是周边安全合作。在这方面，俄罗斯与欧盟首先就巴尔干问题发表了一系列联合声明。在巴尔干问题上，俄罗斯基本默认了欧盟的领导作用。2003 年初，一个小规模的俄罗斯军事专家组被派参加欧盟组织的首次独立使团，前往波斯尼亚和黑塞哥维纳维持当地秩序，这是双方合作的重要步骤。在中东和平问题上，俄欧之间的立场则更为接近，双

---

① Sergei L. Loiko, Russia says preemptive strike on NATO missile system is possible, Los Angeles Times, May 3, 2012.

② Выступление Министра иностранных дел России С. В. Лаврова на пленарном заседании СМИД ОБСЕ, Дублин, 6 декабря 2012 года. http://www.odkb-csto.org/news/detail.php?ELEMENT_ID=1533.

方合作协调也更加活跃。此外，欧盟曾希望通过政治对话来促使俄罗斯改变对摩尔多瓦和外高加索的政策，但由于俄罗斯在这些地区有着极大的地缘战略利益，欧安组织虽然很早就介入冲突协调，但效果不大。在欧安组织伊斯坦布尔峰会上，俄罗斯曾同意于2002年底前从摩尔多瓦撤出军队和装备，后又延长到2003年底，但至今问题仍未解决。2005年10月，美国、欧盟首次作为观察员参加解决摩尔多瓦“德左”问题谈判，从而形成摩、“德左”、俄罗斯、乌克兰、欧安组织及美国和欧盟的“5+2”机制。在“5+2”机制框架下，摩政府和“德左”当局就联邦化进行了多轮谈判，但由于分歧太大而无法谈拢（特别是“德左”当局要求同摩政府地位平等），从2006年4月起该机制也暂停运行。经过艰苦努力，2011年11月，在立陶宛首都维尔纽斯“5+2”磋商机制正式恢复运行。虽然对俄罗斯不愿讨论其周边问题感到失望，但欧盟仍确信不仅在国际问题上，而且在安全与防务政策领域内，就联合危机处理同俄罗斯进行对话与合作是必要的。

二是预防冲突和危机处理上的合作。布鲁塞尔和莫斯科就如何预防冲突和危机处理方面多次交换意见，双方部长们还在莫斯科建立了直接联络系统。早在2001年俄罗斯国防部就希望加入欧盟的一些军事危机处理联合行动。事实是，欧盟并未阻止双方在这一领域的进一步合作，而且欧盟还为俄罗斯军队参加欧盟危机处理行动提出了行动方案。[①] 布鲁塞尔还对俄罗斯参与民事危机处理行动规定了相似内容，例如警察行动。在讨论欧盟警察参加的波黑行动中，明确了俄罗斯有加入的可能。该行动于2003年1月启动，俄罗斯派了5名军官参加。这是俄罗斯首次参与欧盟危机处理行动，尽管是民事方面而且范围有限，但仍具有重要意义，表明俄罗斯愿意在巴尔干地区维和行动中接受欧盟的领导。在愈演愈烈的叙利亚危机中，双方也不断寻求立场接近和政治解决方案。2012年6月4日，欧洲理事会主席范龙佩在圣彼得堡俄欧峰会上表示，俄罗斯与欧盟一致认为，除了联合国和阿盟叙利亚联合特使安南的调停计划外，没有其他解决叙利亚局势的方案。欧盟外交和安全政策高级代

---

① Presidency Report on ESDP, 10160/2/02 REV 2 ESDP 188, Annex IV, Brussels, June 22, 2002.

表阿什顿也认为，俄罗斯的立场和作用是安南计划成功的关键因素，希望同俄罗斯紧密合作，寻找结束暴力的出路。2012 年 9 月的欧盟外交部长会议表示，仍将寻求与俄罗斯一同推动叙利亚危机的化解。比利时外交大臣迪迪埃·雷恩代尔（Didier Reynders）建议，欧盟可与俄罗斯“合作”，设立一个国际观察团，确保叙利亚冲突双方的所有伤者均能接受治疗。在 2013 年 9 月叙利亚化学武器事件后，范龙佩（Herman van Rompuy）表示，叙利亚危机应在联合国主导下解决，不存在任何军事解决办法，只能依靠政治途径。俄罗斯方面也重申，联合国安理会是国际关系中唯一能授权动武的组织，俄罗斯不接受美国有关叙政府动用化学武器的证据，因为这些证据既无说服力，也不合法。

三是国际反恐领域的合作。在国际反恐领域，俄罗斯与欧盟达成了广泛共识。无论是欧盟还是俄罗斯，双方都在自己的安全战略中把反对国际恐怖主义作为一项重要任务。2001 年 10 月，双方就反恐战略问题举行了多次协商会议，并达成信息交换协议，不允许在各自的国家有类似“基地”的恐怖组织存在，阻断恐怖组织的经济来源，对于可疑事件相互交换情报。2002 年底，双方共同保证，在对恐怖主义的实施、组织及支持者的打击中进行司法合作。同时，俄罗斯还派出了多批舰艇编队，与北约和欧盟国家的海军共同在亚丁湾打击索马里海盗。但在这方面，车臣问题仍具有很大的危险性。俄罗斯把车臣反政府武装确定为国际恐怖主义分子，坚持通过战争手段打击车臣反政府武装。布鲁塞尔却一直要求莫斯科限制在车臣的军事行动，尊重人权，并通过与较为温和的车臣组织进行谈判寻找政治解决的出路。“9·11”事件后，对车臣战争批评的声音虽有所减弱，但不和谐的声音仍然存在。欧盟和其他一些国际观察家指责俄罗斯在 2003 年的车臣选举中作假，结果使温顺的卡得罗夫（Ахмад Кадыров）当选总统。同时，俄罗斯也指责欧盟国家，批评英国在反对恐怖主义中适用双重标准。2013 年 9 月，俄罗斯外交部长拉夫罗夫在接受公开采访时称，在打击恐怖主义问题上不应有双重标准。当被问及是否担心席卷叙利亚的暴力会蔓延到高加索时，他指出，这个问题不应只抛给俄罗斯，圣战者来自许多欧洲国家，包括俄罗斯，而有的人来自美国，以后他们会在自己家里使用这些手段。拉夫罗夫强调，“我们要么同意任何恐怖主义都是不可接受的，要么就执行我们咎由自取的双重标准。”①

四是军事技术和航空航天领域的合作。欧盟在1999年12月的赫尔辛基首脑会议上提出了有关建立在没有北约参与的情况下独立控制危机能力的目标，但到目前为止，这一目标仍未能全部实现。2002年5月，欧盟军事委员会第一主席、芬兰前国防军总司令古斯塔夫·哈格隆德（Gustav Hagglund）建议，为了解决欧盟在这方面存在的缺陷和不足，应寻找新的合作伙伴，如北约、联合国、美国、加拿大和俄罗斯等。他强调，欧盟和俄罗斯进行军事合作并不是一个远不可及的想法，俄罗斯所拥有的军事能力可以弥补欧盟在建立控制危机能力方面存在的某些不足，欧盟和俄罗斯在军事方面的合作将会被证明是必要的。② 众所周知，欧洲缺乏战略性的空中优势，俄罗斯可以提供自己在这方面的优势来填补这一空缺。虽然欧洲国家决心加快发展空中能力，设计中的A400M军用运输机原定于2009年10月交付，但由于发动机交付时间推迟等原因，最终交付时间一直拖到2013年9月30日。经过近10年的研发和生产，空中客车公司终于向法国空军交付了首架A400M军用运输机。A400M军用运输机是欧洲最大的军事合作项目，由法国、德国、英国、西班牙、比利时、卢森堡和土耳其7个欧洲国家共同参与，项目于2003年启动，投资已经超过200亿欧元。A400M军用飞机装有4个发动机，运输能力介于波音公司的C-17“环球霸王”和C-30“大力神”运输机之间。北约7个欧洲成员国的空军共订购了180架这种军用飞机。

此外，莫斯科还建议欧盟引进俄罗斯的卫星图像系统来增强共同防务与安全战略。欧盟卫星中心以前购买过俄罗斯的卫星图像仪，但并没有建立起特殊关系。令俄罗斯失望的是，欧盟似乎没有获取俄罗斯高品质仪器的迫切愿望。俄罗斯每年同欧洲公司在第三国联合开展军事技术合作的项目金额为1亿美元左右，进出口业务额基本相当，俄罗斯主要从国外进口机器零备件，向国外出口科研和实验设计产品。2009年9月

---

① Interview by the Russian Foreign Minister Sergey Lavrov to The Washington Post, published September 25, 2013, http://www.mid.ru/brp_4.nsf/0/F357D88AA0CB547844257BF20028CA04.

② 参见《赫尔辛基新闻》2002年5月7日，转自新华网赫尔辛基2002年5月7日电。

11 日，普京在接见瓦尔代俱乐部专家时说，俄罗斯准备与欧洲在建立包括 C－400 地对空导弹系统在内的反导系统以及制造军用运输机等领域进行合作。当提到法德反对俄罗斯加入欧洲宇航防务集团公司（EADS）问题时，普京说："有别于欧洲人，我们不把军事合作看作是一个问题。""我们拥有 C－300 导弹系统，这是世界上最好的。现在我们在谈下一代反导系统 C－400。我们准备在这方面进行合作。""欧洲现在没有新型的军用运输飞机，我们也可以在这一领域进行合作。"[①] 相比于军事领域的敏感性，双方在航空航天领域的合作还是有所突破的。在运载火箭的开发、制造与应用领域的合作是俄欧航天合作最具发展前景的领域之一。2005 年 4 月，俄联邦航天局和欧洲航天局在莫斯科正式签署项目名称为"圭亚那航天中心联盟"的合作协议，主要目的是建设一个新的航天发射系统，使用运载能力更大、能源消耗更小的新型运载火箭向近地轨道和地球同步轨道发射卫星。协议规定，主要建设工作由欧盟承担，俄罗斯方面负责知识产权和生产建设部分，研制、生产"联盟－2"运载火箭，从俄罗斯境内运送到圭亚那，以及其拆卸、安装、投入使用、发射。随着俄罗斯的加入，今后将主要使用"联盟－2"重型运载火箭发射系统，圭亚那处于赤道地区，更接近轨道，相对哈萨克斯坦境内的拜科努尔航天发射场而言，从这个地点发射相同的火箭，运载量可增加 70%。根据双方合作计划，在新型运载火箭发射系统建成后的 15 年内，将至少保障 50 次的"联盟－ST"火箭发射。[②] 2013 年 3 月，俄罗斯航天署与欧洲航天局签署了关于在 ExoMars 火星探测项目合作的协议。根据协议，将分别于 2016 年和 2018 年制造并向火星发射登陆器。ExoMars 火星探测项目于 2005 年 12 月启动，已投入 5 亿多美元，但因美国国家航空航天局撤出而遭受重创。欧航局官员随后寻求与俄罗斯航天局合作，并最终达成一致。依据这份协议，双方均提供科学仪器并将紧密合作，特别是俄罗斯方面将为两次发射提供"质子"重型运载火箭。

---

① См.：Пьер Сидибе. Владимир Путин приоткрыл политологам завесу будущего// Российская газета. —2009，11 сентября.

② См.：Наталия Славина. Российская ракета " Союз " в конце года стартует с космодрома во Французской Гвиане//Российская газета. —2010，18июня.

五是核安全领域的合作。在核安全领域，俄罗斯与欧盟的立场基本一致。早在1995年2月，欧盟与俄罗斯就签署了关于核安全合作的谅解备忘录。1999年12月，欧盟通过了在俄罗斯境内开展核安全和裁军合作项目的联合行动计划。这一项目的主要目的在于，支持俄罗斯在核安全保障上的行动和建立相应的监督机构。自俄罗斯正式成为八国集团成员后，欧盟开始更广泛地参与俄罗斯的核、生物和化学武器的制剂、原材料、基础设备等的拆卸和保管工作。八国集团承诺提供巨额资金，用来减少核武器、化学及生物武器给全球带来的威胁。[①] 在近10年时间内，俄罗斯共有190多艘核潜艇因安全问题被拆解。根据意大利和俄罗斯在2003年11月达成的协议，意大利将负责拆解117艘原属俄北海舰队的潜艇。在核能领域，俄罗斯和欧盟多年来一直在TASIS计划框架内展开合作。欧盟委员会的“核安全领域合作工具”项目总预算约4.5亿欧元，其中1/3左右的资金用于与俄罗斯就保障核安全实施的联合项目，对俄罗斯核电站进行定期的预防性维护，以及完善核电站关键设备的检测方法。俄罗斯原子能工业联合企业负责运营俄罗斯现有的10座核电站，这些核电站装机容量都超过23千兆瓦。从2009年起，欧盟与俄罗斯之间启动了有关“和平利用核能合作协议”的谈判，旨在统一双方的核安全标准，促进双方在核领域的合法交易。俄罗斯是世界上主要的核材料与核设施提供者之一，也是欧盟核能发电厂核燃料和相关服务的主要提供者。

与此同时，俄罗斯与欧盟围绕拟定中的“自由、安全和司法共同空间”的对话与合作也取得了一定进展。俄罗斯与欧盟有关司法和内部事务的对话主要集中在以下议题：同国际有组织犯罪和其他形式的违法活动斗争中的合作（洗钱、贩卖妇女、武器、毒品、偷窃车辆、非法移民和偷渡人口、腐败）；欧盟与俄罗斯司法部门间的关系；俄罗斯境内保护私人财产权的具体方案；领事事务和签证合作；反非法移出和移入的措施，重新入境条约和边境管理，等等。早在2000年双方就正式制定

---

① 相关内容参见 Kathrin Hohl, Harald Muller, and Annette Schaper, “European Union,” in Protecting against the Spread of Nuclear, Biological and Chemical Weapons: An Action Agenda for the Global Partnership: Volume 3: International Responses, ed. Burkard Schmitt (Washington D. C.: Center for Strategic and International Studies, January 2003)。

了联合行动计划，以同俄罗斯境内的有组织犯罪进行斗争。① 虽然联合行动的努力启动缓慢，但俄罗斯与欧盟司法和内政部之间的定期会议已经成为惯例。2003 年，双方签署了俄罗斯执法部门和欧盟警察部门的维护治安合作协议。俄罗斯与欧盟关系中，互免签证通行一直是俄罗斯重点强调的内容之一。欧盟同意通过有效利用申根协定中现有的灵活性实现签证简化，同时俄罗斯与德国、意大利及法国在签证方面签订的双边协议继续有效。在反非法移出和移入的措施、重新入境条约和边境管理问题上，对欧盟来说，既要给予真实入境者以自由，又要保证边境安全打击非法入境者。欧盟竭力争取就重新入境和签证简化问题同俄罗斯进行磋商。最终，在 2006 年 5 月 25 日的俄欧索契峰会上，双方签署了关于简化签证和遣返非法移民两个协定，并于 2006 年底开始生效。根据协定，欧盟国家简化俄罗斯公民进入欧盟的签证手续，可发给为期几个月到 5 年的多次和多年有效签证，并依据申根协定有关规定实行统一收费。俄联邦总统助理、驻欧盟代表亚斯特尔任布斯基说，这是双方朝互免签证迈出的第一步。根据遣返非法移民协定，从俄境内进入欧盟国家的非法移民，应经俄遣返。同时，针对欧盟对边境线上俄方边防站的担忧，俄罗斯交通部对其与欧盟国家边境线上的边防站加强了整顿，并增加了边防站的数量。2013 年 9 月，欧盟与俄罗斯的标准化组织签署了标准化领域的合作协议。这是欧洲标准委员会（CEN）和欧洲电工标准化委员会（CENELEC）与俄罗斯联邦技术和计量部（ROSSTANDART）签署的第一个合作协议。根据协议，双方将共享知识，交换实践经验，涉及领域包括中小企业、国际和区域标准化机构以及管理合作。该协议为生产企业按照同一标准生产提供了机会，可以为企业降低成本。技术法规的趋同有助于欧盟、俄罗斯和关税同盟为企业创造更好的环境。协议的签署是消除技术壁垒，提高经济、科学和技术交流的重要一步。②

不可否认，俄欧安全对话已经有了一定的基础，但由于种种原因，

---

① Eurpean Union Action Plan on Common Action for the Russian Federation on Combating Organised Crime, Report No. 2000/C 106/02, Official Journal C 106, 13/04/2000, pp. 5 - 12.

② См.: Елена Шмелева, Нормативы Международной организации по стандартизации поднимут, конкурентоспособность российских продуктов на мировом рынке//Российская газета. —2013, 17сентября.

有关该领域的对话与合作相对其他领域仍十分滞后。

首先，严重的分歧阻碍了对话的进一步开展，特别是俄罗斯和欧盟在共同安全与防务政策的目标和范围上有着相互冲突的认识。

俄罗斯的政策往往建立在削弱北约在欧洲的影响上，而且试图对欧盟防务体系的创建实施某种影响。莫斯科认为，共同安全与防务政策应当能够巩固俄罗斯在欧洲的利益，所以提出未来的欧洲安全体系能够确保莫斯科享有对所有安全问题有发表意见的平等权力。为此，俄罗斯坚持欧盟只能在联合国委托的基础上进行行动，并允许俄罗斯对欧盟的军事程序行使一定的否决权。由于欧盟的东扩和日益增强的安全信心，俄罗斯担心欧盟的欧洲安全与防务政策会损害自己的利益，所以希望布鲁塞尔能准确定位自己安全与防务的边界，以确保不触及俄罗斯的“门槛”（例如高加索地区）。同时，俄罗斯还希望能够建立类似俄罗斯与北约那样的合作机制，尽可能参与欧盟安全与防务政策各个阶段的决策过程。而欧盟则从与俄罗斯完全不同的视角看待共同安全与防务政策：它不是推动建立欧洲安全体系的“发动机”，而是作为欧盟外交战略但受到限制使用的工具，也就是说，目前北约在欧洲安全问题上的主导作用是不可替代的。而且未来欧盟的军事行动有相似的受到限制的范围和目标，因为这些军事行动的目的不是满足所有欧洲各方的利益，而只是设法成功解决所发生的危机。因此，布鲁塞尔共同安全与防务行动的各项方案很难满足莫斯科的需要，因为俄罗斯的最理想形式是莫斯科能够和欧盟成员国在任何方面的决策中都享有平等权，也就是说，俄罗斯和欧盟联合评估一种情况并对这种形势是否会引起危机进行协商，遵守联合计划和接受命令和监控。对欧盟而言，非欧盟国家如果愿意参与某次共同安全与防务政策的军事行动，它可以参加，而且欧盟也认为这种参与是必要的，但外部力量不能要求完全参与到决策中去。即使非欧盟成员国在安全问题上确实提供了重要支持，他也不能被邀请帮助起草军事行动方案。所以，欧盟拒绝建立类似俄与北约关系的俄罗斯—欧盟理事会的要求。

其次，深度的误解和不信任成为制约俄欧安全对话与合作的重要因素。冷战结束后，欧盟的几次东扩为其所一直追求的“大欧洲”目标勾画了轮廓，但这些新成员又大都抱着“受害者”和反对莫斯科的心态加入北约，从而使俄罗斯的自尊心受到严重挫伤。这样，在欧盟和北约双东扩均把莫斯科排除在外的情况下，俄罗斯在失去世界大国地位的同时，在欧洲也找不到自己的位置，由此产生一种被削弱和被边缘化的心态，进而对欧盟和北约产生了极深的不信任。北约东扩对俄战略空间的挤压和美欧在独联体推动“颜色革命”的举动及对莫斯科内外政策的强烈指责，导致整个俄罗斯社会，特别是在外交部门和军队中对就安全与防务问题与欧盟进行合作存在严重的不信任。即使欧盟和俄罗斯能够就军事合作达成协议，俄罗斯落后的军事力量组织建制也将成为合作的主要障碍。就欧盟而言，虽然明确把俄罗斯排除在东扩之外，但究竟如何处理与莫斯科的关系，特别是在共同安全与防务体系中俄罗斯应该处于什么样的位置，截至目前还没有一个清晰的战略。

另一方面，随着新成员的相继入盟，一些东欧和波罗的海国家与俄罗斯的历史积怨已经对布鲁塞尔和莫斯科之间的正常对话与合作造成了冲击。作为俄欧关系基石的伙伴关系与合作协定已经到期，新条约的签署自然成为双边关系中的最主要议题。但由于波兰、立陶宛等欧盟新成员国的阻挠，俄罗斯与欧盟的这一谈判一直不顺畅。波兰等国还带头推动欧盟在 2009 年出台所谓“东部伙伴关系计划”。根据“东部伙伴关系”计划，欧盟与乌克兰、摩尔多瓦、阿塞拜疆、格鲁吉亚、亚美尼亚和白俄罗斯之间已经进入谈判、签署合作协议的最后阶段。出于地缘政治和能源安全等方面原因，俄罗斯对欧盟的“东部伙伴关系”计划一直抱有戒心，并向亚美尼亚、乌克兰等国不断施压，要求其在欧盟联系国协定和俄、白、哈关税同盟之间作出选择。在这种情况下，欧洲议会在 2013 年 9 月 12 日通过决议，要求俄罗斯“放弃对欧盟的东部伙伴关系国家施加压力”，并“充分尊重这些国家与欧盟谈判、签署合作协议的权利”。[①] 随着俄罗斯和欧盟对区域整合的加强，使乌克兰面临着艰难的抉择。最终，在整个社会无法达成共识和经济形势恶化的背景下，以亚努科维奇政府暂停与欧盟签署联系国协定为导火线，乌克兰自 2013 年 11 月下旬以来爆发了剧烈的政治对抗和社会冲突。在外部势力插手之

---

① См.：Тамара Михайлова，Госдума не собирается жить по предписанию Европарламента//Российская газета. —2013，20 сентября.

下，克里米亚事件后，乌克兰危机很快外溢为俄罗斯与美欧之间的一场“新冷战”。对美欧而言，民主重要，但也要服从战略安排；对俄罗斯而言，势力范围要比乌克兰的稳定更重要。

历史要完全退回到冷战时代也不尽然，但已经处于低谷的俄美关系和处于停滞的俄欧关系的进一步恶化已是不可避免。一定意义上，随着普京“出兵”克里米亚，俄罗斯与西方关系就已经进入了难以挽回的破裂状态，也可以称之为“新冷战”。所谓“新冷战”，其基本状态就是政治上互相指责，经济上互相制裁（限于不同领域），也可能伴随着低烈度的军事对峙。西方意图从外交和经济上孤立俄罗斯，但其可以用来制裁和打压的手段有限，而且美欧各国在所有举措中完全达成一致也并非易事，欧盟更有诸多内部问题需要处理。西方必须认识到俄罗斯不是叙利亚，也不是伊朗，而且美国在叙利亚和伊朗问题上也需要俄罗斯的合作。[①] 无论是暂停军事合作，还是退出索契冬残奥会、八国峰会抑或是把俄罗斯赶出该组织，也包括停止官员签证、冻结资产和暂停贸易及投资谈判等经济制裁，都不足以对俄罗斯产生根本性的影响和动摇，因为俄罗斯不仅有安理会否决权，而且其经济和进出口结构有其特殊性，莫斯科也早已不满自身在八国集团中的陪衬地位。相应地，俄罗斯完全可以通过民族、语言、经济和安全等手段对乌克兰施加强大的影响力，就是欧洲也必须要考虑制裁对自己能源安全所造成的冲击，别忘记俄罗斯有两个正在复苏的盟友——陆军和海军，更有战略核武器。

重要的是，对西方来说，乌克兰危机还触及不到自身的核心利益，他不是北约成员，但对俄罗斯而言，乌克兰则是难以放弃的。在爱国热潮或民族主义情绪席卷俄罗斯大地的背景下，西方恐怕最终也只能接受现实。正如普京在讲话中所说，西方的制裁不会改变俄罗斯对乌克兰的立场，反而会适得其反，相互损害。俄罗斯的目的也不是军事对抗，还是希望回到政治外交解决的轨道。当然，前提条件是克里米亚已经不再是选项。莫斯科提出了由俄罗斯、美国、欧盟在联合国安理会决议规定下保障乌克兰军事政治中立地位的建议，但在当前乌克兰东部局势恶化的情况下，美欧和乌克兰都难以接受。俄罗斯不希望乌克兰分裂（克里

---

① Peter Baker, Making Russia Pay? It's Not So Simple, Mar. 1, 2014.

米亚问题除外），最低要求是无论谁在台上都不能反俄，都必需考虑俄罗斯的利益诉求。现在看来，克里米亚的地位已定，俄罗斯与西方特别是美国关系的进一步恶化已不可避免，而且双方更确信实力仍是国际政治的决定力量，所以，一定意义上的“新冷战”已经开始了。[①] 相应地，明斯克停火协议能在多大程度上得到执行就要打上一个大大的问号。

第三，俄罗斯与欧盟在欧洲反导系统问题上分歧明显。欧盟支持北约在欧洲部署反导系统，而俄罗斯认为这对自己构成了战略威胁，北约拒绝就该系统不针对俄罗斯作出具有约束力的法律承诺。2012 年 5 月，北约芝加哥峰会宣布欧洲导弹防御系统建设正式启动。美国强行将欧洲纳入全球导弹防御系统、而将俄罗斯排除在欧洲安全框架之外的做法，对俄欧安全互信与合作造成巨大冲击。对此，莫斯科不仅宣布暂停执行《欧洲常规力量条约》，还明确表示，如果美国在东欧部署导弹防御系统，俄罗斯将在靠近波兰的加里宁格勒部署新导弹。显然，华盛顿的介入加深了布鲁塞尔与莫斯科之间的不信任。而一系列间谍事件所导致的莫斯科和伦敦关系的迅速恶化也不可避免地波及到了布鲁塞尔与莫斯科的关系。在科索沃独立问题上，双方更是针锋相对，俄罗斯认为欧盟的科索沃警察和文职使团违反国际法，在科索沃驻军是欧盟的一个重大错误。相应地，俄罗斯和欧盟都仍然按着自己的改革方案进行，双方都没有视对方为解决安全问题的救世主或主要威胁，各自拥有截然不同的优先考虑事务冲淡了双方进一步加强安全对话的迫切性。俄罗斯确信在不远的将来欧盟仍很难成为国际安全领域的主角，美国仍是其在安全领域的主要对手或伙伴。[②]

因此，俄罗斯与西方之间缺乏信任是欧洲安全面临的主要问题。俄罗斯在 2013 年 5 月 23—24 日于莫斯科召开的有关欧洲安全问题的国际会议上明确表达了这种担忧。这次会议旨在讨论欧洲安全现有问题，并

---

① Dmitri Trenin, Welcome to Cold War II: This is what it will look like, the Foreign policy, Mar. 4, 2014.

② 相关分析参见：Коновалов А. как Россия и США потеряли друг друга//мировая экономика и международные отношения. —2000. —Номер7. Михаил Делягин, России нужен Буш// Независимая газета—2004, 16апреля。

在保障平等安全领域形成各方都能接受的提议。与会者包括俄、美国防部和外交部代表，欧洲各国国防部代表，以及北约、欧盟、集安组织和欧安组织等国际组织的代表和专家。俄罗斯国防部长谢尔盖·绍伊古（Сергей Шойгу）在会议开幕式上说，俄罗斯同西方国家之间缺乏互信以及反导问题是欧洲安全面临的主要问题，缺乏互信妨碍双方关系发展，而北约单边提升导弹实力则为欧洲整体安全制造了重大障碍。俄罗斯武装力量总参谋长格拉西莫夫（Валерий Герасимов）进一步指出，俄罗斯已经研究制定军事技术反制措施，以削弱美国部署导弹防御系统对俄罗斯核威慑能力所造成的负面影响。只有确定核威慑能力不受损害，俄方才会继续削减进攻性战略武器。而在美国导弹防御系统实力"量质齐增"的情况下，俄方有可能退出此前达成的俄美核裁军条约。① 俄罗斯外交部长拉夫罗夫则呼吁西方国家与俄联手巩固欧洲安全。他说："谁也不想坠入新军备竞赛和军事对抗。今天的重要任务之一是巩固信任，考虑彼此的安全利益。只有在此基础上，我们才能对共同感兴趣的问题进行广泛讨论并作出决定。"② 乌克兰危机后，随着乌东部局势的愈演愈烈，俄罗斯相应地增大了在与乌交界地带的军事演习规模和次数，而美国和北约也不断加强在东欧、黑海和波罗的海三国的驻军（特别是空军）和演习密度，使该地区的安全形势更趋紧张。

---

① См.：Конференция в Москве：защита от ПРО и другие проблемы безопасности//РИА Новости. —2013，23 мая.

② См.：Три проблемы отношений России и НАТО：В Москве проходит Международная конференция по европейской безопасности. http：//vpoanalytics. com/2013/05/24/tri-problemy-otnoshenij-rossii-i-nato/.

第四章　俄欧能源外交

俄罗斯的油气资源极其丰富，在全球能源领域扮演着至关重要的角色。自苏联解体后，俄罗斯一直致力于制定有效的能源战略，以稳定日趋恶化的经济形势和恢复作为世界大国的影响力。新世纪以来，国际能源价格持续攀升且震荡不定，使能源安全问题成为国际社会瞩目的焦点。在这种背景下，俄罗斯在重新恢复国家对能源战略资源控制的基础上，积极通过推行能源外交来促进经济增长和恢复作为世界大国的影响力。能源领域的巨大相互利益推动俄罗斯与欧盟在伙伴关系与合作协定框架内建立起了能源对话机制，双方就共同关心的能源运输、生产、投资等重大问题展开对话与合作。近年来，尽管能源领域的对话与合作取得了许多积极成果，但双方在管道运输、天然气供应价格和市场准入等重要问题上仍然存在较大分歧。

第一节　俄罗斯能源外交的背景

俄罗斯有“能源超级大国”之称，油气探明储量分别占世界总量的6.2%和26.6%，不仅天然气储量和产量世界第一，还是仅次于沙特的第二大石油生产和出口国。[①] 俄罗斯天然气在初级能源供应中所占份额明显超过世界其他地区；俄罗斯已探明的石油储量为486亿桶，在非石油输出国组织中居首位。随着国际能源需求的不断扩大，自2001年以

① BP Statistical Review of World Energy June 2005, http://www.bp.com/statisticalreview2005.

来俄罗斯的油气生产连续增产，出口量也基本同步增长。如今，俄罗斯石油、天然气的年开采量分别占世界年开采总量的10%和30%，在国际石油和天然气出口市场上的份额分别达15%和26%左右。在天然气储量及产量上，俄罗斯更是独占鳌头，而且凭借通向中亚和欧洲的输气管线，莫斯科不仅在独联体市场占据主导地位，还成为欧洲天然气市场的最主要供应商，进而对世界天然气市场产生直接影响。所以，凭借拥有巨大的能源储量，俄罗斯已经重新成为重要的地缘战略角色。①

俄罗斯在整个20世纪90年代的经济持续衰退直接导致军事实力和政治影响力的急剧下降。普京对俄罗斯衰落的现实和在世界上的位置有着清醒认识。他说："俄罗斯正处于历史上最困难的一个时期。可以说，最近200—300年以来，俄罗斯第一次面临处于第二梯队国家、有时甚至是第三梯队国家的实际危险。"② 面对严峻的现实，复兴俄罗斯经济成为普京执政后面临的最紧迫、最艰巨的任务。他在继任后很快批准了《俄罗斯联邦外交政策构想》，确定了以捍卫国家利益和恢复俄罗斯大国地位为目标的外交战略。③ 他要求从国家利益出发制定对外政策，强调外交要为国内经济发展创造条件。显然，使经济保持快速增长是俄罗斯最大的国家利益。自1999年以来，俄罗斯国民生产总值增加了近70%，其中能源出口对经济增长的带动作用达到60%以上。依靠能源出口的巨额收入，政府补发了拖欠的工资，增加了固定资产投资，提高了居民最低生活保障收入，还实施了一系列社会政策和改革措施；外汇储备稳步增长，卢布币值稳中有升并成为自由兑换货币；不仅提前偿还了国际货币基金组织的全部债务，还因为提前偿还巴黎俱乐部的债务而受到奖励。

当今国际关系中，能源已不纯粹是一种商品，而是各国争夺的一种战略资源，进而成为执行外交战略的重要工具，在国际能源行情日益攀

① ［法］格扎维埃·阿雷尔："普京要把俄罗斯重新推到国际舞台的中心"，《论坛报》2006年5月10日。

② См.: Путин. Россия на рубеже тысячелетий//Независимая газета. —1999, 30декабря.

③ См.: Концепция внешней политики Российской Федерации//Российская газета. —2000, 11июля.

升的背景下尤其如此。作为世界能源大国的俄罗斯，也不可避免地要通过运用能源杠杆谋求它仅靠目前的外交实力所无法得到的利益。油气出口已成为俄罗斯进入全球经贸体系和推行外交政策不可或缺的工具，在刺激经济复苏的同时还为改善国际政治环境和参与国际事务增加了一个重要筹码。显然，正是“上帝”对俄罗斯的眷顾和国际能源政治的升温，在客观上非常自然地将俄罗斯推到了国际政治舞台的中心，为普京抓住历史机遇展开纵横捭阖的能源外交提供了基础。在普京的积极推动下，俄联邦政府在 2003 年 5 月批准了《2020 年前俄罗斯能源发展战略》。该战略强调，能源不仅是确保俄罗斯安全和长期稳定外汇收入的重要因素，在能源问题全球化和政治化背景下，更是实行外交政策，巩固和提高国家在世界政治和经济中地位的重要手段。[①] 2005 年 12 月 22 日，普京在俄联邦安全会议上强调，“俄罗斯应当努力成为世界能源领域的领头羊”，这符合俄罗斯的国家利益。凭借手中这张“能源牌”，普京在对欧盟、美国、中国、日本和独联体的能源出口和油气开发合作上纵横捭阖，基本达到了地缘经济和政治的双重目的，使俄罗斯的国际地位和影响力显著提升。2006 年八国峰会在圣彼得堡举行，表明西方对俄罗斯重新崛起的认可。普京把“能源安全保障”设定为此次八国峰会的主要议题之一，就是想向国际社会宣布，俄罗斯要通过出口石油、天然气、核燃料及相关技术在世界范围内确立大国地位。[②]

普京自 2004 年连任总统后，在基本排除寡头干政的基础上，开始全面推进俄罗斯复兴的宏伟规划。这其中的一项核心内容，就是对能源政策的重大调整，即国家在重新恢复对能源战略资源控制的同时，通过推行能源外交来维护俄罗斯的地缘政治和经济利益，以期恢复作为世界大国的影响力。普京的能源外交是经过深思熟虑和有完整规划的，要求必须坚持为保障国家安全、经济增长和俄罗斯重新崛起服务的理念。

对欧盟而言，尽管在能源上对俄罗斯有很强的依赖，但出于对俄“帝国历史”的恐惧和身份上的不认可，已经明确把俄罗斯排除在东扩

---

① См.：Энергетическая стратегия России на период до 2020 года. //Прил. к обществ. -дел. журн. “Энергетическая политика”. -М.：ГУ ИЭС，2003.

②［日］古木朗：“以军事力量巩固能源大国地位”，《读卖新闻》2006 年 6 月 11 日。

之外。不可否认，虽在反恐、经贸等领域有共同利益需求，但俄罗斯与西方尤其是美国在整体战略利益上仍存在着深刻的结构性矛盾。美国在强烈指责俄罗斯内外政策的同时，积极通过推进北约东扩和在独联体地区策动“颜色革命”来蚕食莫斯科的地缘政治利益。在传统能源日渐短缺的今天，油气作为一种战略资源，牵动着每个国家的经济和战略利益。面对地缘压力，在政治和经济实力有限的情况下，能源自然成为克里姆林宫推行对外政策的首要工具。普京借助能源优势调整对外关系，向煽动“颜色革命”的美欧示威，同时加强与战略伙伴的政治、安全和经济合作，以改善地缘战略环境。普京要求外交人员应努力恢复俄罗斯在全球的独立角色，促进自身的利益，而不是跟随任何国际阵营，他指出，“我们不要只是参与解决国际议事日程上的问题，而且要为制定国际议事日程作出切实的贡献”。[①] 普京毫不隐讳地宣称，俄罗斯对美战略首先是要使自己变得强大，其可以通过能源领域重新活跃在国际舞台上。

为缓解来自西方的政治压力，普京积极借助能源筹码推进亚洲外交。中俄《关于21世纪国际秩序的联合声明》、首次联合军演和相互举办“国家年”活动，表明中俄战略协作伙伴关系的深化。正是在这种背景下，普京最终拍板使远东石油管道开工，还承诺建设天然气管道以增加对中国的能源供应。华盛顿美国传统基金会莫斯科办事处负责人叶夫根尼·沃尔克（Yevgeny Volk）说：“俄罗斯正在脱离基本的西方价值观念，越来越靠近中国模式，因此普京觉得跟中国打交道更舒服。而且，他们有抗衡美国影响的共同目标，特别是在中亚地区。”[②] 中俄之间的战略合作确实让华盛顿越来越感到不安，这种合作已经开始对美国实现其全球战略目标形成了明显的牵制，尤其是在亚洲和中东地区。由此，俄罗斯对西方主要是美国，已经开始由“软抗争”转向“硬对抗”：在通过能源政策牵制西方的同时，不惜采用中断能源供应的激烈手段对独联体亲西方政权给予坚决回击；不仅抵制西方向伊朗施压，还强烈批评美

---

① Oleg Shchedrov, Russia leaves behind post-Soviet inferiority complex, MOSCOW (Reuters), July10, 2006.

② Michael Mainville, Ties with China forged to offset Western clout, Washington Times, April 6, 2006.

国的对外政策，在科索沃独立和东欧导弹防御系统问题上更是表现出了罕见的强硬立场；恢复远程战略轰炸机的全球巡航和宣布暂停执行《欧洲常规武装力量条约》。普京一系列强硬举动所倚仗的正是支撑其经济增长和国家崛起的能源战略资源。德国外交政策专家、新闻记者约瑟夫·约菲（Josef Joffe）说，俄罗斯天然气管道对欧洲产生的影响，远比其手中的SS-20远程核导弹大得多，“10年前，我们认为俄罗斯将逐步退出历史舞台。但我们也知道它迟早要重现国际舞台，一夜之间，随着石油价格的暴涨，它就重新出现在舞台上了”。[①] 如今，融入西方已不再是俄罗斯的外交政策目标，相反，普京想方设法维持俄罗斯及其他国家与西方特别是美国之间的力量平衡。[②] 而在这一进程中，能源自然成为莫斯科手中一个重要的外交战略工具。

21世纪以来，世界正在步入一个新的“能源世纪”。这是一个能源需求不断上升，能源价格居高不下且震荡不定，能源政治不断升温的时代。据美国能源部《世界能源展望》（2006）报告资料显示，2006年的油气价格是2002年的3到4倍。以原油价格为例，2004、2005、2006年的价格涨幅分别为30.7%、41.3%和20.5%。[③] 虽然难以断定随后的金融危机与这轮能源冲击波的关联度，但这种影响的政治后果却更加引人注目。中国和印度迅猛增加的能源需求、伊拉克战争、伊朗核危机、恐怖袭击的威胁和大西洋飓风的肆虐，再加上俄罗斯、委内瑞拉、玻利维亚等国对自然资源国有化运动，已经使能源市场发生剧烈震动并造成生产国和消费国之间的联盟关系前所未有地变化不定。

能源问题是当今世界普遍关注的重大问题，能源安全关系到每个国家的生存和发展，各国首先要争夺的就是石油和天然气。众所周知，油气作为不可再生资源，本身是有限并不断减少的，在当前的技术条件下，能源需求无任何弹性可言，任何微小的地缘政治和气候变化都有可能对价格产生巨大的影响，进而造成国际能源政治的升温：欧佩克与能

---

① Thomas L. Friedman, the really coal war, The New York times, October 25, 2006.

② Michael McFaul, New Russia, new threat; Working with the West is no longer the goal as the Kremlin flexes its muscle and rethinks its role in the world, Los Angeles Times, Sep2, 2007, M. 8.

③ ［日］椎野幸平、谷村真：“从贸易数据看21世纪型世界经济”，《经济学人》周刊2007年9月18日。

源进口大国围绕石油定价权的斗争；俄罗斯与欧盟、独联体国家围绕油气过境和价格问题的争端；美国长期以来一直谋求操纵国际石油价格；日本在俄远东石油管线走向和东海油气问题上与中国展开争夺，并在2007年3月的能源政策修正案中明确将中、印视为其能源的最大竞争对手。冷战结束后，由于利益分配、海湾战争和西方的分化政策等原因，欧佩克在世界石油市场上的影响减弱，而非欧佩克产油国的作用日趋增强。在这种国际背景下，俄罗斯自然作为一个全球能源超级大国而出现。在俄罗斯的外交政策中，能源从未扮演过如此重要的角色。

欧洲能源严重匮乏，亚洲新兴经济体对能源的需求日益增加。全球能源市场的现状和对未来的预测表明，油气资源依然是全球工业和能源部门运行的基础，一直到2030年，全球每年对能源的需求量均将上涨约2%，尽管受到金融危机的影响，但基本趋势不会逆转。随着国际能源政治的升温，无论是消费国还是出口国都希望通过内部的协调一致来争取自己的最大利益，以保障自己的能源安全。2006年初的俄乌“断气”之争促使深受其害的欧盟加快了“共同能源政策”的制定，一直对北欧天然气管道耿耿于怀的波兰更是提议建立“能源北约”以抗衡俄罗斯。正是在此背景下，2006年11月作为军事组织的北约甚至把“能源安全”作为峰会的重要议题。峰会召开之前，美国参议院外交关系委员会主席理查德·卢格（Richard Lugar）发表了一系列声明，提议把北约变成一个针对俄罗斯的能源消费者联盟。卢格预测说：“在未来10年内，能源不足和能源操纵最有可能引发欧洲及其周边地区的武装冲突”，而“俄罗斯中断对乌克兰的能源供应，表明利用能源来达到政治目的具有何等的诱惑力。如果波兰、德国、匈牙利、拉脱维亚等成员国也像乌克兰一样置身险境，北约应当确定自己该采取怎样的措施”。他认为，《北大西洋公约》第5条将对联盟一个成员国的攻击视为对整个联盟的攻击的规定也应适用于能源关系。[①] 在这种氛围的笼罩下，北约里加峰会探讨了动用北约军队保障供应欧洲石油和天然气管道的安全问题，甚

① Vladimir Socor, Lugar Urges Active Role for NATO in Energy Security Policy, http://www.jamestown.org/edm/article.php? article_ id=2371701.

至提出通过集体安全框架确保能源稳定供应的设想。很显然，此举的目的是牵制把能源当作武器来图谋扩大势力的俄罗斯。

对于北约的举动，莫斯科马上作出回应。外长拉夫罗夫在莫斯科表示："我不认为，在任何没有俄罗斯参与的框架内讨论能源安全问题的尝试能取得成效和促进能源安全。"拉夫罗夫承认，俄罗斯不能指点北约应如何行事，但他又强调，"安全是关系到所有国家的问题，讨论它的时候必须考虑到所有主要国家的利益"。[①] 与能源消费国积极寻求协调相对应，针对伊朗提出建立"天然气欧佩克"的设想，普京在 2007 年 2 月对卡塔尔的访问中明确表示，俄罗斯不反对建立这样一个组织，天然气出口国必须协调彼此的行动。俄罗斯、伊朗和卡塔尔是世界三大天然气生产国，储量占世界已探明天然气储量的 57% 以上。一旦这三国建立起"天然气欧佩克"，自然成为国际天然气行业实际上的垄断者，将比现有欧佩克更具影响力。欧盟委员会对这一设想明确表示反对，波兰的反对态度最为激烈，积极要求建立"能源北约"与之抗衡。虽然考虑到各方面的反应，"天然气欧佩克"最终不了了之，但在欧美着手建立消费者联盟的情况下，能源生产国之间开展合作也是必然的。至此，能源问题已经超越了经济范畴，未来油气消费国和生产国之间的博弈将愈加激烈，再加之美国掀起的所谓"页岩气"革命的搅局，国际能源政治的新时代已经到来了。

普京上台之初所面临的情况是，在作为国家经济基础和未来崛起希望的能源领域，寡头占据了国家的大部分资源，国有企业石油和煤炭开采量占总开采量的比重降至 10% 以下。普京在 2003 年国情咨文中提出到 2010 年实现国内生产总值"翻一番"的战略目标。为更好地发挥能源出口对经济增长的支撑作用，《2020 年前俄罗斯能源发展战略》特别提出"要使俄从单纯的原料供应者转变为可在国际能源市场执行独立政策的重要参与者。"显然，在能源寡头们各自为政且互相倾轧的情况下，俄罗斯政府依靠所控制的不足 10% 的能源量是根本无法实现上述目标的。正是在这种背景下，普京开始向寡头"开刀"。"尤科斯事件"标

---

① См.: Андрей Терехов. Энергетический удар НАТО//Независимая газета. —2006, 30 ноября.

志着俄罗斯能源政策全面转变的开始。普京连任后立即要求对500多家具有战略意义的企业限制私有化，随后开始在能源、银行、飞机、船舶、铁路等关乎国计民生的领域组建国家控股的大型企业。这其中一项核心政策就是对能源政策的重大调整。

第一，在政府的强大压力下，通过拍卖和股权交换等手段实现国家对能源领域的重新控制。“尤科斯事件”爆发后，2004年8月20日，俄联邦国家杜马批准了普京的一项新管理方案，剥夺了地方长官控制当地能源资源的权力，为国家控制能源工业奠定了法律基础。在对尤甘斯克公司（尤科斯的最大子公司）的“公开”拍卖中，政府通过一系列眼花缭乱的动作完成了对这一俄罗斯第二大石油公司的国有化。在拍卖前，当局就通过各种渠道相继劝退外国竞争者，并顶住美国司法介入的压力，最终在2004年12月19日“公开”拍卖时，在业内无任何影响的贝加尔金融集团在没有任何竞争的情况下顺利拿下竞标，而国有的俄罗斯石油公司在3天后就全额收购了贝加尔金融集团。国有的俄罗斯石油公司在收购尤甘斯克76.79%的股份后，一跃成为俄罗斯第三大石油公司。美国《国家利益》周刊对此曾刊文指出，克里姆林宫对尤科斯的打击并不是一种冲动的政治行为和反对产权的经济恐怖主义，为的是使之与国际大势相符，为国家利益服务。2005年6月，俄罗斯石油公司以71亿美元的价格收购了俄罗斯天然气工业股份公司（“俄气”）10.7%的股份，加上政府在“俄气”公司的持股，此次收购使“国有股”比例超过50%，进而控制了这个世界上最大的天然气企业。随后，“俄气”通过收购掌握了西伯利亚石油公司（俄第五大石油公司）75%的股份，使国家掌握了全国1/3的石油产量，加强了对石油资产的控制。克里姆林宫还以环保为由暂停了已投入巨资的萨哈林-2号油气项目，最终壳牌公司只能把该项目的控制权卖给“俄气”公司。俄罗斯石油公司还通过对秋明-BP的收购，使自己最终成为世界上最大的能源巨头。这样，通过一系列变幻莫测的拍卖和股权交易，普京按照事先设计的方案初步实现了对能源工业控制率达到50%的目标，基本形成了国家控股的统一电力能源系统股份公司控制了电力市场，天然气工业股份公司控制了天然气市场，国家石油集团公司（以俄罗斯石油公司为主）控制了石油市场。至此，普京基本实现了国家对能源领域的掌控，为推行能源外交奠定了前提。

第二，控制油气运输管线。俄罗斯的油气管道系统担负着向国内供应和出口能源的任务，直接关系到油气的开发、油气公司以及地区经济的发展，更是国家实现能源政策的有效工具。在这方面，国家一直处于绝对控制地位。俄罗斯石油管道运输公司控制着石油及其产品输送管道，负责境内开采原油或过境原油的运输与资源配置，并按政府间协议协调与周边国家石油运输管道的关系，保证国家对石油运输的控制权。该公司所控制的石油管道系统承担全俄93%的石油开采运输任务。在天然气运输方面，“俄气”不仅垄断了天然气的开采，而且还拥有境内以及向外出口天然气的所有主干管道，对天然气的生产和销售实行完全的垄断。俄联邦国家杜马还专门通过法律，确立“俄气”对天然气出口的垄断权。俄罗斯政府不允许私营企业拥有和经营油气管线，也不同意部分石油公司和外国投资者在其领土上铺设新管道的要求。油气管线是俄罗斯能源工业发展的主要依托，在普京的能源外交中，它更成为实现地缘政治目标的重要筹码。

第三，通过严格许可证发放和出口关税等措施强化对能源领域的控制。俄联邦政府执行严格的许可证发放政策，对石油公司申请勘查、开采和生产许可证的各种要求十分详细，包括钻井数目及商业生产开始时间、产量和销售范围等。如果石油公司未能严格遵守相关许可条例，政府相关部门有权吊销其许可证。2003 年以来，几乎没有任何外国公司获得开采俄境内大型油田的许可证。然而，俄罗斯石油公司却获得越来越多的新油田开采许可证，并超过了私营石油公司所获得的许可证数量。政府还借助提高石油出口税和取消液化气出口关税的举措巩固国家在能源领域的地位。从 2004 年开始，俄政府多次大幅度提高石油出口关税，从 42 美元/吨提到最高的 250 多美元/吨不等；同时，取消液化气出口关税，加大对出口的支持力度，力图占领国际市场。以上表明，政府对拥有出口专营权的国有天然气工业大力扶持，而对外资及私营企业占主导的石油行业则加强控制。另外，新税制改革后，俄罗斯对自然资源征收的税率大幅提高。高盛公司分析师杰弗里・柯里（Jeffrey Currie）说，俄罗斯的税太高了，对于跨国公司来说，要获得 15% 的投资回报率，油价必须达到每桶 80 美元。[①] 此举在增加俄联邦石油稳定基金收入的同时，也促使外资因利润减少而逐步退出俄罗斯的石油开发领域。

第二节 俄欧能源对话与合作

欧盟正日益成为欧洲大陆和国际事务的新主角，并一直作为俄罗斯外交的重点，普京也曾强调俄罗斯的文化、历史与欧洲紧密相连，但就其前景而言，欧盟首先是俄罗斯最重要的经济伙伴，尤其是能源上的相互依赖。

能源领域的相互依赖推动俄罗斯与欧盟在伙伴关系与合作协定（1997 年生效）框架内签订了能源出口协议。协定的第 65、66 条明确了双方在能源领域开展合作的主要形式和方向。“欧盟对俄罗斯共同战略”表示将尽快批准双边协议中有关能源的条款，继续协商建立多方运输体系。2000 年 10 月，欧盟委员会通过“普罗迪计划”，决定强化与俄罗斯的能源合作。

正是在这种背景下，2000 年 10 月底至 11 月初的巴黎峰会上，俄罗斯与欧盟签署了《能源战略伙伴关系协议》，确定了在能源领域合作的总体规划和建立稳定的伙伴关系，以提高能源合作的可靠性。会后发表的共同声明指出：“俄罗斯和欧盟决定开始进行经常性能源对话，以推动能源领域伙伴关系的建立并确定其基本模式。”双方还决定成立联合能源工作组，计划到 2008 年将俄出口到欧洲的天然气总量增加到 2000 亿立方米。作为协议的一部分，俄罗斯天然气工业股份公司还与德、法、意的主要天然气公司组成一个联营企业，共同出资 20 亿美元修建亚马尔—欧洲天然气管道。通过这条贯穿白俄罗斯、波兰和斯洛伐克的管道，俄罗斯将每年另外向欧洲提供 600 多亿立方米的天然气。2002 年 5 月，俄欧首脑峰会签署了《能源合作声明》，强调俄罗斯“拥有进

---

① ［美］卡伦·劳里·米勒：“油价会涨到 100 美元吗?”，《新闻周刊》2006 年 5 月 15 日。

入欧洲能源市场的特殊权利”。至此，俄罗斯与欧盟能源对话正式启动，能源议题成为首脑峰会的重要内容。尽管能源宪章条约及其运输协定还有待俄联邦国家杜马批准，但是有关能源商品的贸易、投资和运输的条款还是在一定程度上为双方的合作提供了法律基础。

20 世纪 90 年代初，为保证能源稳定供应和安全地向高收益的能源项目投资，欧洲国家倡议签署全欧能源政策基本文件——《欧洲能源宪章》。《宪章》是政府间能源合作的国际组织和多边条约，由《能源宪章条约》、《能源宪章贸易条款修正案》和《能源效率与环保问题议定书》等一揽子法律文件组成，共包含 5 个方面内容，即：鼓励能源投资、国家对自然资源拥有主权、能源市场自由准入、能源资源自由过境转运、与能源投资有关的资本自由流动。1994 年各国（包括俄罗斯）完成了对《欧洲能源宪章》的签署工作，1998 年正式生效。《宪章》共得到了欧、亚两大洲的 40 多个国家的批准。俄罗斯在 1996 年 6 月启动了批准《宪章》的程序，1998 年送交国家杜马审批。俄联邦国家杜马强调，将根据“中转运输协定”的谈判情况决定批准的进度。尽管欧盟多次敦促，但俄联邦国家杜马至今仍未批准。

巴黎峰会后，俄欧联合能源工作组正式成立。2001 年 3 月，该工作组按照“能源战略与供需平衡”、“技术转移与基础设施”、“投资”、“能源效率和生态环境”等方向设立了 4 个常设工作小组，以具体执行合作计划。随着对话的展开，2002 年 11 月双方在莫斯科设立了能源技术中心，旨在加强俄欧在石油、天然气、煤炭、电力、新能源和可再生能源以及能源保护等部门的先进能源技术领域的合作。

在 2006 年初的“断气”危机后，建立能源冲突早期预警机制议题被纳入 2007 年 5 月的俄欧首脑峰会。2008 年 10 月举行的俄欧常设伙伴关系理事会能源会议讨论了强化能源冲突早期预警机制问题，并考虑吸引能源过境国家的参与。经过谈判，2009 年 11 月，俄罗斯与欧盟签署了《俄欧能源对话框架下的能源早期预警机制备忘录》，主要内容包括：对能源风险的早期预估措施，对能源冲突预防与快速反应的相关措施，对能源冲突信息相互告知的措施，对可能能源冲突的磋商措施，对能源冲突的监测措施、解决措施等，特别是规定双方要随时警惕并告知对方可能出现的能源供应危机，并按照危机状况制定应急预案和措施来应对危机。[1]

俄罗斯与欧盟能源对话的议题十分广泛，主要包括以下内容：就能源保障进行深入合作；更合理地组织生产和运输基础设施建设；能源市场的开放；生产国和消费国的关系，等等。俄欧能源对话已经成为一个固定的进程，主要通过组织专家研讨和每年两次的高峰会议展开。双方能源对话取得了一些积极成果，但在管道运输、天然气供应、市场开放及核燃料供应等问题上仍存在分歧。

首先，能源运输的可靠性是双方关心的首要议题。俄罗斯共有四条出口输油管道，其中三条面向欧洲市场：穿越中东欧国家的“友谊”管道出口石油占40%；波罗的海管道输送20%；里海和黑海管道输送40%。通过能源对话，双方解决了穿越白俄罗斯和乌克兰的“友谊”管道与亚得里亚石油管网实现一体化的问题。俄罗斯天然气出口几乎都面向欧洲市场，由于这些能源管道要过境东欧和独联体国家，后冷战时期这一地区动荡的地缘政治形势使欧盟的能源供应受到威胁。

为降低油气供应的风险，2005年德国与俄罗斯就铺设连接两国的波罗的海海底输气管道达成资产置换协议。在北溪投运之前，“俄气”只能沿着白俄罗斯、波兰、乌克兰以及斯洛伐克的路径把天然气依次运输到西欧。因天然气过境费没谈拢，乌克兰天然气管道运营商在2007和2008年连续两年掐断了俄罗斯对西欧的天然气供应。俄罗斯正是吸取了这一深刻教训，决定另辟蹊径，加快修建北欧天然气管道。北欧天然气管道采取了绕行独联体、东欧和波罗的海国家铺设的方式，从列宁格勒州穿过波罗的海海底（途经俄罗斯领海，芬兰、瑞典和丹麦专属经济区以及德国领海和专属经济区）直达德国沿岸，总长约1200公里，计划总投资47亿美元，运输能力为每年550亿立方米天然气。按计划首条管道应在2010年前建成，第二条管道应在2012年前建成。根据协议，管道建成后初期输气量为275亿立方米/年，随后增加到550亿立方米/年，使德国一直到2030年都能够直接从俄罗斯获得能源供应。该

---

① См.：Меморандум о Механизме раннего предупреждения в сфере энергетики в рамках Энергодиалога Россия-ЕС. http：//minenergo. gov. ru/upload/ mdialibrary/45c/45c1ace02a62b9a6a4cc0668f077574a. pdf.

输气管道的最大特点是不经过第三国，既降低了成本，还避免了过境政治风险。

为实施该项目所成立的合资公司中，“俄气”控股51%，德国的EON能源公司和巴斯夫公司各控股24.5%。在国际能源供需紧张的情况下，这一项目的落实无疑对俄欧能源合作是一个巨大的推动。但波兰、乌克兰及波罗的海等国则对管道没有从自己领土过境或修建通向本国的支线感到不满和担心，认为这将大大降低自己作为俄罗斯通往欧洲输气管道必经之路的战略地位。布鲁塞尔的欧洲政策研究中心学者迈克尔·埃默森（Michael Emerson）指出：“这项投资从任何角度讲都是可行的，但现在的问题是如何定位波兰，因为从能源安全方面看，波兰将不再有任何价值。”① 该重大能源项目的启动，不仅对改善俄罗斯能源过境运输安全，而且对缓解来自西部的地缘政治压力都具有重要意义。北欧天然气管道不仅能进一步拉进俄德关系，而且使一些对莫斯科采取抵制政策的独联体、东欧和波罗的海国家的地缘政治地位受到很大影响。该管道在得到俄德两国政治上大力支持的同时，相关国家因为没有取得过境国地位而感到不满。2007年7月，波罗的海三国和波兰的经济部长共同致信欧盟委员会，希望能够说服俄德修改管道建设方案，使管道经由四国陆地而不是穿越波罗的海海底铺设。但普京不为所动，他说：“计划按照建设时间表推进北欧天然气管道多方项目。它的实施，符合俄罗斯的利益，也符合欧洲伙伴的利益。”② 德国总理默克尔也表示：“北欧天然气项目得到了政治上的支持。”③ 值得关注的是，主张加强德俄关系的德国前总理施罗德还受聘担任该管道项目的董事会主席，所以北欧天然气管道也被认为是政治项目。随着北溪一线和二线相继于2011年和2012年投入运营，俄罗斯的天然气终于可以不经过第三国而直接从俄罗斯本土直达欧洲。

---

① 参见“俄罗斯天然气工业股份公司的扩张引发欧盟能源冷战”，［西班牙］《国家报》2006年5月15日。

② Путин：газопровод “Северный поток” будет строиться по графику. http：//www.rian.ru/economy/20071015/83975002.html.

③ Меркель заявляет о политической поддержке проекта СЕГ. http：//www.rian.ru/economy/20071015/83959273.html.

俄罗斯坚决反对欧盟的跨里海管道项目和纳科布项目，认为将导致地区形势更加复杂化。在莫斯科看来，如此规模的项目应有包括俄罗斯、哈萨克斯坦、土库曼斯坦、阿塞拜疆、伊朗等所有里海沿岸国家的共同参与，同时担心自己在欧洲市场的地位被削弱。而阿塞拜疆则表示，自己和土库曼斯坦有权决定跨里海管道项目的实施，俄罗斯无权干涉。不满之余，俄罗斯很快提出了“南溪”管道项目进行应对，并加快推进实施。南溪天然气管道由俄、意、德、法四国的能源集团共同出资建设，该工程管道总长近3000公里（海底管道长923公里，陆地管道长2000多公里），年输气能力可达630亿立方米，项目总投资约160亿欧元。按照规划，管道穿越黑海海底后在保加利亚上岸并分为两条支线，其中一条支线途经塞尔维亚、匈牙利、斯洛文尼亚最终到达奥地利；另一条支线经希腊、地中海最终到达意大利。整个项目预计2018年全部完工，达到最大设计输气能力，实现向保加利亚、塞尔维亚、斯洛文尼亚、匈牙利、意大利和克罗地亚等国供气。2012年12月，俄气、意大利埃尼公司、法国电力公司、德国温特沙尔天然气公司共同启动了南溪天然气管道工程的第一段管道焊接仪式，标志着该工程的正式启动。为了确保未来南溪管道的正常供气，俄罗斯天然气工业股份公司还计划投资169亿美元建造南部走廊天然气运输系统，将增加2500公里管线及10个压气站，未来将把天然气穿过俄罗斯泵送到南溪管道。

近年来，随着竞争的加剧，俄罗斯不断新建和完善对欧洲能源供应的基础设施。在北溪天然气管道二期工程投入运营的基础上，俄气还投巨资改造白俄罗斯的天然气管线。在此情况下，俄罗斯不顾欧盟方面的指责仍不惜耗巨资推进南溪工程，其背后有着深刻的战略考量。一方面，南溪管道工程降低了对过境国的依赖，生产和消费市场直接对接，不仅可以降低过境费，还可以避免地缘政治风险；另一方面，能源管道的走向已经不是简单的经济问题，一定程度上其地缘政治意义更加突出，所以，南溪管道工程不仅能够帮助俄罗斯拓展南欧的天然气市场，恢复在这一传统地区的政治影响也是重要的选项。

南溪工程与旨在绕开俄罗斯的纳布科项目存在着高度的重叠性，形成了直接竞争，与欧盟强调天然气来源多元化、降低对俄罗斯依赖的设想相左，所以，欧盟坚决反对该项目的实施。尽管与纳布科管道相比，南溪管道具有更好的经济利益，但南溪管道还是面临来自欧洲的强大阻力，布鲁塞尔坚决推行绕过俄罗斯的“南部天然气走廊”计划。阿塞拜疆不仅是“南部天然气走廊”计划的支持者，更是该计划的积极推动者。2012 年 6 月，土耳其和阿塞拜疆两国政府在原有协议备忘录的基础上敲定正式协议，同意合作修建跨安纳托利亚天然气管道（TANAP），把阿塞拜疆沙赫德尼兹二期的天然气经过土耳其输送到欧洲。TANAP 预算约 70 亿美元，已于 2014 年 9 月动工，一期工程 2018 年完工，年输气量约为 160 亿立方米，其中 100 亿立方米输往欧洲市场。TANAP 是为沙赫德尼兹二期设计的专用管道，而且具备改扩建能力，可用于运输阿境内其他项目甚至土库曼斯坦生产的天然气。这对于阿塞拜疆与欧洲来说是一个双赢的战略，欧洲在得到里海的石油不久将得到该地区的天然气供应，这对于欧盟所一直强调的能源供应来源多样化计划是一个巨大的促进；而对于阿塞拜疆而言，对欧洲稳定的出口所带来的收益将是多方面的，通过加深与欧盟及土耳其的经济融合，对于巩固和加强自己在高加索地区的地位和影响是大有裨益的。与此同时，阿塞拜疆国家石油公司（SOCAR）与英国石油公司（BP）发布联合公告，宣布采用跨亚德里亚海管线（TAP）从土耳其边境向欧洲输送阿塞拜疆天然气。TAP 项目费用近 20 亿美元，总长度为 800 公里，途经土耳其、希腊，最终到达意大利和西欧。由于这些国家严重依赖俄罗斯的天然气，所以美国从地缘战略利益出发支持该项目的实施。至此，阿塞拜疆天然气到达欧洲的路径终于尘埃落定，欧洲天然气市场建设出现了历史性的大转折。现在，阿塞拜疆还把天然气卖给俄罗斯，但通往欧洲的管线开通后恐怕情况就完全不一样了。2013 年 7 月 10 日，保加利亚总统普列夫内利埃夫（P. A. Плевнелиев）在黑海经合组织第 41 次议会大会上表示，选择通过跨亚德里亚海输气管道将里海天然气输送到欧洲，是朝着欧洲能源供应来源和路线多样化方向迈出的重要一步，也是欧洲“南部天然气走廊”能源工程建设的第一阶段，但纳布科仍具有战略意义。[1] 最新的消息是，乌克兰危机后，在美欧的压力下，保加利亚宣布暂停“南

① Президент Болгарии：Проек “Набукко” сохраняет стратегическое значение. http：//kavkasia. net/World/2013/1373520040. php.

溪”管线的筹建进程。

其次，欧盟天然气市场自由化和俄国内能源市场改革也成为对话的焦点。俄乌天然气之争使欧盟切实认识到能源问题“政治化”的危险，希望尽早出台“共同能源政策”。随着能源安全问题日益突出，欧盟委员会一直在推动各国加强能源政策合作。2000年、2003年、2005年，欧盟委员会先后发表了三份欧盟能源问题绿皮书。2006年3月8日，欧盟委员会又发表了题为“着眼于可持续、有竞争力和安全能源的欧洲战略”的能源绿皮书，进一步分析了欧盟国家面临的能源安全威胁，并提出了合作的目标以及设想步骤。在2006年3月的欧盟首脑会议上，各国经妥协就发展共同能源政策达成原则一致。尽管在开放本国能源市场的速度和建立统一的能源监督机制等问题上仍有分歧，但欧盟各国同意加强在能源领域的合作与协调，实现能源供应多样化，以确保能源供应安全和鼓励能源的可持续利用。共同能源政策把俄罗斯视为最重要的能源供应商，主张建立与石油和天然气供应商沟通的新渠道。欧洲所需天然气的1/4由“俄气”根据长期合同供应，这种合同中有很多地区限制条款：欧盟中某国进口的天然气即使超过其自身需求，它也无权把多余的部分向邻国出售，这样就破坏了欧盟共同市场建设；一些条款还允许“俄气”以不同的价格向欧盟各国出售天然气，其目的就是为欧盟内部形成共同天然气市场设置障碍，以保障自己的最大利益。为摆脱对供应商的过度依赖、降低天然气价格，欧盟借鉴美国模式致力于建立天然气自由市场。“俄气”同意在意大利取消地区限制，但不同意在德国和奥地利取消这种限制。欧盟虽然同意“俄气”保持对天然气运输的监督，但担心能源市场的自由化和通过一个垄断者（“俄气”）保障供应之间会出现更多的不便。

另一个议题是，长期以来俄国内的能源价格远低于其出口价格，这给俄生产商带来较大的竞争优势，对欧盟厂商则十分不利。在能源对话中，欧盟把俄国内能源市场改革作为俄加入WTO的先决条件。经过艰苦谈判后，双方终于在2004年5月21日签署了关于欧盟支持俄罗斯加入世贸组织议定书。俄罗斯作出了让步，同意2006年前把国内工业用天然气价格从现在的27—28美元/千立方米提高到37—42美元/千立方米，到2010年再进一步提高到49—57美元/千立方米。现在，俄罗斯国内的气价基本在每千立方米100美元多一点。同时，俄罗斯对欧盟能源“新政”中对能源巨头进行拆分、强调实现厂网分离的做法十分不满。此外，双方对俄罗斯输欧天然气价格形成机制也有很大分歧，欧盟认为俄天然气工业公司涉嫌垄断，但俄罗斯方面认为自身的定价完全符合行业标准。2012年9月，欧盟委员会宣布开始对“俄气”进行反垄断调查，调查主要涉及“俄气”在欧洲内部能源市场可能存在将与石油挂钩的天然气价格强加于消费者等3项违反竞争的行为。俄罗斯对此非常担心，如果采取制裁，“俄气”将很难在那些公开歧视它的市场上运作。外长拉夫罗夫说：“据我们所知，里斯本条约对欧盟内部各种权力进行了分类，但并没有最终明确所有事宜。欧盟认为，应该避免让欧盟介入那些在地方或者国家水平上能更加有效解决的问题，很明显，从中期前景看欧盟必须理顺这些问题。”①

与此同时，随着国际市场能源价格的飙升，俄罗斯油气公司开始向外扩张，希望通过构建大规模的零售网来提高经营收益。有着政府背景的俄罗斯油气公司希望通过油气项目的股份换取在海外拓展的机会，这引起了欧盟的担忧。“俄气”积极寻求获得直接向欧盟消费者出售能源产品的机会，希望通过零售而不是批发的方式提高利润。高盛公司的一份研究报告表明，欧洲各国零售价格高于批发价格的幅度不等：在法国前者是后者的1.9倍，丹麦是6.7倍。“俄气”2005年在欧洲的批发收入超过了250亿美元。俄罗斯石油公司也将进行首次公开募股。②“俄气”不仅与德国的两大能源巨头RWE和EON谈判，谋求通过购买股份或建立合资企业的方式进入其在欧洲的能源消费市场；为打入英国市场，“俄气”还准备对英国森特理克公司进行兼并。“俄气”的扩张遭遇到来自欧盟各国政府的阻力。英国政府已考虑修改相关兼并法案，以阻止该公司的收购行动。德国政府也不愿看到类似的事情在本国发生，表示要减少对俄罗斯能源的依赖。

---

① Article of Russian Foreign Minister Sergey Lavrov, Russia-EU: Prospects for Partnership in the Changing World, published in “Journal of Common Market Studies Annual Review”. http://www.mid.ru/brp_4.nsf/0/B769A8BF9D89820044257BC6006008F6.

② Andrew E. Kramer, Gazprom Makes an Energy Deal With BASF, New York Times, Late Edition-Final, Section C, Page4, Column1, April28, 2006.

2006年4月21日，在与欧盟25国驻俄罗斯大使的会见中，“俄气”总裁阿列克谢·米勒（Алексей Миллер）表达了希望进入欧盟成员国直接面对消费者的愿望，他甚至威胁说如果欧盟不考虑开放内部能源市场，不排除减少对欧盟天然气供应的可能性。米勒的表态引起欧盟的强烈反应，人们担心“断气”外交的重现。欧盟愈加感到有必要开辟新的天然气供应渠道，以摆脱对俄罗斯天然气的过分依赖，从而加快调整欧盟的能源战略。4月26日，普京在西伯利亚托木斯克的一个地区官员会议上发表讲话，对米勒的立场作出呼应，他说：“尽管能源需求强大，但有人在使用各种借口，限制我们向北部、南部和西部扩张”；“要记住亚太国家的发展非常迅速，而且需要与我们合作”。但在讲话后与德国总理默克尔的会谈中，普京又说，“未来欧洲大陆需要多少能源，莫斯科就供应多少”。[①] 就在俄德首脑会晤的同时，“俄气”与德国巴斯夫公司签署了南俄罗斯气田开发合作协议。根据协议，巴斯夫将拥有南俄气田不超过35%的股份，而“俄气”则成功地取得巴斯夫公司部分股权，进入了德国的能源加工和消费领域。“俄气”之所以与德国公司达成股权交换协议，其中一个目的就是试图打消或延缓欧盟建立天然气自由交易市场的努力。欧盟要求莫斯科尽快批准关于中转运输问题的《能源宪章》补充协定，但俄罗斯一直没有同意，因为该协定要求俄罗斯向第三方开放其天然气管线，事实上是要结束“俄气”在供应方面的垄断地位。俄罗斯认为，在没有包括“对生产厂家利益的考虑、中转经过国家所负的责任和分配能源的规则等内容”的情况下，中转运输协定是不可接受的，只有在对该文件进行修改之后才能批准。

第三，关于俄罗斯能源领域对外开放问题。欧盟从自身能源安全出发，不满意克里姆林宫对能源的控制和推行“能源外交”的举动，认为俄罗斯目前的能源政策使石油和天然气的价格缺乏合理性和稳定性，希望莫斯科能在能源的价格和供给上作出保障并签署国际能源宪章，以结束“俄气”事实上的出口垄断地位，为西方能源公司参与能源开发提供便利。而莫斯科则希望欧盟对俄能源的需求能够持续10—20年，同时

---

① Сильное решение: Путин изогнул трубопровод, спасая Байкал. http: //www. news-ru. com/finance/26apr2006/truba. html.

要求欧盟给予俄油气公司更多的市场准入。《2020 年前俄罗斯能源发展战略》强调：俄罗斯要提高天然气出口，实行天然气产品销售及出口通道的多样化，尤其要保持天然气国际贸易价格的稳定与合理，同时保障天然气过境运输安全、俄罗斯参与国外天然气开发、进入天然气进口国销售体系等。①

2006 年 7 月 3 日，巴罗佐（Jose Manuel Barroso）向普京提出了一项涵盖广泛的贸易自由化交易建议，再次尝试说服普京开放能源市场。很快在 7 月 5 日（抢在 G8 峰会之前），俄联邦国家杜马通过了“天然气出口法”，规定天然气出口业务将全部由国有的“俄气”承担。这是俄罗斯首次以法律形式确立国有公司对本国天然气出口的垄断权。在彼得堡八国峰会期间，德法曾要求俄罗斯以白皮书（此前俄罗斯签署过的能源合作意向性文件）为基础签订新的合约，但由于该文件涉及尤科斯公司的股东要求俄联邦政府支付高达 500 亿美元作为出让股权的赔偿，而被普京以白皮书不符合民族利益为由拒绝。克里姆林宫还以环境保护为由暂停了已经投入巨资的萨哈林 - 2 号项目，引起了欧盟的强烈不满和指责。萨哈林 - 2 号油气工程预计开发总投资为 100 亿美元，荷兰皇家壳牌集团在其中占有 55% 股份，日本三井和三菱公司分别持有 25% 和 20% 股份。最终，“俄气”以 74.5 亿美元获得萨哈林 - 2 号项目 50% 的股份，使围绕萨哈林 - 2 号两年多的纷争正式结束。“俄气”加入后，“俄气”、壳牌、三井、三菱在萨哈林 - 2 号中的股份比例分别为 50%、27.5%、12.5% 和 10%，以前签署的产量分成协议不变。不仅如此，俄联邦政府还确定了包括航空航天、铁路、核能、矿物开采和军工生产等 40 项战略行业清单，规定私人外国投资者对列入清单的企业不能控股超过 50%，以国家身份出现的外国投资者则不能超过 25%，而且国家拥有交易的否决权。俄联邦政府还对《矿产资源法》进行补充修正，规定今后凡储量超过 7000 万吨的油田、超过 500 亿立方的天然气田和 50 吨以上的金矿都被视为战略矿床，外国投资者不得参与开发。按规定，目前可以与外国投资者合作的俄公司只有俄罗斯石油

---

① См.：Энергетическая стратегия России на период до 2020 года//Прил. к обществ. - дел. журн. “Энергетическая политика”. -М.：ГУ ИЭС, 2003.

公司、“俄气”和苏尔古特公司3家。

相对于天然气领域，俄欧在石油领域的对话很少政治化，主要原因在于石油领域已经实行了私有化和自由化，但尤科斯事件后这种情势也出现逆转。关于能源领域对欧盟资本开放问题，欧盟很早就推动俄罗斯为达成产量分成协议（PSA）创建更为适用的基础。这种协议被转型国家广泛使用，它能够对自然资源领域的大规模投资提供保障。俄联邦在1995年颁布实施了《产量分成协议法》，随后在1999、2000、2001和2003年多次对该法进行修订和调整。由于俄罗斯的税收、法律基础、项目审批制度、配套基础设施等对外资项目的顺利实施形成了严重障碍，再加之尤科斯等大公司甚至设置障碍阻止外国公司进入产量分成协议项目，所以，虽有近百个油气田被列入按产量分成协议开发目录，但最主要的项目仅有3个。这3个项目分别是萨哈林－1号和萨哈林－2号油气工程，以及哈里亚卡油田项目。萨哈林－1号项目由来自美国、日本、印度和俄罗斯的4家公司共同参与实施，总投资超过120亿美元。作为牵头者，埃克森美孚在其中持股30%，日本萨哈林石油和天然气发展公司持股30%、印度石油天然气公司持股20%，俄罗斯石油公司持股20%。该项目已于2005年10月1日开始投产。俄罗斯能源工业部的资料显示，2006年萨哈林－1号项目开采石油256.5万吨，开采天然气11.12亿立方米。在直接出口产品以前，仍按照2005年底开始执行的供销合同向俄罗斯石油公司出售石油；自2006年10月16日起开始向日本、韩国和印度出口石油，共计245.2万吨。哈里亚卡油田主要由法国道达尔菲纳埃尔夫公司和挪威海德鲁公司参与开发，二者分别占40%和30%的股份，1999年开始投产，现在年产原油150万吨左右。俄联邦不允许外国公司参与具有战略意义的油气田、金矿、铜矿的开发权竞标，只有俄罗斯企业持股比例达到51%以上的公司才有资格参与上述资源的竞拍。俄罗斯石油等原材料领域利润巨大，许多股权拍卖一般都是在俄各财阀利益集团之间达成妥协之后完成的。2003年2月，英国BP公司宣布以67.5亿美元收购俄秋明石油公司和西达科石油公司组建新公司，BP在其中拥有50%的权益。这是西方石油公司在俄罗斯的最大投资项目，也是俄罗斯的第一家合资石油公司。总体上，西方能源公司在俄罗斯能源领域的投资规模很小。显然，缺乏适用产量分成协议的基础是外资很少进入的原因之一。

另一个影响投资的原因是，国有垄断企业对于管道运输的控制。对管道运输拥有垄断权的国有企业从自身利益出发不愿投资建设新的运输管道。俄罗斯的大油气公司掌握巨大的天然气储量，但极少对其进行工业开采，不仅仅是因为国内天然气价格过低，还在于国有的“俄气”不向其提供出口运输管道。俄联邦政府不同意乌兹别克斯坦和土库曼斯坦的天然气使用其管道过境运输，也不同意部分石油公司和外国投资者在其领土上铺设新管道的要求。虽然 2004 年 4 月俄联邦政府同意由国家控制的天然气运输管道为部分公司提供更好的运输，但这并不表明政府作出实质性让步。此外，所有权的不确定也让外国投资者止步不前，而且俄国内还广泛存在一种外来投资者瓜分国家财富的不健康心态。欧盟认为，当前俄罗斯天然气的开发很难满足欧盟不断增长的需求，[1] 欧盟必须大规模地参与俄罗斯能源开发。“一般认为，投资率达到 GDP 的 30%，则人均 GDP 增长率约为 5%”，而俄罗斯“投资率的变化，很大程度上取决于其经济改革进程、产权保护、政策稳定性及对待外国投资者的态度”。[2] 俄罗斯石油公司在对秋明 - BP 收购中与英国 BP 所形成的战略结盟态势，基本被看作是一项双赢的交易。这种战略结盟对于双方强化能源安全与合作将产生重大影响，很可能成为未来俄罗斯与欧盟能源领域合作的重要路径，但双方因乌克兰危机而展开的制裁之争使合作也存在变数。

第四，欧盟把京都议定书的批准和核燃料出口限额问题也纳入双边能源对话议程。在京都议定书尚未生效的情况下，作为主要支持者的欧盟就已经开始实施。考虑到美国对该条约的拒绝，如果没有俄罗斯的批准，京都议定书不可能生效。1997 年由《联合国气候变化框架公约》缔约方签署的《京都议定书》规定，到 2012 年以前，主要工业化国家温室气体排放量要在 1990 年基础上平均削减 5.2%。《京都议定书》的生效必须具备两个条件：第一，经国内程序审核批准《京都议定书》的

---

① Roland Goetz, Russlands Energiesicherheit und die Energievesorgung Europas, MSWP Studie, Berlin 2004.

② Komulainen, Korhonen I, Korhonen V, Rautava, Sutela. Russia: Growth prospects and policy debates. p. 6. www. bof. fi/bofit/eng/7online/03abs/03pdf/bon0303. pdf.

国家必须达到55个；第二，批准了京都议定书附件1的缔约方总体排放量必须占附件1全体缔约方1990年二氧化碳排放总量的55%。2001年3月，小布什上台后以"缺乏可靠的科学证明"为由，单方面宣布美国退出《京都议定书》，迫使《京都议定书》暂时搁浅。这样，一直处于摇摆状态的俄罗斯便成为欧盟关注的重点。俄罗斯的立场比较模糊，其中普京当时的经济顾问伊拉里奥诺夫（Андрей Илларионов）对此就持坚决否定的立场，认为它可能导致俄未来的经济发展停滞。俄罗斯曾答应在2002年批准，但不了了之。在欧盟的压力之下，2004年10月俄国家杜马最终批准了《京都议定书》，使这一事关全球气候保护的重要条约于2005年2月16日得以正式生效，从而加大了对美国的压力。俄罗斯批准《京都议定书》，并非完全出于保护全球气候的考虑，而是与欧盟在俄入世和减弱在车臣问题上的指责所做的交易。

此外，在核材料出口控制方面，莫斯科担心向东欧出口核燃料和保存核废料的收益受损。核能是欧盟国家能源的主要来源之一，欧盟国家近1/3的用电量来自核电，欧盟境内正在运行的核电厂有约150座。事实是，几乎欧盟所有新成员的核电站都是由苏联援建并依靠从俄进口核燃料维持运转，这样俄罗斯实际上就成为欧盟新成员富铀供应的垄断者。欧盟认为，俄罗斯控制份额不应超过欧盟新成员国富铀市场的20%。2003年11月，欧盟成员国委托欧盟委员会与俄罗斯就此问题进行谈判。欧盟已与美国、加拿大、澳大利亚和哈萨克斯坦4国签署了和平利用核能的合作协议。2009年12月，欧盟部长理事会决定启动与俄罗斯之间有关"和平利用核能合作协议"的谈判，并授权欧盟委员会就此与俄方展开谈判，目的在于统一双方的核安全标准、促进核领域的合法交易，为双方政府和核企业提供一个稳定和可预测的法律框架。

尽管还存在诸多分歧，但俄欧在能源领域的相互依赖关系是无法回避的现实。根据俄联邦2010年通过的《2030年前能源战略规划》，油气生产和出口还将继续增长，自然资源开采仍将是国家预算的主要来源。①

---

① См.：Энергетическая стратегия России на период до 2030 года//Прил. к обществ.-дел. журналу "Энергетическая политика" -М.：-ГУ Институт энергетической стратегии，-2010. -184с.

随着欧盟共同能源政策的推行，特别是乌克兰危机等因素的影响，俄罗斯作为欧盟能源主要供应者的地位会有所下降，但这一领域的对话与合作仍是双方的根本利益之所在，对欧盟尤其如此。不可否认，建设绕开俄罗斯从中亚经里海海底直达欧洲的输气管道，是欧盟目前重点支持的项目，旨在打破俄罗斯对输欧天然气管道的控制。欧盟曾试图推进落实连接里海和伊朗天然气田的“纳布卡天然气管线”，但由于油源和伊朗核危机等因素的影响，该项目被一再拖延。在阿塞拜疆通向欧洲的跨亚得里亚海管线确定后，“纳布卡天然气管线”项目能否顺利完成更面临极大的不确定性。俄欧之间修建并使管道运输现代化，以及其他方面的交通基础设施的强化，会使俄罗斯增加对欧盟的能源出口并且使相互依赖进一步增强，但一系列地缘政治因素也加快推动欧盟寻求能源来源多样化，而俄罗斯作为能源大国也会考虑对欧盟以外的能源出口以降低风险。因此，在能源领域相互依赖的情况下，如何平衡双方的利益将成为未来对话越来越重要的议题。

亲欧洲的政治力量在基辅掌权后，乌克兰相继签署了与欧盟联系国协定的政治及经济部分，导致与俄罗斯的能源价格谈判陷入困境，最终莫斯科切断了对基辅的天然气供应。在强调要协助乌克兰新政府解决能源危机的同时，欧盟更关注于自身能源安全对俄罗斯过度依赖的脆弱性。事实是，乌克兰危机将加快欧盟制定新能源战略的议程，以在短期内就能降低对俄罗斯的能源依赖。英国力主通过大量进口美国页岩气来扭转不利局势，要求将其列入美欧 TTIP 谈判内容，并向其他欧洲国家发送了正式文件，要求在 25 年内改变能源供应计划。欧洲理事会在公告中宣布，2015 年将不会存在“能源孤绝”的国家。欧盟主张从以下几方面着手解决能源供应安全问题：从美国大量进口页岩气、提高可再生能源及核能在总能源使用中的比重；以“即期交割”的期货合约定价方式代替“照付不议”长期合同，降低对能源供应国的依赖；建立和完善欧盟的统一电力供应系统。欧盟方面还将发展和完善内部的天然气管道系统，并增加煤炭的消耗量和加快推进使煤炭成为“清洁”能源的技术研究。

2014 年 3 月，欧盟委员会宣布启动海洋能源行动计划。这一行动计划要求建立海洋能源论坛，以统筹规划海洋能源的创新研发和协调该领域产品价值链利益各方的权益，加快海洋蓝色能源领域新技术的产业化，在加强能源安全的同时促进经济增长和就业。世界首个也是最大的潮汐发电厂位于法国的英吉利海峡的朗斯河河口，年供电量达5.5亿度。据计算，全球海洋的波浪能达700亿千瓦，当前技术条件下可供利用的达30亿千瓦，年发电量可达9万亿度。尽管不具备价格优势，但海洋能源对于海岛和海洋工程的辅助用电而言还是有很大前景的。欧盟委员会还通过决定，要求“地平线2020”项目增加对海洋能源技术的研发投入，加速欧盟海洋能源技术研发创新公私伙伴关系建设，希望早日制定出欧盟蓝色能源及产业化发展路线图。

俄罗斯在乌克兰危机中的强硬举动，迫使欧盟加快推出降低对俄罗斯能源依赖的举措。2014年5月28日，欧盟委员会出台了最新的欧洲能源安全战略，该战略包括了需要采取的短期与中长期的具体措施。短期措施主要针对即将到来的冬季欧盟的能源供应安全问题，对可能出现的供应中断作出风险评估及制定应急预案；中长期措施包括能源来源的多样化、完善能源基础设施建设、建立欧盟内部能源市场，以及节约能源等。此外，该战略还强调成员国应加强能源政策协调，最终在与俄罗斯等能源供应方谈判时形成统一立场。该战略将在经过欧盟首脑峰会讨论后，最终确定为欧盟的新能源安全战略而加以推行。

为应对气候变化和加快新能源技术的推广，2014年7月8日欧盟委员会宣布，将向18个创新型可再生能源项目和1个碳捕集与封存项目投资10亿欧元。这些项目覆盖了生物能源、太阳能、地热、风能、海洋能源、智能电网以及碳捕集与储存等技术。据预测，这些项目实施以后，可使欧盟的年度可再生能源产能增加近80亿千瓦时。包括拉动的私人投资，项目的投资总额将达到近20亿欧元，希望这能推动欧盟可再生能源、碳捕集与储存等领域的示范技术发展。

尽管短期内难以兑现，但欧盟在战略上将加快摆脱对俄罗斯能源的过分依赖，而且美国也做好了准备。随着美国页岩油产量上升，美国很快将取代沙特成为世界上最大产油国，到2035年国内能源将完全实现自给自足。数据显示，未来5年，全球新增原油供应的1/3将来自美国，其将很快从原油主要进口国变成净出口国。2013年，美国政府授予103家公司原油出口许可证（是2006年以来的新高）。奥巴马政府更准备直接对欧洲出口天然气，以削弱俄罗斯的影响。美国企业已经提出申请，计划在美建设 21 处港口设施，白宫也已经批准了 6 个天然气出口申请，还有超过 20 组申请在等待审查，经过美国国会批准后，最快 2015 年底就可能对欧洲实现出口。随着美国的加入，全球能源供应市场将出现重大调整，俄罗斯在欧洲能源市场的主导地位将受到较大挑战。

第五章　签证互免与俄欧战略互信

冷战结束后，俄欧关系就迈入了新的历史阶段。一方面，双方之间的政治关系与经济贸易合作日益紧密；另一方面，双方之间的矛盾与冲突不断，突出表现在乌克兰危机所引发的俄欧关系的倒退。尽管欧盟已经是俄罗斯最大的外贸来源地，也是俄罗斯重要的贸易伙伴，而俄罗斯也已成为欧盟的第四大贸易伙伴，但俄欧间的签证制度却在很大程度上阻碍了双方的经贸、人文往来。甚至普京认为只要存在俄罗斯签证以及欧洲申根签证的壁垒，俄罗斯和欧盟就无法实现真正的伙伴关系，这使得签证问题成为俄罗斯与欧盟峰会上多次讨论的重要议题之一。

第一节　签证问题的由来与发展

俄欧之间的签证问题源于加里宁格勒问题。加里宁格勒位于波兰和立陶宛之间的波罗的海南岸，地域覆盖15100平万公里，属俄罗斯管辖的一块境外飞地。在立陶宛和波兰未加入欧盟前，加里宁格勒州的居民往来俄罗斯无需向立陶宛和波兰申请签证，但这种情况在2004年时发生了变化。是年初，波兰和立陶宛加入欧盟，两国应欧盟的要求将实施申根边境管理要求，同时这也意味着现行的有关加里宁格勒和这两国的过境简化机制将被废除，加里宁格勒居民自此之后再想往来俄罗斯本土必须经过欧盟区的申根“障碍”，为此加里宁格勒的签证、运输和能源供应都将成为问题。加里宁格勒的居民每年维持着700万次的跨境旅游需求，而且其80%的电力都需要从立陶宛进口，但申根协定的实施将使俄罗斯无法和自己的国土自由联通。

经过双方多次研究，俄欧之间达成了妥协，决定在加里宁格勒问题上实施一项简化人员流动程序的计划。双方协议决定，俄罗斯和加里宁格勒之间的往来可以豁免于申根协定之外。自此，加里宁格勒和俄罗斯本土居民的往来将不受立陶宛加入欧盟之影响，同时在签证申请和跨境手续上也将变得更加便捷，签证申请费用也有所降低。该协议也得到了立陶宛共和国的同意。此外俄罗斯和立陶宛还签订了关于再接纳问题的双边协议。①

在加里宁格勒问题的解决上，过境交通制度（Location Border Traffic，LBT）起到了至关重要的作用，而且这个制度在立陶宛加入欧盟之后还有所发展。根据过境交通机制，俄罗斯国民在来往于加里宁格勒地区和俄罗斯本土并途径立陶宛时可依照两项协定执行，第一是便利过境证件（Facilitated Transit Document，FTD），第二是便利铁路过境证件（Facilitated Rail Transit Document，FRTD）。尽管该制度获得了大部分人的满意，但却使路途时间大大增加，乘火车来往于加里宁格勒和莫斯科之间的时长由 17 小时增加至 22—23 小时，增加的时间用于进行额外的边境安全检查。此外，便利过境证件制度将被扩展到拉脱维亚。加里宁格勒和圣彼得堡之间最短的火车旅程需要经过拉脱维亚东南部城市陶格夫皮尔斯，但随着拉脱维亚加入欧盟，拉脱维亚开始在这条线路上设置签证要求，导致俄罗斯的乘客不得不借道白俄罗斯，而这条线路则路途更远。

俄罗斯和欧盟关于互免签证制度问题的谈判由来已久。早在 2002 年 8 月，时任俄罗斯总统普京就已正式向欧盟委员会和欧盟各成员国提出取消俄欧双方签证的建议，欧盟方面也接受了这一建议，之后双方便开始了漫长的谈判进程。虽然包括法国、意大利、芬兰等在内的欧盟国家对此一再表示支持，但谈判至今未取得实质性进展。

2006 年，俄欧在索契峰会上签订了俄欧签证简化协议，该协议于 2007 年 7 月 1 日生效。这是欧盟首次与一个第三方签订的签证简化协议，协议的主要目的是为双方申请短期旅游的公民提供签证简化程序，

---

① Alexander Sergounina，“Kaliningrad：Russian Outpost or Window on Europe?”，CPS International Policy Fellowship Program.

但简化程序规定只有部分俄欧公民才可以在申请签证时提供更少的文件和更低甚至免费的签证费用。2007 年的俄欧签证制度的确使签证得到了简化，首先是办理签证的费用从 60 欧元减到 35 欧元，而且对一些特殊群体是免费的，例如学生、旅行者、商人和运货司机。其次步骤也得到了极大的简化。2010 年 6 月，俄罗斯再次提出对双方短期停留的公民实施互免签证的建议，但与欧盟协商无果，尤其是中东欧国家担心俄罗斯人会融入欧洲抢夺他们的工作机会。2011 年 11 月初，莫斯科与布鲁塞尔结束了关于逐步免签计划的讨论，同年 12 月，在俄欧峰会上双方商定了共同采取步骤向制定免签协议过渡。是年，欧盟还实行了新举措使签证发放更加简化，这也为俄罗斯公民申请申根签证省去了大量需要提交的文件。

2012 年，俄罗斯与欧盟继续就修改现行签证手续自由化协议举行谈判，修改后的协议将简化俄罗斯公民前往欧盟的手续，并让个别类别的公民自由出入欧盟。原欧盟主席巴罗佐在六月峰会结束后的记者代表会上表示签证问题的解决并不遥远，但要取决于欧盟 27 国的政治意愿以及技术问题。半年后普京在布鲁塞尔举行的记者会上表示，“我认为，事实上所有互免签证制度的技术问题都已解决，问题在于欧洲同行们要作出政治决定”。2013 年 6 月，俄欧峰会上双方继续就签证问题进行商讨，巴罗佐表示双方将于近期签署减免签证协议；而俄罗斯方面表示俄欧目前签署免签协议的最大障碍是双方对公务护照者的免签条件的争议。此前俄方将提供旅客个人信息的要求纳入免签协议中，遭到欧盟反对，同时，欧盟还对俄罗斯提出的将持有公务护照者纳入免签范围提出异议。

高层谈话尽管进展缓慢，但俄欧双方都没有放弃谈判的意图，自从 2007 年 5 月双方确立正式的签证对话机制之后一直持续到今天。俄欧之间的签证谈判之所以进展缓慢，从欧盟的角度来考虑，原因主要在于：一是欧盟国家在考虑与俄罗斯的签证关系时加入了民主和人权因素，而基于目前俄欧之间的政治问题来看，这将成为签证关系顺利发展的一大障碍。二是俄欧之间关于签证关系的谈判虽然有所进展，但这进展只存在于签证简化方面，而关于签证互免的时间轴和安排问题，双方却无任何收获。尽管俄罗斯多次提出签证互免的要求，但欧盟方面却一直语焉不详。欧盟的态度是只要俄罗斯达到欧盟的标准，那么实现签证互免也不无可能，但实际情况是，欧盟并没有提出非常清晰和确定的标准供俄罗斯参照。

签证问题在俄欧之间之所以变得越来越重要有其深刻的动因。随着俄罗斯经济的复兴，俄罗斯人有了更多机会去欧洲旅游，他们大多十分富有且消费能力惊人，所以俄罗斯人留在欧洲人心中的贫穷印象有所改观。作为个体的俄罗斯人不再被欧洲视为安全的威胁，几乎有数以万计的俄罗斯人居住在欧洲大陆的各个地方。根据2007年欧洲统计局的统计结果，近60万俄罗斯公民将永久地生活在欧盟的领土上，另外有数以百万计的说着前苏联语言的俄罗斯人获得了欧盟的公民资格，其中大部分俄罗斯人通过和欧盟公民结婚获得了欧盟公民资格。而居住在欧盟的俄罗斯人可以邀请俄罗斯亲友来到欧洲，这就为大量的合法旅行提供了潜在基础。

俄欧之间关于签证问题的另一较大进展是2007年双方关于签证简化协议的实施，这个协议向以下人员提供签证简化程序的服务：商人，官方代表团，负责国际货车、乘客运输服务的司机，火车、飞行器和机动车队的成员，科学、文化和艺术活动的参与者，国际体育赛事的参加者以及陪同他们的专业团体；儿童、学生，研究生以及陪同老师；合法居住在俄罗斯或者欧盟成员国内的公民的亲属（包括配偶、子女、父母、祖父母以及孙子孙女）；由双方城市举办的官方交流项目；探视军队以及墓地的人员。[①] 特定身份的人可以得到一年期的多次入境签证，这使其在得到签证的第一年可以得到至少一个单次入境签证，或者在有根据的情况下得到为期2—5年的多次入境签证，而且在前两年他们可以使用一年期的多次入境签证。此外，国家或地区政府或议会、宪法法庭和最高法院的成员，俄罗斯或欧盟公民的配偶或不满21岁的子女（或未独立子女）为了安全起见，应该在5年内申请多次入境签证，哪怕他们是首次申请。[②]

随着乌克兰危机的加深，欧美开始制裁俄罗斯。从欧洲方面来看，

---

① European Commission Memo, 24 Jan 2014.

② Visa issues, Permanent Mission of the Russian Federation to the European Union.

首先就是暂停与俄罗斯的签证互免谈判，从而使得这一问题的解决再一次搁置。

第二节 俄罗斯致力于签证互免的动因分析

从2002年普京正式提出与欧盟实现免签的提议以来，俄罗斯一直积极寻找各种机会来促进免签协议的签订，如俄欧签证对话、“统一空间”路线图、签证简化协议等等。俄罗斯之所以如此积极，一方面在于俄罗斯期望借与欧盟实现免签提升自己的政治地位，另一方面在于俄罗斯的经济转型需要从欧盟获取科技与发展动力。此外，欧洲的文化、生活方式等对俄罗斯来说存在着强大的吸引力，这些因素促使俄罗斯不断向欧洲靠近。

欧盟主席巴罗佐在2014年1月俄欧第32届峰会上曾表示，俄欧作为战略伙伴需要加强双边合作，而这需要俄欧之间更多的理解和信任。但俄欧之间加深信任的途径又何在呢？欧盟大部分民众对俄罗斯的印象都是从西方媒体上得到的，他们对真正的俄罗斯缺乏客观了解。随着俄罗斯经济状况的改善，越来越多的俄罗斯富有阶层前往欧洲旅游、定居或者投资房产。欧洲一些报纸杂志开始报道出手阔绰的俄罗斯游客，在欧洲的校园内经常可以看到俄罗斯学生，西北部的俄罗斯公民经常去芬兰做1—7天的购物旅行，俄罗斯的企业开始在欧洲投资，同时，欧洲的企业也开始开拓俄罗斯市场，欧盟前往莫斯科和圣彼得堡旅游的公民日益增多，所有这些现象都在一步步加深着俄欧之间的相互理解。日益活跃的文化和经济交流，对俄欧增加互信有着十分重要的促进作用。如果俄欧之间进一步简化签证手续并最终实现免签，那么俄欧之间在商业、人文领域的合作必将进一步深化，这对于培育俄欧相互理解和信任是非常有利的。

俄罗斯和欧盟之间常因一些突发事件导致签证谈判进程受阻，如2008年的格鲁吉亚事件和2013年底以来的乌克兰危机。2008年俄罗斯进军格鲁吉亚，在为期5天的战争结束后，格鲁吉亚独立于独联体国家之外，并开始与欧盟交好。2012年间格鲁吉亚高层官员频繁访问欧盟，双方就格鲁吉亚加入欧盟和北约、自由贸易区及简化签证等问题进行了充分讨论。欧盟也十分注重与格鲁吉亚的关系，有些欧盟官员甚至认为在与格鲁吉亚实现免签之前，不能与俄罗斯实现免签。2013 年底乌克兰危机以来，欧盟开始对俄罗斯实行制裁，停止签证问题的谈判是其中一项主要措施。2014 年 3 月俄罗斯将军队开进乌克兰，随后克里米亚地区通过公投并入俄罗斯联邦，此举遭到包括欧盟、美国、G7 国家在内的各方反对，美欧提出要对俄罗斯进行经济制裁，欧盟提出要停止签证谈判。可以说签证关系即是政治关系，俄欧政治关系的不顺利必定会投射到签证关系上，同样签证关系如能顺利解决对政治关系来说也是一种保障。尽管在乌克兰危机中欧盟提出要对俄罗斯进行制裁，但俄罗斯并不过分担心，因为俄罗斯相信欧盟不会放下俄欧之间的大型项目合作不顾，经济合作为俄欧关系发展提供了一层保障，同样签证关系如能实现自由化也可以为俄欧关系提供一层额外的保障。

俄罗斯一直热心于俄欧签证互免的实现。从经贸关系看，俄罗斯与欧盟的贸易额已达 3500 亿美元，占俄对外贸易总额的 50%。欧盟是俄罗斯的主要外资来源地和债权人，俄 40% 的储备货币为欧元。莫斯科正试图借助欧洲的技术、市场和管理经验，寻求经济复苏的外部推动力。在俄罗斯向创新型经济模式转型的过程中，普京提出，到 2020 年，高科技和知识型产业在俄罗斯 GDP 中所占份额要增加 50%，高科技产品出口要增加一倍，采用技术创新的企业要从 10.5% 增加到 25%，达到欧洲的平均水平。同时欧盟也希望俄罗斯可以实现经济自由、民主发展，并且实行市场经济。俄罗斯在经济领域的新举措——加入世贸组织——得到了欧盟的支持，欧盟期望俄罗斯借助加入世贸组织增加投资与贸易的自由度，同时也可为欧盟的经济发展提供良好的外部条件。

尽管俄罗斯和欧盟之间的战略伙伴关系常因一些政治事件受创，但在经济关系上双方尤其是欧盟仍然站在一个客观冷静的立场上。乌克兰危机以来，美国和欧盟出于地缘安全考量对俄罗斯实行制裁，但俄罗斯经济发展部长乌柳卡耶夫表示，俄欧的经贸关系不会因可能发生的西方制裁而出现大幅倒退。俄欧之间有不少大型经贸投资项目，俄罗斯与德国、法国、西班牙和意大利之间的贸易投资额巨大，经贸合作前景十分广阔，所以俄罗斯相信欧盟在实施制裁时不会忽视这些因素。这说明欧盟与俄罗斯的经贸合作存在一定的稳定性，而免签将进一步加深双方的经贸合作，这对于俄欧关系的平稳发展十分有利。

早在2005年俄欧之间规划统一空间路线图时，就将统一的人文空间（也称科学教育文化空间）包含在内。这个领域的交流和合作主要集中在科研及教育方面，比如在青年当中加强科学文化联系和联合科研活动，成立联合教学和科研中心。所设定的科技优先合作方向包括宇航、新材料、生命科学、信息技术、清洁和可再生能源等。虽然这部分的合作相对于俄欧在经济、安全方面的合作争议要少得多，但不可忽视的一点是，如果说其他几个方面的合作多是从国家和战略层面来考虑的话，人文、科教层面的合作则是考虑到了双方的民间交流。对民众来说，去欧洲旅游求学，甚至看比赛去剧院等人文活动，将变得非常便捷。

俄欧实现签证互免将给双方的人员往来提供极大便利。目前不止是俄罗斯申请欧盟签证手续繁复，欧盟公民前往和逗留俄罗斯也需要走很多程序。每年俄罗斯大约有250万人会到申根国家旅游，欧盟国家则有150万人去俄罗斯旅游。① 如果签证制度能得到简化甚至免除，俄罗斯对欧盟国家人民的吸引力必将大大增强。双方人员的直接交流也有利于增进双方的相互了解，使欧洲人民更近地了解俄罗斯，而不是从西方媒体的评论文章上得到相关信息。

欧盟委员会在2014年4月份提交了一份提案，要求简化签证手续。欧盟委员会负责工业和企业的副主席安东尼奥·塔尼亚（Antonio Tajani）认为那些以旅游为主要产业的国家间的竞争将愈演愈烈，但新的签证手续将会增加欧洲的游客流，而旅游业对欧洲而言有着特殊的重要意义，甚至可以说是欧盟目前经济增长的发动机，已成为其经济强有力的支柱。有调查显示，在2012年因为签证程序的繁杂和费用，全球大概有66万个潜在旅游者未能实现欧洲之行，其中大多来自俄罗斯、中国、印度、乌克兰等国家。如果欧盟实行更为灵活简便的签证规定，那么申根区所接待的游客数量将有可能提升30%—60%，同时这也意味着这些游客5年内会在申根区产生将近1300亿欧元的消费额（包括住宿、饮

---

① Aleksandr Mineyev, "The European people are not standing on the sidelines", Current Digest of the Russian Press.

食、交通、娱乐和购物等），而这些消费将为旅游业及其相关产业提供13万个就业机会。[①]

值得一提的是，在所有申请申根签证的国家中，俄罗斯所申请的数量遥遥领先，在2013年度达到了699.5141万份，而且拒签率是各国中最低的。自2009年至今，也就是欧债危机之后，欧盟对俄罗斯的签证签发量每年都呈现大幅度的增长态势，不仅对俄罗斯如此，对其他国家亦然，这也说明欧盟正在将旅游业视为经济恢复和增长的一个重要支点。在欧盟所签发的俄罗斯公民所持有的申根签证中，多入口的签证数量占到了54.7%，这也是俄欧自展开签证谈判以来的重要进展。

第三节　影响欧盟解决签证互免问题的主要因素

在政治层面，欧盟内部对签证互免的微弱支持是问题所在，他们认为在签证互免体制中俄罗斯的获益将比欧盟大得多，而且会造成俄罗斯签证在北高加索地区的蔓延。[②] 而谈到安全问题，所有的欧盟国家都对移民管制、劳动力移民等问题充满担忧。相反，俄罗斯对签证互免却抱有十分积极的态度，将之作为提升与欧盟关系中一个亟待实现的目标。为了使俄罗斯人去欧洲旅游更加方便，签证互免是符合俄罗斯利益的。

欧盟内部有一些与俄罗斯保持着大量贸易往来的国家，如德国、法国等，对实现与俄罗斯的签证互免态度较为积极。西班牙曾经提议向提出申请的俄罗斯人第一次发放单次入境申根签证，[③] 第二次发放两年期的多次入境签证，而第三次则将发放5年期的申根签证。[④] 对此，法国和意大利表示了支持，芬兰也表示了极大的兴趣和积极性。芬兰一直在寻求解决跨境人员往来的有效办法。俄罗斯西北部地区如圣彼得堡等地

---

① More flexible Visa rules to boost growth and job creation. （http：//visa-free-Europe. EU/2014/04/more-flexible-visa-rules-to-boost-growth-and-job-creation/）.

② Minna-Mari Salminen，Arkady-Moshes，Practise what you preach：the prospects for visa freedom in Russia-EU relations，The Finnish Institute of International Affairs，2009.

③ 本文中所提到的签证，均指申根签证中最为常见的短期签证，即C类签证。

④ http：//dw. de/p/LTr3.

的居民可以通过更简便的程序获得 1 年的申根签证，这使得其可以频繁往来于俄罗斯与芬兰和其他申根国家。同时德国和芬兰也希望俄罗斯可以在签证互免上作出更多改进，比如在欧盟简化俄罗斯公民多次入境所需手续以及免除他们亲自到领事馆办理的麻烦的同时，希望欧盟公民如果在俄境内逗留超过 3 天可以不必去当地警局办理登记手续。①

但是，基于历史原因，中东欧国家在安全问题上一直对俄罗斯存有疑虑。2010 年 2 月俄罗斯常驻欧盟代表弗拉基米尔·奇若夫在新闻发布会上表示，俄罗斯外交部在努力与欧盟达成签证互免的过程中遭遇了技术和政治方面的障碍。技术方面包括电子护照、边境管理以及再接纳协定的实施，② 而政治方面的原因在于一些国家如波兰对俄罗斯的防范心理。他甚至说："很明显有些国家加入欧盟是为了逃离俄罗斯，这些国家依然沉浸在过去伤痛的幻觉中。" 巴尔干国家和波兰担心俄罗斯公民流入不受控制，它们反复强调俄罗斯人会到西方寻找工作机会，而欧盟的失业率已经达到 10%，在某些国家甚至达到 20%。奇若夫解释说："签证互免制度只是给人们暂时进入另一个国家时提供便利，而且这段时间不会超过 3 个月，那些违反这个制度的人会被禁止进入申根区国家，而任何人非法获得工作都要受到当地法律的制裁。" 但显然这样的保证并不能使这些新欧盟成员国解除疑虑。中东欧国家与俄罗斯之间存在历史积怨，虽然普京指责这些国家的"利己主义"将阻碍俄欧关系的发展，但欧盟却坚持团结为重。③

欧盟内部实现《申根协定》之后，取消了内部边界，这为欧洲国家之间的人员、货物及资本往来打开了方便之门，甚至有大部分欧洲民众被问到"欧洲一体化给你带来的最大影响是什么?" 时，他们的回答是可以方便地去国外旅游。④ 但申根协定除了给欧洲的经济发展和繁荣带来新的机遇以外，也使欧洲的跨国犯罪日益增加，同时更多的非法移民

---

① http: //penzanews. ru/en/opinion/50237 – 2011.

② Boris Kaimakov, "Phantom pains of the past", Current Digest of the Russian Press, No. 8, Vol. 062, February 22, 2010, page (s): 17 – 18.

③ Katinka Barysch, "Russia, realism and EU unity", Policy Brief, July 2007.

④ Olga Potemkina, "Some Ramifications of Enlargement on the EU-Russia Relations and the Schengen Regime", European Journal of Migration and Law, 5: 229 – 247, 2003.

进入欧洲，利用自由流通的便利，使欧盟对其遣返工作难以进行。更有甚者，一些非法移民和难民，到了欧洲当地抢占就业市场，或者走私、贩毒，给欧盟安全带来威胁。

即使是支持俄欧签证互免的芬兰也表示了对社会安全的担忧，认为现存的签证制度虽然阻碍了经贸与人文往来，但也有效阻止了跨国犯罪。芬兰与巴尔干国家正在为此困扰不已，大量犯罪分子从拉脱维亚、立陶宛和爱沙尼亚流入芬兰，芬兰担心如果开放边境，这种情况会在俄罗斯和芬兰之间重演。即便是在申根区国家间，签证互免也因罪犯借机自由出入边境而饱受诟病。[①] 在欧洲有此担忧的不止芬兰一家。或许在与俄罗斯打交道时，欧盟时常难以团结一致，但整个欧洲对俄罗斯的民主状况有着一致的不满。此外，俄罗斯国内的有组织犯罪对商业和投资环境产生了很大的负面影响，而犯罪和腐败相连，将对经济发展和民主发展产生威胁。[②] 除却有组织的跨国犯罪外，签证互免之后边境地区的大批次人员流动，也可以看作是对边境管理的另一种“暴力”，比如边境往来人员不遵守交通秩序等，各种实践层面的可预见影响都会令欧盟多一层疑虑。[③] 总体来说，俄罗斯在欧洲看来是不稳定之源，向俄罗斯敞开大门，无疑会给欧洲的安全带来威胁。

另外，欧盟也担心独联体地区的非法移民会借道俄罗斯大批涌入欧洲。欧盟如今受到来自北非、突尼斯和埃及难民的困扰，法国政府认为《申根协定》有缺陷，需要考虑建立一种机制，允许在欧洲联盟边境外部出现“系统性混乱”时暂停执行协议，直到问题得到解决。这表明，欧洲内部很难控制非法移民问题。而且对欧盟来说俄罗斯是仅次于阿富汗的世界第二大难民、移民收容所，甚至超过了伊拉克和索马里。更进一步说，欧盟担心与俄罗斯实现签证互免有可能导致大范围的腐败，而这无疑会为有组织的犯罪集团卷入非法移民提供新的机会。

除了政治与安全因素外，技术方面对于签证互免问题也有一定的障

---

① Foreign experts declared inevitability of simplification of visa regime between the Russian Federation and the EU, PenzaNews, 23 December 2011.

② Irina Ivakhniouk, Illegal Migration: Russia, European Security, 10 Aug 2010.

③ Removal of visa barriers would allow Russia and EU to develop humanitarian and economic ties, Penzanews, 21 Nov, 2013.

碍。在欧盟目前的成员国中，没有一个国家为与俄罗斯实现签证互免做好了开放边境的准备。首先，签证互免意味着目前由大使馆和领事馆负责的预先检查制度将会由边境负责。一位芬兰官员表示，边境管理的完备至少要花费 10 年时间。而为了保证边境地区人员及货物能顺畅无阻流通，技术设施的整修翻新、人员的招募和培训都是必要的程序和配备。其次，欧盟需要一个可良好运转的签证数据库。目前欧盟正致力于建设一整套欧盟签证信息系统（VIS，Visa Information System），该数据库将包含电子护照和电子护照数据，同时也包含每个人的旅游历史，这些信息将会使签证的申请程序更加简单。而在俄罗斯方面，欧盟担忧的是俄罗斯没有一个集中的人口登记系统，其公民的人口登记工作均由地方当局完成。2004 年，俄罗斯同意建立一个集中的人口信息系统，这样一来俄罗斯公民一旦出生或者与政府机构取得联系之后，就可以被人口信息系统登记在册从而改变以往公民护照系统十分混乱的状况。而上述技术问题的解决都需要相当的时间。

第四节　签证问题的实质——战略互信缺失

俄欧在签证互免上的博弈显示出双方之间战略互信的缺失。欧盟表示只有俄罗斯在边境管理、移民管制等方面做出成果来，才可能有进一步的行动。当俄罗斯表示技术问题已得到全部解决希望欧盟作出决定时，欧盟又因内部分歧使这一问题至今没有得到解决。因此，俄罗斯在积极谈判的同时也表示，如果欧盟不同意免除签证，俄罗斯不会单方面免除与欧盟的签证，因为这不会给俄罗斯带来好处。即便是支持签证互免的欧盟大国德国也认为现在废除签证制度是不可能的，但强调双方有必要一步一步地增加双方间的互信。

2010 年秋，俄罗斯对德国公民入境实施了更为严格的条件，如要求他们出示返回德国的证据、银行资产证明、房契或者公司注册证明，这些要求完全比照德国对俄罗斯人提出的要求。此外，俄罗斯另一项要求也阻碍了欧盟公民入境俄罗斯——外国人在俄罗斯任何地方逗留超过 3 天以上必须得到当局的允许。问题是所有得到申根签证的俄罗斯人可以不受阻碍地在申根区 25 个国家任意流动，但一个欧盟公民在俄罗斯的任何地方逗留超过 3 天时却需要到联邦移民局注册，当需要在俄罗斯另一地逗留 3 天以上时，他需要重新到移民局进行注册，只有部分宾馆会自动进行以上注册。2007 年俄罗斯在长期签证上加入了同申根成员国一样的限制标准，即在 180 天的周期内旅游者在俄罗斯的领土上停留的时间不能超过 90 天。同时欧洲国家也要求俄罗斯必须保证电子护照的质量，即从 2015 年起俄罗斯所签署的电子护照必须符合欧盟的标准。为了达到这个标准，俄罗斯边境管理局正在逐步更新设备以应对新的护照要求，同时这也是为与欧盟实现签证互免所做的准备。①

在签证关系上，欧盟对俄罗斯的态度也较为复杂。一方面欧盟认识到与俄罗斯实行签证简化的必要性，但另一方面历史累积的防备之心和不信任感，让欧盟在具体的签证政策中顾虑重重。欧盟有不少成员国认识到更自由化的流动和公民间的联系对保护和促进基本人权和基本自由是非常重要的，比如芬兰，其首相曾公开宣称过去芬兰在处理与俄罗斯的签证关系上过于谨慎。其他一些欧盟成员国，如西班牙、意大利和希腊也非常欢迎其他国家的游客入境，并且在签证问题上非常自由宽松，他们通常需要更少的证明文件，更低的拒签率，以及更长的签证有效时间。而这其中最为宽松的是芬兰，它给俄罗斯发的签证数量相当于德国、法国和意大利的总和，其位于圣彼得堡的领事馆被其他欧盟成员国称为“芬兰签证工厂”，它是欧盟驻俄的最大领事馆，每年会发放超过 70 万份签证。仅次于芬兰的是位于莫斯科的西班牙领事馆，它在 2010 年度也签发了将近 43.8 万份签证。同样让人惊讶的是，在莫斯科被签发的 98.8% 的奥地利签证以及在圣彼得堡被签发的 96% 的芬兰签证都是多次入境签证。

但欧盟不少成员国一直将签证关系视为政治关系也是一个不容忽视的事实，很多欧盟成员国认为在与俄罗斯的签证关系中，相对得益较多的是俄罗斯而非欧盟，这种认识就使欧盟对俄罗斯的签证要求愈发疑虑重重。比如在瓦尔代会议上，前捷克总统接受采访时说，显然签证互免

---

① Евгения Селезнева，Сложности упрощения. http：//www. gazeta. ru/politics/2013/12/18 _ a_ 5809377. shtml.

问题对欧盟来说更多是政治问题而非技术问题。就欧盟方面来说，它不愿意自己自由的国土上遍布俄罗斯人的足迹，换句话说，欧盟并不希望有太多俄罗斯人进入欧洲。

另外，欧盟一些签证规定直接影响到了俄罗斯公民的出游。2013 年 10 月 18 日的申根边境协定对在申根区作短暂停留的非欧盟公民作出了新的解释，这将使俄罗斯公民获得签证的手续更加复杂。根据新规定，短暂停留被定义为“在 180 天的周期内在成员国的领土上逗留不超过 90 天”，它包括在 180 天内逗留的每一天，而之前的规定是第一次入境可以在“六个月内停留三个月”。这项新规定直接影响了那些经常到欧洲旅行的人，比如商人和外国资产拥有者，对那些不得不忍受护照管理局排队长龙的旅游者也产生了影响。根据一些观察者所言，这也会影响到领事馆处理签证的速度。此外，俄罗斯旅游产业将因此面临严重的困难，一些导游和司机通常会超过法定的 90 天停留时间，这会导致一些普通的旅行团不得不取消旅程安排。①

从俄欧之间的签证博弈可以看出俄欧之间复杂的关系及利益考量。俄欧之间虽已达成战略伙伴关系，但双方却未能达成战略互信。这首先是源于欧盟与俄罗斯战略目标相互冲突。俄罗斯自彼得大帝以来的强国梦想，使俄罗斯想要借助欧盟的力量来提高本国的综合实力；但欧盟对俄罗斯的态度则是防范遏制多于信任合作。欧盟的战略目标在于重新积聚能量，成为国际社会中重要的力量中心；俄罗斯的战略目标则是融入欧洲，争取在欧洲世界发挥影响力，并进一步为其强国梦想奠定基础。双方目标的错位，必然导致双方在安全、签证等问题上难以达成一致。

欧盟对待俄罗斯防范、遏制多于信任合作。在处理与俄罗斯关系问题上，欧盟经历了一个较长的探索过程。俄罗斯经过社会转型，确立了基于西方模式的政治和经济构架，但这些并没有令西方国家放心，反而他们对于普京加强国家权威、打击地方主义的举措更为敏感。基于西方模式的基本构架没有引起欧洲的共鸣，但这些举措却立马引起欧洲的警觉——俄罗斯“民主倒退”，很有可能会重新滑向帝国。

---

① Removal of visa barriers would allow Russia and EU to develop humanitarian and economic ties, Penzanews, 21 Nov, 2013.

欧盟有不少国家认为可以借助签证关系来促进文化交流，改善人权状况等，[①] 但俄罗斯对欧洲国家的想法并不完全认同。诚然管理和技术经验是俄罗斯非常乐意接受的，但在人权问题上其态度却逐渐变得强硬，俄罗斯反感欧洲作为评判一切是非的标准。俄罗斯觉得自己已经转为资本主义国家，但这些让步并未得到欧洲的信任和认同，这让普京觉得“让步是没有意义的”，俄罗斯对欧洲的态度反而趋于强硬，欧盟的做法看来适得其反。

而俄罗斯的主要考虑是：一方面，借助于欧洲的经济合作，大力吸引欧盟投资，引进先进技术及设备，为本国经济发展寻找更为强劲的发展动力；另一方面，从恢复俄“大国地位”的目标出发，在俄美关系僵持的情况下，可以通过加强俄欧关系来拉动同整个西方的关系。[②] 实际上俄罗斯和西方世界的关系一直处于对抗和冲突之中，俄罗斯也逐渐意识到不管是从心理上还是实际情况上，很难融入欧洲。尽管欧盟仍然是俄罗斯外交考虑的优先方向，但一定程度上其外交战略也开始向亚洲倾斜。普京本人也被称为欧亚主义者，在瓦尔代会议上被问到他的政策究竟偏向欧洲还是亚洲时，普京在提到亚洲的重要性的同时强调了自己的基督教信仰。但是西方一直没有从价值观和心理上给予俄罗斯认同感，当俄罗斯处在辉煌时期，欧洲会顾虑到俄罗斯，将其放到同等甚至更高的地位上对话；但当俄罗斯国力衰落之时，欧洲不仅不认同俄罗斯，也不再将其放在对等地位，如果引用布热津斯基的看法，那就是“俄罗斯还没有资格做欧洲的战略伙伴”，这同样加深了俄欧间的不信任感。

欧盟对俄罗斯一直以来就存有防范之心，这也是欧盟之所以不答应与俄罗斯免除签证制度的关键原因。[③] 欧盟对俄罗斯的人权状况和民主制度问题一直抱有疑虑，在免签问题上这一因素也成为欧盟的重要考量。在 2013 年的俄欧峰会上，俄罗斯提出服务护照持有者的短期旅行免签问题，但这一提议并没有赢得欧洲议会的多数同意，因为有 47 名

---

① Nicu Popescu, On EU Russia visa-free travel, EU Observer, 15 Sep 2011.

② 刘军：《俄罗斯国家定位与对外政策研究》，黑龙江人民出版社 2011 年版，第 134 页。

③ Hosking Geoffrey, A visa-free regime as the first step to union with Europe, Valdai discussion Club, 7 June 2011.

议员宣布如果欧盟不对卷入马格尼茨基案件的俄罗斯官员进行制裁，他们就不会投票同意修订签证简化协议。同时，俄罗斯对西方自以为民主范本的心理所表现出来的态度也越来越强硬，俄罗斯国内认为“没有任何一个国家可以作为民主范本”，俄罗斯走什么样的道路也不需要别人说三道四。既然俄罗斯不会与自己走一条路，那欧盟也不会信任它，并且向它开放。①

另一方面，俄罗斯日益增长的自信也是令欧盟不安的原因。随着俄罗斯大国自信的恢复，其在国际问题的处理上越来越倾向于采取强硬的态度。在实际的外交行动中，俄罗斯也学着有选择地使用现行的法律框架，而不是完全以共同协议为先作出妥协。而俄罗斯的一些欧洲商业伙伴来到俄罗斯后“近墨者黑”，也开始利用俄罗斯腐败的规则。以上种种，使俄罗斯在面对欧盟时不再像 20 世纪 90 年代那么自惭形秽，对欧盟的态度也越来越强硬。② 所以欧盟更加担心俄罗斯会与它争夺欧洲的领导权，中东欧国家更是担心再回到俄罗斯的统治之下。作为已拥有欧盟决策权的国家，中东欧这种态度显然不利于俄欧信任的建立。③

实际上俄欧之间在很多领域比如能源、安全领域上是相互依赖的，但即便是在这些领域的合作也不能为双方关系提供可靠的保障。比如在能源领域，欧盟 1/3 的天然气、1/4 的石油都来自俄罗斯，但欧盟对俄罗斯的依赖也不是单方的。将能源卖给欧盟也是俄罗斯最大的对外贸易，这笔收入让俄罗斯更加稳定、富裕以及自信。但欧俄双方在相互依赖的同时，从未停止过激烈博弈。俄罗斯借能源获得财富之后信心大涨，将能源和外交结合起来，借能源杠杆实现地缘政治目的，用地缘政治的安排获取和提升能源利益；欧盟则努力寻求多元化的能源供应以绕开俄罗斯。俄乌天然气纠纷之后，欧盟更是不再将俄罗斯视为稳定的可

① Katinka Barysch, Can and should the EU and Russia reset their relationship? Policy Brief, February 2010.

② Dr. Arkady Moshes, “EU-Russia relations: unfortunate continuity”, Foundation Robert, Schuman, European issues, 2009. 02.

③ Vadim Kononeko, New departures on the EU-Russian Border? Assessing discourses and policy practices, Journal of Border lands Studies. 21 Nov 2011.

信任的油气供应国。①

签证互免虽然难以在短期内达成，但签证程序的简化无疑是通往签证互免的途径。俄欧之间签证问题的解决也并非无迹可寻，俄欧通向签证互免的途径有以下两种可能。

第一种可能是俄罗斯可以参照北欧国家的签证解决方案。《申根协定》内部也存在非欧盟国家，如挪威、冰岛、瑞士，这3个国家是《申根协定》中特殊的“联系成员国”。挪威、冰岛与俄罗斯相类似的地方在于，挪威、冰岛之前是“北欧护照联盟”的成员国，在成员国中的丹麦、瑞典和芬兰作为欧盟的成员国加入《申根协定》后，为了不使“北欧护照联盟”解散，两国通过与欧盟谈判成为《申根协定》中的“联系成员国”。② 俄罗斯与立陶宛、波兰的关系正与北欧诸国类似，或许俄欧之间也可以建立类似的机制以解决签证问题。

另一种可能的途径是欧洲很多国家可能会相继简化俄罗斯人入境欧盟国家的签证制度。目前俄罗斯已经同少数欧洲国家单独签署了公务护照持有者免签的双边协议，包括斯洛伐克、保加利亚和匈牙利等。但俄罗斯方面表示：“这是不得已的方案，我们希望在整个欧盟层面和新条约框架下解决免签问题。”而在欧洲大国层面，签证互免得到了德国和意大利高层官员的支持。尤其是意大利在领事馆外部设立了由俄罗斯本土旅游机构代理的签证中心，这些签证中心的设置极大地方便了一些有签证需求、居住地却远离大都市领事馆的俄罗斯公民，节省了其大量的花费，同时也更方便沟通。这种办法或许可以试着推广到其他国家的驻俄领事馆。另外一个值得借鉴的例子是俄罗斯和挪威之间的签证实践。2008年6月，挪威外交部和俄罗斯官员在希尔克内斯会晤，决定组成一个双边工作组，以致力于在俄罗斯和挪威的边境地区设立一个免签区。最初，摩尔曼斯克地区被作为实验区，以边境地区为线向双方国土推进30千米，这片区域将被划为免签区。2008年10月，挪威外交部确认俄罗斯提出的官方提议已得到审阅。挪威同时也批准居住在摩尔曼斯克和

---

① Nodari Simonia, “The West’s Energy Security and the Role of Russia”, Russia in Global Affairs, 10 August 2004.

② 陈志敏、朱菊华：“《申根协定》及欧洲共同签证政策的发展：一体化进程中的差异化机制”，《国际观察》2010年第2期。

阿尔汉格尔斯克地区的俄罗斯人可以申请五年期的多次入境签证。

对于目前正在起作用的签证简化系统，俄欧持不同态度。俄罗斯认为它的目标是实现签证关系的自由化，签证简化是它在当前情况下不得不作出的妥协，而欧盟则认为签证简化是欧盟目前可以提供给俄罗斯的最大优待。尽管如此，我们可以看到双方在签证关系上互有进退，这种态度为签证互免的解决提供了一丝希望。俄罗斯和欧盟之间毕竟存在着利益交错的地方。比如能源的互相依赖依然是一个铁定的事实。另外俄罗斯和欧盟都面临着日益增长的来自其他力量中心的威胁，或许它们会选择以合作的方式共同面临这一挑战。[①] 而且俄罗斯和欧盟在社会和政治稳定方面存在共同利益，双方边界相邻，不管是申根协定还是其他的障碍都不能阻碍社会疾病、信仰冲突、宗教冲突、犯罪等在双方间的扩散和传播，而对抗这些威胁的唯一有效方法就是俄欧之间加强合作、增进信任。[②] 因此，签证问题的解决需要俄欧共同作出努力和让步，也需要时间增进信任，达成共识。

---

① Dmitri Trenin, "Russia Redefines Itself and Its Relations with the West", Washington Quarterly, 30: 2, pp. 95 – 105, Spring 2007.

② Yuri Borko, "Rethinking Russia-EU Relations", Russia in Global Affairs, 10 august 2004.

第六章　俄罗斯的欧亚战略：欧亚联盟与独联体地区一体化

对独联体政策是俄罗斯外交政策亦或欧亚政策的重要组成部分，独立之初至90年代中期，俄对独联体的政策在短时间内经历了一个从“甩包袱”到“优先地位”的发展定位过程。随着崛起步伐的加快，俄罗斯以独联体为核心的欧亚战略也日渐成型。

第一节　独联体一体化的艰难推进

在经历对获得主权的短暂欢愉和对西方不切实际的幻想后，随着俄罗斯对独联体外交政策的调整，后苏联地区各国在继续同外部国家发展关系的同时，开始重视修补内部关系，以减轻经济、政治、社会迅速转型所带来的严重危机。

一、独联体经济一体化

当今世界，经济全球化和区域经济一体化、集团化已成为世界经济发展的主流。每一个国家和地区从切身利益出发，都把融入经济全球化大潮，特别是把加入区域经济一体化集团作为实现自身经济快速发展的主要途径。在这一时代背景下，作为新的多边国际组织的独联体，在经历了独立之初的纷争之后，历史上形成的经济联系及现实处境使各国很快意识到加强彼此间经济合作的必要性。

根据独联体成立以来各国之间经济合作的状况，整个20世纪90年代独联体经济一体化的发展大致可以分为以下几个阶段。

从独联体成立到1993年下半年为独联体经济一体化的初始阶段。独立之初，各国对主权的热衷超过一切，都极力维护自己来之不易的独立，并积极设法扩大本国的权益。利己主义成为独联体各国经济改革中推动对外经济联系的主要动力，经济基础被用来为本国扩大主权的政治行为服务。由此，独联体各国从保护自身利益出发，经济上围绕着政策的相互协调和统一卢布区等问题纷争不断，各种经济合作协议成为一纸空文，独联体国家间的经济联系相继中断，经济上明显呈现出“独”的倾向。

由于俄罗斯外交政策特别是经济政策以西方为中心，对独联体事务消极对待且经常表现出大俄罗斯主义作风，不仅加大了独联体各国的戒心，甚至威胁到独联体的生存，由此，一系列协议只能成为象征性的政治宣言。这些协议包括：1992年7月，在独联体莫斯科元首会议上，各方就成立经济法院达成的协议；在10月的比什凯克第8次元首会议上，经激烈争吵后签署的有关独联体成员国经济立法相互接近的协议，并就成立隶属于国家元首理事会和政府首脑理事会的独联体协调协商委员会达成的共识；1993年1月，在独联体元首明斯克会议上，除乌克兰、摩尔多瓦、土库曼斯坦以外的7个国家正式签署了《独联体章程》，并作出了成立跨国银行的决定；5月各国又签署了“加强经济一体化进程的宣言”；7月，俄罗斯、乌克兰和白俄罗斯3国发表了加紧经济一体化紧迫措施的声明，等等。在这一阶段，独联体的主要功能是处理苏联解体后的“善后”事宜，根本没有形成经济一体化集团，而且各国都力图尽最大努力摆脱俄罗斯的控制，转向寻求西方援助，相互间贸易虽未中断，但经济往来大多在双边基础上进行，贸易额迅速下降。到1993年，独联体各国在俄罗斯进出口中的比重，由1991年的70%（进口）和67.8%（出口）降为22.5%和25.7%，同时独联体各国间的供货量也由解体前从占对外商品总流通量的80%下降到33%。①

1993年9月到1997年为独联体经济一体化的第二阶段。1993年9月，独联体中除格鲁吉亚、土库曼斯坦、乌克兰3国外，共7个国家签

① См.：Экономика и жизнь. —1994. —Номер6.

署了《独联体经济联盟条约》，乌克兰以联系国的身份在条约上签字。不久，土库曼斯坦和格鲁吉亚也相继加入经济联盟。条约是一个综合性文件，几乎涉及了这些国家经济联系的所有方面：经济贸易关系、企业经营和投资、货币信贷关系、财政和外汇关系等。条约规定要完成的迫切任务是协调各国的经济政策，使独联体各国间经贸关系正常化，恢复遭到破坏的经济联系以克服经济危机，保持经济稳定。条约规定独联体经济一体化将分建立自由贸易区，海关联盟，统一的商品、劳务、资本及劳动力市场三个阶段逐步实施，最终目标是建立和发展共同经济区，即在新的市场基础上建立可以自由调配商品、劳务、资本及劳动力的统一空间。《独联体经济联盟条约》的签署表明了独联体各国寻求加强全面经济联系的愿望，为建立统一的经济空间勾画了轮廓。随后，1993年12月的独联体阿什哈巴德元首会议通过了《阿什哈巴德宣言》，同时决定接纳土库曼斯坦加入经济联盟条约和设立独联体协调协商委员会。宣言要求按照独联体各成员国人民的意愿，扩大和加强独联体各成员国之间传统的、长期形成的经贸往来和友好合作关系。宣言指出，独联体会使每个主权国家根据本国特点实现自己的选择，其成员国总的政治、经济和人文潜力是完成各国人民所面临的历史任务的强有力保障。时任俄罗斯总理切尔诺梅尔金（В. С. Черномырдин）对此次独联体会议给予了高度评价。他认为，会议“形成了一个有利于建立全新一体化的联盟，第一次在经济基础上联合起来。”①

进入1994年，独联体经济一体化进入机构设置阶段。是年，独联体成立了经济法院，并通过了建立经济联盟委员会和自由贸易区协议，以及经济联盟条约草案，特别是1994年10月21日，独联体莫斯科第16次政府首脑会议正式成立隶属于元首理事会和首脑理事会的经济联盟跨国经济委员会。这是独联体成立以来的第一个跨国经济机构，是经济联盟的常设协调和执行机构。该委员会的宗旨是保证经济联盟的组建和有效运作，协调独联体各国经济机构的工作，以建立起商品、劳务、资本和劳动力自由流通的统一经济区。该委员会的基本职能主要有：通过建立支付联盟、自由贸易区、海关联盟以及商品、服务、资本、劳动

---

① См.：ИТАР-ТАСС Ашхабад. —1993，25 декабря.

力共同市场、货币联盟机制的途径来组建经济联盟；协调经济关系，支持企业界，促进共同市场基础设施的发展等。该委员会的投票权依据“国家的经济实力”分配，协议通过需要4/5的多数票。依据经济实力，俄罗斯获得50%的投票权，乌克兰获得14%的投票权。1995年5月，在独联体国家元首和政府首脑明斯克联席会议上，除土库曼斯坦以外的11国就成立独联体跨国货币委员会达成协议，以协调各国金融、外汇政策，解决相互拖欠问题，促进独联体经济合作深入发展。1995年后，独联体的经济一体化开始向各具体的职能领域深化，包括确定统一海关法的基本原则，同意恢复和保持共同的科技空间，跨国银行与经济法院等组织也相继建立。

这一阶段，另一个比较突出的现象是，根据不同的利益需要，独联体内部次地区经济一体化合作开始出现。1994年1月，哈萨克斯坦和乌兹别克斯坦两国总统在塔什干签署了统一经济空间条约，决定自2月1日起建立共同市场，彼此消除关税壁垒，实现劳动力、商品和资本的自由流通。吉尔吉斯斯坦宣布加入后，7月哈、吉、乌三国总统在阿拉木图签署了加强三国经济一体化和成立有关协调机构的重要文件，决定成立由三国总统和总理组成的政府委员会，下设军事、外交等分委员会，同时决定成立中亚合作与开发银行，为吸引外资创造条件。塔吉克斯坦于1998年获准加入该联盟后，中亚联盟更名为中亚经济共同体。另外，具有重要意义的是，1995年1月，俄罗斯、白俄罗斯、哈萨克斯坦三国签署了关于建立三国关税联盟的《联合备忘录》，其主要目的是：为撤消成员国之间贸易税率和数额上的限制，制定统一的贸易制度及共同的对第三国的关税税率和非关税性贸易调节手段；建立三国统一的关税边界，逐步取消三国之间的海关监管，形成三国统一对外的关税监督机制，成立联盟海关机构等。1996年，关税联盟扩大到俄、白、哈、吉四国，各方还签署了在经济与人文领域加强一体化的条约。同时，1996年4月，俄罗斯和白俄罗斯共同体宣告成立。这样，独联体在经济合作法规化、条约化的同时，开始由整体推进转向区域推进。

1997年到1999年底为独联体经济一体化的第三阶段。这一阶段，在外部势力渗透的影响下，独联体离心倾向开始加强。里海、黑海、中亚等独立国家集团与集团间迅速进行重新组合。1997年1月和3月独联体国家政府首脑理事会和元首理事会期间，俄罗斯关于加深经济一体化的方案遭到了明显抵制，10月的元首理事会甚至没能签署任何一份事先准备好的文件。1997年3月28日，叶利钦在独联体国家元首会议上发言指出，“我们时而聚会，时而谈论一体化，时而签署文件，可是在实际上目前联系我们人民的纽带还在遭受破坏。”① 1997年10月10日，阿塞拜疆、格鲁吉亚、摩尔多瓦、乌克兰四国总统在斯特拉斯堡签署公报，组成所谓非正式的“古阿姆”（以各国俄语名称第一个字母开头）集团。1999年4月，乌兹别克斯坦加入该集团。“古阿姆”主张与欧洲组织一体化和在“和平伙伴关系”计划框架内与北约合作。成立这一组织的目的是要建设连接欧亚两大洲的交通走廊。后来该组织成员之间的合作范围逐渐扩大到解决地区冲突、确保能源供应线路的安全、建立亚欧运输走廊和开发里海能源等问题，而且该组织成员国为了维护自身利益而利用该组织同俄罗斯抗衡的意图也越来越明显。这样，独联体内部的离心倾向进一步加剧，1998年4月和11月的接连两次独联体国家元首理事会均未达成任何协议。1998年的金融危机更引发了独联体内部的贸易战，使俄罗斯在独联体中的地位受到严重挑战。1999年的状况仍未有改观，这一年独联体经济一体化所取得的积极成果，只有在4月的首脑会议上通过了关于修改和补充1994年4月签署的《自由贸易区协议》的决议和9月哈萨克斯坦、吉尔吉斯斯坦、塔吉克斯坦、俄罗斯、白俄罗斯签署的《关税同盟协定》。鉴于以上情况，这一阶段，俄罗斯只有更多地通过双边协定的形式来加强自己同独联体国家的经济合作。

综上所述，由于各种因素制约，独联体成立前10年来的经济一体化远未达到预想的效果。由于独联体各成员国政策上的差异，支付联盟和货币联盟未能成立，独联体国家经济联盟也未能实现。这12个加盟共和国在1990年互相供货占其出口总值的70%，而到1994年这一指标降到仅有30%，此后这种迅速下降的趋势才基本被遏止，1995年到

---

① См.：Независимая газета. —1997，5 апреля.

1998 年间基本维持在 25% 左右的水平。[1] 随着包括俄罗斯在内的独联体国家开始重新定位与第三国的经济关系，在外部贸易不断增长的情况下，独联体各国之间的依存度总体不断下降，自 1991 年到 2000 年，从 60% 下降到 28%；独联体国家之间的贸易关联度也从 1991 年的 54.6% 降至 2000 年的 18.6%。在这期间虽然通过了大量文件、协定，建立了超国家的跨国经济委员会、货币委员会和几十个大大小小的执行机构，但大都流于形式，实际上绝大部分文件、协定根本就未被执行。因为这些文件、协定必须经过成员国协调和各国国内法律批准，这是相当困难的，而且没有一个成员国准备完全执行这些文件。

从 1991 年到 1998 年间，独联体范围内缔结了 1030 项多边国际条约和协定，但其中大都成为一纸空文。到 2000 年 2 月 1 日，在国家元首理事会和政府首脑理事会上通过准备提交批准或履行国内程序的 164 项文件中，只有 7 项已对所有签字国生效。[2] 例如，1994 年 4 月 15 日签署的有关自由贸易区协议的实施一直停滞不前，已经远远落后于独联体各国经济发展状况。可以说，整个 20 世纪 90 年代，独联体经济一体化最主要的成果就是各国基本对独联体经济一体化合作达成了共识，并通过一系列文件形成了独联体经济一体化发展的基本方向和机构。加强独联体国家之间的协调，切实赋予执行机构以实权，加大对有关协议、决定落实的监督、检查力度，这是新世纪初的独联体经济一体化合作所面临的首要任务。

二、独联体政治军事一体化

1991 年 12 月 21 日，为协调各方利益，独联体各国代表签署协定首先成立了独联体最高机构，即由各国元首组成的国家元首理事会和由各国总理组成的政府首脑理事会。国家元首理事会是独联体的最高协商机构，由独联体各成员国的国家元首组成。理事会成立以来，主席一直由

---

① А. Сотников: Некоторые проблемы внутрирегиональной торговли СНГ//Мировая экономика и международные отношения. —2000. —Номер6.

② 伊·伊万诺夫，陈风翔等译：《俄罗斯新外交——对外政策十年》，当代世界出版社 2002 年版，第 68—69 页。

俄联邦总统担任，只是2003初开始的一年多由乌克兰总统库奇马担任。国家元首理事会有权讨论和决定关于签订独联体协议以及发展该协议的其他文件所规定的问题。理事会每年至少召开两次会议，非例行性会议可以根据独联体多数国家元首的倡议召开。政府首脑理事会由独联体各成员国的政府总理或部长会议主席组成，主要负责协调和解决独联体各成员国共同面临的社会经济等问题。政府首脑理事会每年至少召开4次会议，由一个成员国提议即可召开非例行性会议，会议轮流在各国首都举行，各国领导人按照其国家俄文名称字母顺序轮流主持会议。国家元首理事会和政府首脑理事会自成立以来已经举行了数十次会议，通过了大量条约、协定等文件，对解决独联体内部的纠纷，协调独联体行动，推进独联体一体化合作具有举足轻重的作用。

1992年3月，在阿拉木图独联体国家议会代表会议上，俄罗斯、亚美尼亚、白俄罗斯、哈萨克斯坦、吉尔吉斯斯坦、塔吉克斯坦、乌兹别克斯坦等国议会领导人签署成立了独联体跨国议会大会，地点设于明斯克。乌克兰议会于1999年通过决议决定加入该机构。跨国议会大会是一个协商机构，大会由独联体参加国的议会代表团组成，一年内至少召开两次全体会议，主要讨论有关共同利益的问题，审议某些文件草案，大会会议决议采取协商一致的原则作出。跨国议会大会设有法律问题委员会、经济和财政问题委员会、社会政治和人权问题委员会、环境问题委员会和安全委员会等9个工作委员会，理事会设在圣彼得堡。跨国议会大会成立后召开了多次会议，先后通过了成员国居民调整国籍的协商原则、关于独联体成员国军事立法相互接近的基本原则、独联体公民社会权利和社会保障宪章、谴责北约东扩计划的声明及关于和平解决阿富汗冲突的呼吁书等文件。1994年的圣彼得堡跨国议会大会还决定成立两个军事观察员小组，分别派往格鲁吉亚及其境内的阿布哈兹共和国和摩尔多瓦的德涅斯特河沿岸。

1993年1月，在俄罗斯的积极努力下，《独联体章程》终获通过。另外，1993年8月，独联体10个国家（格鲁吉亚、阿塞拜疆后来加入）还成立了由各成员国首脑直接领导的独联体国家外长理事会，独联体国家以该理事会的名义参与国际社会联合行动。外长理事会的主要职能是：根据有关元首和首脑理事会决定和国际宪章协调各成员国的外交活动，包括在国际组织中的活动；为和平解决独联体国家间争端和冲突创造条件，促进互利合作等。1996 年 4 月，独联体外长理事会讨论了阿布哈兹问题和《1996—1997 年独联体一体化计划草案》、《独联体集体安全条约》的执行情况。同年 10 月，外长理事会又通过了关于确立和维护外部边界秩序原则的声明和延长关于稳定塔吉克斯坦和阿富汗两国边界局势措施有效期的决定。1999 年 2 月，外长理事会审议了独联体未来发展的宣言，并通过了关于修改和补充 1994 年 4 月 15 日签署的《自由贸易区协议》有关的议定书草案。10 月的独联体外长雅尔塔会议发表声明，强烈谴责恐怖主义和极端主义分子的破坏活动，宣布独联体国家将加入打击国际恐怖活动公约。

此外，为加强独联体的执行效率，1994 年 4 月的独联体元首理事会会议决定将独联体执行秘书处、跨国经济委员会等共 9 个部门机构合并为独联体执行委员会，以提高各类条约、协定等文件的执行效率。执委会继承了独联体执行秘书处、跨国经济委员会等跨国家及政府专门机构的权力，是独联体的主要执行机构。其主要职能是保证独联体国家元首理事会、政府首脑理事会、外长及经济理事会的活动，制定关于独联体战略的文件，编撰法律文件、分析决议等文件的执行情况，并就有关情况向独联体最高机构进行通报等。9 月组建工作完成，工作地设在莫斯科和明斯克。

与此同时，发生在中亚和外高加索的民族冲突和地区动乱，不仅直接损害了当地俄罗斯人的利益，而且严重恶化了俄罗斯的周边安全环境。俄罗斯在独立后，出于自身安全利益的考虑很快开始加强对这些地区的军事介入。1992 年 2 月，独联体首先成立了国防部长理事会。国防部长理事会是独联体军事方面的常设协调机构，由独联体成员国的国防部长与总参谋部长组成，主席由俄联邦国防部长担任，理事会会议视情况不定期召开，其常设机构设在莫斯科。理事会成员包括乌克兰、摩尔多瓦、土库曼斯坦以外的独联体 9 个国家。1993 年 8 月，理事会会议决定在塔吉克斯坦组建联合防御部队。由于乌克兰等国家的反对，会议还决定将独联体联合武装力量总司令部（1992 年 8 月底成立）改为独联体军事合作协调参谋部，由俄罗斯上将萨姆索诺夫（Виктор Самсонов）任参谋长，负责主持工作。1992 年 5 月，俄罗斯、哈萨克斯坦、乌兹别克斯坦、吉尔吉斯斯坦、塔吉克斯坦、亚美尼亚在乌兹别克斯坦首都塔什干签署了《独联体集体安全条约》。1993 年，格鲁吉亚、阿塞拜疆和白俄罗斯加入此条约。该条约于 1994 年生效，有效期 5 年。条约的宗旨是建立独联体国家集体防御空间和提高联合防御能力，防止并调解独联体国家内部及独联体地区性武力争端。条约规定指出：对任何成员国的攻击将被视为对所有成员国的攻击，在这种情况下，受到攻击的国家将得到其他成员国包括军事援助在内的最大限度的援助。①

1993 年，集体安全条约成员国还签署了建立统一的防空系统、导弹袭击预警系统等条约。1994 年2 月，独联体国家元首在阿拉木图签署了建立联合防空体系的协定；3 月底，独联体边防军司令部提出独联体外部边界构想草案；4 月，独联体国家元首会议批准了独联体国防部长理事会章程；5 月，独联体国家元首批准了集体安全构想实施计划和集体安全条约参加国加强军事合作的主要方向计划。1994 年7 月，独联体国防部长理事会批准了由俄罗斯提出的《独联体集体安全构想》，成立了集体安全理事会。同时，独联体军事合作协调部制订了分三阶段建立武装力量的计划，力争尽快建立防御联盟，逐步建立集体安全体系。第一阶段，组建和巩固各国的军队；第二阶段，建立战略联合军队集团，制定该集团军的使用计划；第三阶段，完成集体安全体系，必要时组织联合武装力量。1995 年 5 月的独联体国家元首会议批准了《集体安全构想实施计划》、《集体安全成员国宣言》和《集体安全条约成员国今后军事合作的发展方向》等 3 个文件。1996 年 10 月，独联体国防部长理事会就独联体安全区地缘战略划分问题达成了一致，根据各成员国的地理位置和现实及潜在的安全威胁，制定了安全区域的划分和联合行动的基本原则。

在北约东扩步伐日益加快的背景下，俄罗斯在谋求独联体多边军事合作的同时，还积极发展与独联体国家的双边政治军事合作关系，以减轻地缘政治压力。俄罗斯与白俄罗斯于 1995 年 12 月 9 日签署了 18 项扩大军事合作的协定；同年 11 月 25 日又同乌克兰签署了从乌购买战略轰炸机等 26 项军事合作协定；俄与独联体其他各国在建立军事基地和

---

① См.：“Договор о коллективной безопасности”. http：//www. mid. ru/ns-rsng. nsf/.

长期驻军方面也取得进展，既加强了控制，缓和了各地冲突，又使俄罗斯的力量与影响有所伸展。

1997年以来，在北约东扩和独联体再次出现离心倾向的共同压力下，俄罗斯加大了同独联体各国的军事合作力度。这包括1997年4月的《俄罗斯和白俄罗斯联盟条约》，7月俄罗斯与阿塞拜疆签署的《友好合作与相互安全条约》，8月俄罗斯与亚美尼亚签署的《友好合作与军事援助条约》。1998年，俄、白又通过了《共同防务政策构想》、联合保障地区安全协定、外交共同纲领等一系列合作文件，进一步加强了针对北约东扩的军事一体化。同时多边军事安全合作也有所进展。1998年1月，独联体国家国防部长理事会莫斯科会议通过了2001年前独联体军事合作远景规划草案，其中包括建立独联体集体防御体系的一系列措施。会议还批准了独联体国家在1998年共同行动建立统一防空体系计划。1999年2月，俄罗斯、白俄罗斯、亚美尼亚、哈萨克斯坦、塔吉克斯坦、吉尔吉斯斯坦等国签署了把集体安全条约延长5年的决定，但格鲁吉亚、阿塞拜疆、乌兹别克斯坦拒绝继续作为成员国。这一年的4月22日，俄、白、哈、亚、格等共7个独联体国家还举行了大规模的防空演习。1999年8月，独联体国家国防部长理事会阿斯特拉罕会议讨论了完善独联体国家联合防空体系等问题，确定了乌克兰与俄罗斯之间及乌克兰与白俄罗斯之间防空部队协同行动原则问题。

尽管取得了一些共识和成果，但由于各种因素的影响，独联体一体化进程所呈现出的复杂性是显而易见的。从战略角度讲，独联体国家间的合作基本避免了在后苏联地区出现像前南斯拉夫那样大的浩劫，而且俄罗斯与乌克兰、白俄罗斯、哈萨克斯坦就核武器问题达成协定对防止核扩散具有重要意义。在军事领域，俄罗斯在独联体许多国家驻军并拥有军事基地，共同保卫独联体外部边界，独联体各国还就形成统一防空体系达成一致。可以说，俄罗斯促进独联体军事一体化的努力在一定程度上取得了成功。在政治一体化方面，经过一段时间的“冷淡”后，俄罗斯与独联体各国签署了友好合作条约，关系相对大为改善。在俄罗斯的积极推动下，独联体各种多边政治合作机构也逐步建立起来。虽然阿塞拜疆、摩尔多瓦、乌克兰、乌兹别克斯坦等国只是把独联体看成一个进行多边协商的国际组织，而不是超国家的政治实体，但随着独联体超国家的军事和经济功能的增强，独联体政治地位也因此得以提高。这一时期，虽然俄罗斯与独联体国家的军事合作取得了一定成果，但还较少出现独联体其他国家对独联体一体化问题的主动倡议，而处处可见俄罗斯有意诱导的痕迹。总之，独联体政治军事一体化虽已签署了几百份文件，但真正得到贯彻落实的甚少。因为，“独联体一体化进程主要地并不是一个以现实的各方面的综合利益为基础的自觉过程，而较多是对于西方及周边国家对独联体进行渗透、分化与挑战的一种后发反应。”[①] 因此，独联体一体化的发展和推进将是一个艰难而长期的过程。

第二节　创建独联体国家间的新合作体系

新世纪初，俄罗斯与独联体国家的关系实际上被置于两难境地：要么继续将一体化视为绝对价值，不惜付出任何代价向独联体各国作出让步；要么转向更为实用主义的方针，首先考虑国家安全和国家经济发展的根本利益。[②] 面对严峻的地缘政治现状，普京一方面通过强化和完善独联体各执行机构的职能、效率和加强独联体内区域国家间的合作，以整体多边和次区域合作来推动独联体发展，巩固以独联体为基础的地缘战略空间；另一方面通过改善同独联体各国的双边关系，加强双边合作来带动独联体一体化的发展，强化俄罗斯在独联体的领导地位。

在独联体成立的前10年，为了维持和稳定与其他独联体国家的关系，俄罗斯确实付出了相当大的努力和代价。对独联体实行贸易贷款政策而产生的巨额贷款，大部分因长期拖欠而根本不被承认，其余部分或被莫斯科勾销或者抵冲俄罗斯租用所在国科技、军事基地费用。此外，长期以来俄罗斯还以低于国际价格向一些独联体国家供应能源，至少也有几百亿美元的“损失”。一些国家利用美国向独联体渗透，意图在俄罗斯与西方之间讨价还价以获取最大利益，致使俄罗斯的独联体政策难

① 冯绍雷：《制度变迁与对外关系——1992年以来的俄罗斯》，上海人民出版社1997年版，第500页。

② ［俄］伊·伊万诺夫：《俄罗斯新外交——对外政策十年》，当代世界出版社2002年版，第72页。

以取得实际效果，地缘战略环境反而愈加恶化。当选总统后，普京摒弃了原来对一体化追求上的不切实际做法，转向实用主义方针，首先从国家安全和经济利益出发，把双边合作关系作为加深多边一体化发展的必经阶段，在夯实双边关系基础的同时推动多边合作的深入发展。2000年6月28日，普京总统批准了《俄罗斯联邦外交政策构想》，在强调保障俄罗斯的国家利益巩固大国地位的同时，明确提出："俄罗斯外交政策的优先方向是保证与独联体国家进行的多边和双边合作符合国家安全利益。重点是发展与独联体所有国家的睦邻关系和战略伙伴关系。……根据独联体各国一体化的不同速度和不同水平，俄罗斯将决定自己与独联体国家（包括整个独联体合作和小范围各种联盟）合作的内容和性质，特别是海关联盟和集体安全条约。"①

在复兴俄罗斯世界大国地位的战略目标指导下，普京着重强调俄罗斯外交政策的优先任务是为国内经济发展创造外部安全环境。2001年1月26日，普京在俄罗斯联邦外交部的讲话中指出，"在这里，要优先考虑的任务是，在俄罗斯周围建立稳定的、安全的环境，建立能够让我们最大限度地集中力量和资源解决国家的社会经济发展任务的条件。"② 面对国内外局势变化，普京以国家利益为中心，把对独联体的外交政策进行相应调整，作出了通过加强同独联体国家双边关系，以进一步发展独联体一体化的现实选择，以及全面加强对独联体国家的外交力度的决定。独联体是俄罗斯传统势力范围的"后院"，加强与独联体国家的合作，符合当前俄罗斯的国家利益与经济发展。为改变独联体日趋严重的分裂倾向和空转现象，普京着重强调了独联体已签署的各类文件的落实，承诺取消对成员国商品的反倾销限制，并积极通过俄罗斯与独联体国家的双边合作，以增强独联体的凝聚力和实际功能。俄罗斯曾试图推动全面一体化进程，但收效不大，转而以关税同盟和集体安全条约组织为基础，在经济和安全领域推动只包括部分独联体国家的次区域一体化。

---

① Концепция внешней политики Российской Федерации//Дипломатический вестник. 2000. № 8.

② 《普京文集》，中国社会科学出版社2002年版，第251页。

在俄罗斯的积极努力下，独联体召开了多次首脑会议，并通过了关于独联体2005年前发展规划等一系列文件，提出独联体经济一体化的首要任务是加快建立自由贸易区。此外，普京总统本人也多次出访独联体，特别是乌克兰、白俄罗斯及中亚各国，使俄罗斯与独联体国家的双边关系得到进一步发展。普京在对外经济和安全领域所采取的一系列措施，一定程度上改善了俄罗斯与多数独联体国家的关系，使多年来独联体国家疏俄亲美的倾向有所遏制，赢得了独联体多数国家的好感，提高了俄罗斯在独联体的影响力。

总体上，普京上任以来的俄罗斯对独联体政策不再过于强调整体的一体化合作进程，而是对独联体国家依据不同情况给予区别对待，以集体安全条约组织和欧亚经济共同体为核心带动独联体一体化深入发展，以切实维持俄罗斯的独特影响力；同时，以市场原则为基础，在互惠互利的基础上发展与独联体国家的双边关系，继续推进俄白联盟国家和统一经济空间建设进程；不反对独联体国家与区外国家和组织发展正常国家关系，但不希望形成针对俄罗斯的反对集团，例如“古阿姆”集团。

由于多数成员国表示反对，俄罗斯不再主张成立具有超国家权限的独联体机构，而主要强调增强独联体的运转效率。为改变独联体日趋严重的分裂和空转现象，在独联体国家元首会议上，普京着重强调独联体已签署的各类文件的落实，建立督促和检查机制。独联体机构的具体改革工作自1999年年中开始，首先是成立了执行委员会，作为统一和常设的执行和协调机构。2000年，在莫斯科和明斯克举行的几次会议上，除专门审查了1999年通过的自由贸易区新决议的实施情况外，还对独联体范围内互相矛盾及过时的法律文件进行了清理，以促使独联体自由贸易区决议的落实。2000年6月，在独联体莫斯科峰会上，通过了以俄罗斯联邦安全委员会为基础在莫斯科建立独联体成员国反恐怖中心的决定。不仅如此，依据俄罗斯的倡议，各国元首在此次峰会上还首次审议了全球性的政治议题，并通过了协商一致的文件，明确表明了该组织在1972年反导条约上的立场。此外，普京在独联体明斯克理事会会议开始前还分别与古阿姆五国总统进行了双边会谈，意在弥合欧亚经济共同体和古阿姆集团国家之间的意见分歧，从而开创了在独联体范围内各成员国元首进行双边会谈的机制。

2001 年 6 月的明斯克独联体国家首脑会议确立了推进一体化进程、发展军事和经济合作的共同目标，独联体各国的军事和经济一体化终于跨入了实质性合作的新阶段。所以，此次明斯克会议被看作是独联体发展史上的新起点。会议的中心议题是安全和经贸合作，包括打击国际恐怖主义、调解独联体范围内的武装冲突、建立独联体空间内的自由贸易区等。本次首脑会议再次强调，独联体成员国将签署建立自由贸易区的框架协议，正式启动独联体经济一体化机制。普京在会议的记者招待会上表示，“独联体并没有消亡，而是在继续发展，该组织是解决独联体国家许多问题不可替代的工具”。①

紧接着，2001 年 11 月独联体莫斯科首脑会议通过了《独联体 10 年活动总结及今后任务》，在全面回顾和总结独联体成立以来所走过的 10 年不平坦历程的基础上，规划了独联体未来的发展前景。这是独联体自成立以来，首次以法律文件形式对自身过去历史加以总结和对未来发展进行规划。该文件强调，独联体在 2005 年前的发展纲领是：进一步巩固独联体，建立成员国间长期经济联系，稳定独联体活动空间，对独联体国家间协议的履行机制进行完善。由此，对自身进行结构性改革被作为独联体发展的首要任务提了出来。自此，如何进行机构改革，提高工作效率成为以后历次独联体元首会晤所讨论的首要议题。

2002 年 10 月，独联体在摩尔多瓦首都基希讷乌举行的首脑会议就进一步确定独联体多边合作的优先方向，通过渐进的方式逐步完善独联体合作机制等问题通过了一系列相关法律文件，并要求政府首脑理事会对协议的执行加强监督。2003 年 1 月底的独联体首脑基辅会议着重讨论了独联体各国加强经济合作等问题。4 月，乌克兰总统库奇马对除哈萨克斯坦以外的中亚四国进行了友好访问。这是库奇马自年初当选独联体国家元首理事会主席以来首次出访中亚，引起当时媒体的普遍关注。探讨如何成功地建立独联体自由贸易区是会谈的一个主要议题。库奇马以独联体国家元首理事会主席身份与四国元首重点探讨了独联体的前途及建立独联体自由贸易区的前景。在总结中亚之行时，库奇马表示，中亚四国在建立自由贸易区的必要性上与乌克兰完全一致，从长远看，加强

① Саммит государств СНГ в Минске завершен. http：//news. tut. by/society/6435. html.

独联体成员国间经济协作、建立自由贸易区是维系独联体行之有效的步骤。2003 年 9 月 19 日，独联体雅尔塔首脑会议通过联合声明，再次强调各国必须致力于建立完全意义上的自由贸易区，运用市场机制优化能源和水资源保障体系，在促进各国交通部门协同运作的基础上提高各国交通系统的利用效率，并为保障跨国客货运输的安全创造良好条件。会议期间，俄罗斯、乌克兰、白俄罗斯和哈萨克斯坦四国总统还签署了建立统一经济区的协议。根据协议，四国将在保障公平竞争、维护宏观经济稳定的前提下，奉行一致的对外贸易政策。协议同时指出，统一经济区将分阶段建立。四国领导人强调，建立统一经济区旨在“为稳定而有效地发展经济、提高居民生活水平创造条件。”[①]

与此同时，独联体中的离心倾向仍然在发展。2001 年 6 月，“古阿姆”集团签署宪章，决定把“古阿姆”变成正式的国际组织。随后，在格鲁吉亚的“玫瑰革命”和乌克兰的“橙色革命”后，两国均明确表达了加入北约的强烈愿望，从而严重恶化了与俄罗斯的关系，对独联体造成了巨大冲击。新上台的乌克兰尤先科政权不仅拒绝参加俄、乌、白、哈四国统一经济空间协议，还联合格鲁吉亚等国宣布在“古阿姆”基础上组建所谓的“民主选择共同体”，从而导致了与俄罗斯严重的“断气”争端。随着俄罗斯对格鲁吉亚连续采取强硬手段和乌克兰国内政局出现较大变动，独联体内的这股离心浪潮才算暂时平息下来。

梅德韦杰夫总统上任后，继续把与独联体国家发展多边合作作为俄罗斯外交政策的优先方向，强调巩固欧亚经济共同体作为经济一体化的核心，把集体安全条约组织作为保持独联体内稳定与安全的重要工具加以全面发展。[②] 在 2009 年 5 月签署的《2020 年前俄罗斯联邦国家安全战略》中，梅德韦杰夫总统再次重申，“发展与独联体国家的双边与多边合作是俄罗斯外交政策的重点。俄罗斯将首先在独联体以及集体安全条约组织和欧亚经济共同体框架内致力于发挥独联体范围的地区和次地区一体化与协作的潜力，这些组织对与独联体成员国交界地区的总体形

---

① Соглашение о формировании Единого экономического пространства. http：//archive. kremlin. ru/text/docs/2003/09/52478. shtml.

② См.：Концепция внешней политики Российской Федерации//Дипломатический вестник МИД России. 2008.

势具有稳定作用。”①

在国际金融危机的冲击下，独联体各国相继陷入困境。为早日摆脱全球金融危机的冲击，独联体自由贸易区建设取得了较大进展。2011年10月18日，在圣彼得堡举行的独联体国家政府首脑理事会上，经过积极协调，共有8个国家最终签署了新的独联体自由贸易区协定，以取代1994年的独联体自由贸易区协议（该协议包括俄罗斯在内的许多国家都未批准）。这是历经17年艰难谈判，俄罗斯推动的地区一体化进程迈出的重大步伐，有助于强化莫斯科在后苏联空间的地缘政治影响。普京称，这是一个非常意外的结果，是独联体走向一体化并最终建立欧亚联盟的重要阶段。新条约的签署国分别是俄罗斯、白俄罗斯、哈萨克斯坦、乌克兰、吉尔吉斯斯坦、塔吉克斯坦、亚美尼亚、摩尔多瓦。阿塞拜疆、乌兹别克斯坦、土库曼斯坦在会议上表示，将研究加入该条约的可行性。新条约规定，简化各国之间经贸关系的法律基础，修改独联体框架内有关自由贸易制度的一系列多边和100多项双边文件。根据该协定规定，协议各方彼此不征收关税和其他等同措施，但不包括协议附件中所列的商品：例如俄罗斯、白俄罗斯、哈萨克斯坦、摩尔多瓦等国进口食糖将征收关税，其中关税同盟国家的关税是340美元/吨（无限期），摩尔多瓦在2015年前的关税为海关价值的75%。乌克兰自关税同盟国家和摩尔多瓦进口食糖的关税为海关价值的50%。俄罗斯对出口天然气保留30%的关税，其中对乌克兰的天然气出口按特定的公式计算。而乌克兰根据与世贸组织达成的协议，对铁合金、废钢和葵花子保留出口关税。协定还授权各方在经过必要的磋商后可征收反倾销和保障性关税。当事国之间的纠纷应提交独联体经济法院（位于白俄罗斯首都明斯克）或特别成立的专家委员会审议解决。独联体执行委员会经济司司长安德烈·库什尼连科（Андрей Кушниренко）表示，新自由贸易区协定的条款尽可能接近世贸组织规则：各国承诺最终取消进口配额和实施零关税，但暂时保留酒类、糖类产品的关税，能源和金属等一系列产品未列入协定的减让表；出口关税将维持现有水平不再提高，同时着手

---

① Стратегия национальной безопасности Российской Федерации до 2020 года. 13 мая 2009 год，http：//archive. kremlin. ru/text/docs/2009/05/216229. shtml.

启动降低直至取消出口关税的谈判。

此外，新协定仅限于货物贸易，服务贸易、投资等领域的谈判预计将在自贸区正式启动后展开。2012 年 3 月 28 日，俄罗斯联邦委员会（议会上院）批准了独联体国家自由贸易区协定，俄罗斯是首个批准该协定的国家。2012 年 9 月 20 日，独联体自由贸易区协定正式生效。2012 年 9 月 28 日，独联体国家政府首脑理事会会议在乌克兰南部克里米亚半岛的海滨城市雅尔塔举行。会议决定，有关各国应加快完成加入自由贸易区协定的国内批准程序，切实推动独联体内部自由贸易区尽快发挥作用。独联体执行秘书谢尔盖·列别杰夫（Сергей Лебедев）在会后举行的记者招待会上说，会议决定同意乌兹别克斯坦加入自由贸易区协定，成为独联体自由贸易区的第九个成员国。2013 年 12 月，乌兹别克斯坦正式批准《独联体自由贸易区协定》，正式加入独联体自贸区。会议期间，与会各国政府首脑还着重探讨了在创新、通信、信息、金融和教育等领域加强合作等问题，提出了到 2015 年独联体信息化社会发展战略。该战略旨在通过克服“数字鸿沟”，利用信息化技术进行护照及签证办理、远程教育、电子商务等业务，并针对构建零售贸易领域竞争环境提出了一系列措施。但现实的情况是，独联体自由贸易区在很大程度上仍面临很多不确定性，尤其是关税同盟国家与其他独联体国家的贸易纠纷成为一个重要障碍。在这方面，俄罗斯与乌克兰及乌兹别克斯坦、白俄罗斯与亚美尼亚、白俄罗斯与乌克兰、哈萨克斯坦与乌兹别克斯坦，在钢管、汽车、牛奶、酒类、面粉及成品油等商品上都存在着较大的贸易纠纷。

第三节　普京的欧亚联盟战略

在整个 20 世纪 90 年代，虽然莫斯科最终确定了独联体外交优先的政策，但对独联体的重振，还是普京上任以来通过持续推动增强亲俄罗斯核心成员之间的合作才逐步显现出来的。普京掌舵俄罗斯以后，集体安全条约升格为正式组织，欧亚经济共同体取得积极进展，“上海五国”定型为上海合作组织，新版本的关税同盟启动。此外，金融危机在对西方世界造成强大冲击的同时，客观上促进了国际力量对比的变化和重组，其中最突出的表现在于新兴经济体的加速崛起。正是在这种背景下，普京在即将再次入主克里姆林宫之际，明确提出了欧亚联盟构想，引起国际社会的广泛关注。

随着冷战的终结，欧亚大陆的地缘政治格局发生了根本性变化。欧洲整合的步伐明显加快并开始转向防御性组织，与此同时，地处欧亚大陆东端的古老中国快速崛起并日益显示出对世界的巨大影响力。苏联解体后，统一地缘政治空间的消失和周边安全的脆弱性对俄罗斯的国家安全造成了严峻挑战。应对挑战的现实需求促进了俄罗斯地缘政治思想的振兴，使一度受到谴责的地缘政治理论有了很大发展，并对俄罗斯地缘外交取向产生了很大影响。

一、欧洲—大西洋主义及其现实困境

欧洲—大西洋主义，也即亲西方主义，在戈尔巴乔夫外交“新思维”的背景下，这股早在19世纪早期就已出现的西化思潮在新的条件下重新兴起，并很快在思想领域取得优势。这一思想通过科济列夫和盖达尔等早期改革派和像右翼联盟或亚博卢集团的一些理论家所进行的学术活动得到积极的维护和推动。欧洲—大西洋主义强调，冷战的终结宣告了西方文明和体制的最终胜利，作为欧洲国家的俄罗斯唯有选择西方世界及其体制，通过与西方政治、经济及社会的全面融合，才能最终解决国家所面临的一系列问题和挑战。第一，俄罗斯必须对内通过全面转轨加快构建公民社会，对外以融入西方社会为目标，而不是稳定或联合反自由的地区；第二，俄罗斯的发展战略应当创造性地适应全球和地区出现的新情况，而不是稳定欧亚大陆和与周边国家融合；第三，俄罗斯即使要发展同邻国的关系，充其量也就是发展与中国和中亚国家的关系。亲西方思想得到右翼党派和部分私营企业主的支持，一些知名政治人物，包括叶利钦、外长科济列夫、代总理盖达尔及国务秘书布尔布利斯等曾视其为唯一正确的理论并在实践中推行。正如政治学家米格拉尼扬（А. М. Мигранян）所说：“俄罗斯还没有找到自己在国际社会中的位置……如果说此前我们确信我们的利益到处都与西方利益冲突的话，那么现在，相反，确信它们处处一致。俄罗斯外交部在声明放弃意识形态的时候，所实行的却是在文明的对外政策口号下的积极的意识形态政策。”①

俄罗斯在转轨初期（1991—1993 年）所执行的地缘外交政策，与其整个改革的指导思想是一致的。由此，在“一边倒”外交的指导下，俄罗斯很快形成了全球收缩的地缘战略，苏联时期的亚非传统盟友被忽略或抛弃，对与自己利益密切相关的独联体地区的冲突也一度采取放任态度。尽管后来对独联体地位和作用的认识有所修正，但总体来看，这一时期俄罗斯过于理想化的外交是失败的。无原则的让步并没有换来所期待的援助，更没有实现融入欧洲的目标，同美国更是连平等伙伴关系的地位都没有取得。更严重的是，北约东扩及独联体冲突导致俄安全环境急剧恶化。这种外交政策很大程度上反映了早期自由主义思想，而完全忽视了国家利益差别，因而最终陷入困境。很快，亲西方外交招致朝野一致谴责。20 世纪 90 年代中后期以日里诺夫斯基（В. В. Жириновский）为代表的极端民族主义思想和各种欧亚地缘政治构想的兴起正是对亲西方外交的反思和回应。日里诺夫斯基认为，要建立统一强大的军队，与世界大国争夺势力范围，恢复俄罗斯的战略边界和历史上形成的地缘政治空间；在自愿的基础上重建俄罗斯国家，首先与白俄罗斯、乌克兰及原苏联其他加盟共和国统一。② 日里诺夫斯基领导的极右翼政党—自由民主党，在国家杜马选举中连续取得成功，形成所谓“日里诺夫斯基现象”。

二、欧亚地缘政治思潮的兴起及影响

转型以来，俄罗斯经济、政治、社会及所面临的国际环境变化是欧亚主义重新兴起的现实动力。在就如何拯救俄罗斯和国家发展方向等重大问题的争论中，具有强烈地缘政治色彩和文明包容性的欧亚主义政治

① ［俄］安德兰尼克·米格拉尼扬，徐葵、张达楠译：《俄罗斯现代化之路——为何如此曲折》，新华出版社 2002 年版，第 309 页。

② См.：В. В. Жириновский. О судьбах России. Ч. I – III. М.：1993.

思潮重新受到重视。按照季塔连科（M. Титаренко）的说法，“俄罗斯的知识分子正在努力寻找一种新的观念，并且形成了研究的流派，成为许多重要政治组织的指导性观念，这种观念就是欧亚主义”。① 新欧亚主义继承了古典欧亚主义的地缘政治思想，着眼于后苏联空间甚至整个欧亚大陆，主张借助语言、民族、文化和经济及安全上的相互依赖等有利条件，最终实现在后苏联空间建立以俄罗斯为核心的“欧亚联邦”的目标。② 从独特的文明和地理位置出发，转型期的俄罗斯形成了很多具有欧亚主义倾向的地缘政治主张，回应了地缘政治领域所面临的挑战。

第一，欧亚文明帝国思想。受到萨维茨基和古米廖夫观点的影响，久加诺夫（Г. А. Зюганов）、纳尔托夫（Н. А. Нартов）从俄罗斯具有不同于西方的独特文明出发，主张在原苏联范围内恢复昔日帝国。③ 这种思想强调俄罗斯文明的独立性，认为其所面临的威胁主要来自西方文明和美国的全球霸权，而保持和发展自己独特性的唯一途径就是远离西方世界的影响，因为，“在西方主导下的全球世界体系，也即帝国主义格局中，强大、统一和独特的俄罗斯难以找到自己相应的位置”。④ 同时，作为文明帝国的俄罗斯，其疆域仅限于地缘政治独立和经济自足的后苏联空间，俄罗斯以其独特地位有着整合这一地缘空间的特殊使命。这种主张与俄共的政治家及其支持者有着密切联系，也为部分民族主义者所接受，一定程度上推动了俄罗斯在 20 世纪 90 年代中期的对外政策调整。

---

① 俄罗斯科学院远东所所长季塔连科院士在 1994 年上海东北亚安全形势研讨会上的谈话，转引自冯绍雷著：《制度变迁与对外关系——1992 年以来的俄罗斯》，上海人民出版社 1997 年版，第 173 页。

② 对新欧亚主义的相关重要评论参见：В. И. Исаев. Евразийство：миф или традиция？//Коммунист. 1992. Номер12. А. С. Панарин. Между атлантизмом и евразийством//Свободная мысль. 1993. Номер11. Россия между Европой и Азией：Евразийский соблазн. М.：Наука，1993. Евразийство：за и против，вчера и сегодня，материалы“круглого стола”//Вопросы философии. 1995. Номер6. М. А. Маслин. Неое вразийство о судьбе России. Вестник РУДН. Серия Философия. 1. М.：Изд-во РУДН，1997. Г. А. Югай. Средний путь России и евразийство. М.：МОНФ，1998. Евразийская идея и современность. Сборник статей. М.：Изд-во РУДН，2002. Б. В. Межуев. Новое евразийство//Агентство политических новостей. 17декабря，2006。

③ См.：Г. А. Зюганов. География победы：Основы российской геополитики. М.：Арктогея，1997. Н. А. Нартов. Геополитика：Учебник. М.：Юнити，1999.

④ Г. А. Зюганов. Глобализация：Тупик или выход？//Диалог. 2001. Номер6.

第二，欧亚稳定与经济合作思想。面对欧亚大陆所面临的一系列安全挑战，加兹耶夫（К. С. Гаджиев）和索罗金（К. Э. Сорокин）重点关注欧亚大陆内部稳定机制的构建。在他们看来，俄罗斯作为多极世界中的一极，首先应在欧亚大陆发挥稳定和控制作用，而不是恢复所谓的传统帝国；为更加有效地发挥稳定者的作用，俄罗斯必须拥有较强的实力；尽管北约东扩给俄罗斯造成了地缘战略压力，但俄罗斯没有必要反对西方，而应在欧亚大陆奉行传统的权力制衡政策，以缓解战略压力：可以大力发展与中国的经济合作，保持同印度的特殊关系，甚至可以把日本、朝鲜及韩国纳入某种特定目的的集体安全体系。[①] 相对于前者，科洛索夫（В. А. Колосов）、米诺依科（Н. С. Мироненко）和罗戈夫（С. М. Рогов）主要从地缘经济的视角，强调欧亚大陆经济合作对俄罗斯的重要意义。科洛索夫和米诺依科认为，只有俄罗斯发展成为欧亚大陆的经济中心，后苏联空间的稳定与和平才有可靠保障；为此，俄罗斯首先应该制定以地缘经济发展为核心的欧亚战略，以加快推进与世界经济接轨的进程，否则俄罗斯将面临严重的安全挑战。[②] 罗戈夫的欧亚地缘经济战略主要强调俄罗斯可以成为沟通欧亚大陆的信息桥梁，进而促进欧亚大陆的开放和经济政治稳定。通过发展独联体欧亚地区的交通运输网络和电子通讯系统，可以大大缩短欧洲和亚太地区信息交通网络，推进欧亚大陆的整体合作水平。[③] 这种欧亚稳定与经济合作主张，承认了后苏联空间的地缘政治现实，希望俄罗斯能够采取切实可行的欧亚发展战略，以更好地应对来自欧亚大陆的挑战。该主张能够较好地把握国际政治经济不断发展的趋势，在调整后的俄罗斯外交中体现得较为明显。普京上任以来，俄罗斯积极以集体安全条约组织和欧亚经济共同体为核心推动后苏联空间一体化整合，同时借助上海合作组织加强欧亚大陆的安全合作。

---

① См.: К. С. Гаджиев. Геополитика. М.: Междунар. Отношения, 1997. К. С. Гаджиев. Введение в политическую науку. М.: Логос, 1997. К. Э. Сорокин. Геополитика современности и геостратегия России. М.: Росспэн, 1996.

② См.: В. А. Колосов, Н. С. Мироненко. Геополитика и политическая география. М.: Твердый переплет, 2001.

③ С. М. Рогов. Евразийская стратегия России//Экономические стратегии. 2001, нобрь-декабрь, стр. 51 – 61.

第三，欧亚扩张战略。亚历山大·杜金（А. Г. Дугин）是新欧亚主义者中激进思想的代表，也是俄罗斯最著名的地缘政治学家之一。杜金的《地缘政治学基础》（多次再版）被誉为俄罗斯地缘政治领域第一部俄文教科书。针对转型期的俄罗斯社会，杜金不仅提出了“新欧亚主义”的理念，还把其作为“欧亚”运动（后改建为“欧亚党”）的指导思想，并在实践中积极加以推动。相对于其他几种欧亚主张，杜金的欧亚思想明确强调对欧亚大陆的扩张性整合和与美国的对抗，具有明显的激进色彩。第一，所谓“心脏地带”论。从战略角度出发，俄罗斯是典型的大陆国家，横跨欧亚大陆的独特地理位置决定了俄罗斯具有与欧亚大陆一致的独立地域结构，其战略利益、主权及国家安全必然与整个大陆紧密结合在一起，而欧亚大陆周边国家显然都不具备这种地理优势；从全球地理结构出发，海洋文化和陆地文化的对抗决定了海洋性西方和大陆性东方地缘战略利益存在着深刻的矛盾和冲突，未来的世界将由作为地缘利益对手的海洋国家联盟（美英）和陆地国家联盟的对抗而形成两极模式，而不是亨廷顿的多文明之间的冲突。第二，关于“边缘地带”观点。从海洋和陆地联盟的对抗出发，虽然由于巨大的差异决定俄罗斯文明不可能与大陆周边的罗马—日耳曼文明和东方的伊斯兰、印度、中国的传统文明相融合，但这些“边缘文化”、“边缘地带”当前还不是欧亚俄罗斯的战略对手，而是可以合作的对象，“东西并重”应成为俄罗斯的主要地缘战略。第三，关于“帝国整合”思想。作为一个领土不断扩张的帝国，当前的地缘政治现实要求俄罗斯加快进行“帝国整合”，否则俄罗斯及欧亚大陆就将陷入困境。这种整合的进程是，首先在后苏联空间进行帝国构建，然后恢复与东欧国家的传统同盟关系，最终把东方国家囊括在内形成新欧亚大陆战略联盟。在欧亚大陆西部，应推动法德联盟进程并使其脱离北约而独立；在大陆东部应该与伊朗、印度甚至日本保持传统或改善关系。① 杜金的欧亚扩张性构想与欧洲古典极右思想具有相通性，由于其过于激进而难以实现，所以俄罗斯的当政者只能敬而远之。但随着俄罗斯地缘政治环境恶化，这种主张还是得到了部分极端民族主义者和军方强硬派的呼应。

---

① А. Г. Дугин. Основы Геополитики, М. : Арктогея-центр. 1999. —С. 165 – 172.

三、普京的欧亚联盟构想

无论是欧洲—大西洋主义，还是新欧亚地缘政治思想，都是对冷战结束以来俄罗斯所面临的诸多问题，特别是地缘政治挑战的积极回应，以及从不同视角对俄罗斯地缘政策走向的理论思考。总体而言，每种构想都有其独立性，但在某些方面又是相通的，特别是欧亚倾向的几种地缘政治构想之间尤其如此。相对来看，仍把俄罗斯视为后苏联空间的文明主宰，只能说明它的过去，其排他性的地缘政治方案只会增加冲突和纷争；具有扩张倾向的杜金方案则过于激进，更加危险和不切实际，因为任何把俄罗斯国家的地理边界向大陆周边地带推进的企图都将引起新的冲突和战争。由于两者仍抱有传统的地缘政治理念，追求结盟和更广大的地缘政治空间，所以都不能真正解决俄罗斯在欧亚大陆所面临的现实困境。而强调欧亚大陆安全、稳定和经济合作的方案，基本接受了冷战结束后欧亚大陆地缘政治的新现实，主张俄罗斯放弃传统地缘政治理论，采取切合实际的欧亚战略，在推进后苏联空间一体化整合的同时，还为创建横跨欧亚大陆的集体安全机制提供了可能的愿景。由于这一构想更具包容性，所以在俄罗斯的外交实践中也体现得较为充分。

普京掌舵俄罗斯以后，独联体集体安全条约升格为正式组织，“上海五国”定型为上海合作组织，欧亚经济共同体取得积极进展，俄、白、哈三国关税同盟得以启动。此外，金融危机对西方世界造成了强大冲击，客观上促进了国际力量对比的变化和重组，其中最突出的表现在于新兴经济体的加速崛起。正是在这种背景下，为推进对后苏联空间的进一步整合，普京正式提出了欧亚联盟方案，并将其作为俄罗斯的外交重点。

1. 从欧亚经济共同体到关税同盟

为切实加强独联体外交，提高其运转效率，俄罗斯更加强调通过务实的双、多边区域合作来推动独联体一体化的发展，以能源合作和安全合作为主，积极推进一体化进程，其中，成立欧亚经济共同体是一系列措施中的重要一步。这样，俄罗斯对独联体的政策使得独联体按“不同速度”同时发展成为可能，也就是说，由那些准备将合作提高到更高水平的国家形成“一体化核心”，独联体其他国家可以随后加入，反映了独联体发展中存在的政治和经济上逐渐“分层化”的过程。[①] 与此同时，独联体内原有的区域合作组织也渐趋活跃。至此，独联体内的区域合作一定程度上已经超过了独联体集体合作的发展程度。除土库曼斯坦、亚美尼亚外的其他独联体国家都参加了欧亚经济共同体和“古阿姆”两大区域性集团组织，有些如中亚国家还是多个区域组织成员。俄联邦委员会独联体事务主席古斯托夫（В. А. Густов）指出，“这是不同程度、不同速度地实行一体化的结果……重要的是，要努力在次区域国家间组织中加强一体化趋势，这有利于把整个独联体联合成强大的一体化组织”。[②]

2000 年 10 月 10 日，俄、白、哈、吉、塔五国首脑在哈萨克斯坦首都阿斯塔纳举行会晤，并签署条约建立欧亚经济共同体，取代原来的海关联盟机制，以进一步推动成员国的经济一体化进程。欧亚经济共同体前身为 1995 年 1 月俄罗斯、白俄罗斯、哈萨克斯坦三国组成的海关联盟。1996 年 3 月，吉尔吉斯斯坦正式宣布加盟。1998 年 11 月 24 日，该联盟正式接纳塔吉克斯坦为新成员国。1999 年 9 月底，俄、白、哈、吉、塔五国首脑会议在莫斯科举行，会议通过了 10 余项文件，签署了关于海关联盟的宣言。会议指出，自联盟成立以来，成员国之间已就 605 种商品税率基本协商一致。在此次阿斯塔纳会议上，五国首脑一致赞成将该共同体建成类似欧盟机制的国际组织。其最高领导机构为“联合理事会”，包括五国的首脑和总理；常设执行机构为“联合议会”，主要负责解决各成员国内部立法趋向一致问题；还设立了共同体法庭，负责审理各成员国之间的经济纠纷。会议还决定尽快签署成员国之间互免签证协议。

欧亚经济共同体条约指出，成立欧亚经济共同体是为了有效地推动各缔约方建立海关联盟和统一经济空间的进程，以及实现上述海关联盟

---

① ［俄］伊·伊万诺夫：《俄罗斯新外交——对外政策十年》，当代世界出版社 2002 年版，第 70 页。

② Густов В. А. На пути к созданию Таможенного союза Евразийского экономического сообщества//Евразийская интеграция：экономика，право，политика. —2008，№ 3.

协定、关于加深经济和人文领域一体化条约、海关联盟条约和统一经济空间条约确定的各阶段目的和任务。欧亚经济共同体设置跨国委员会、一体化委员会、跨国议会大会、共同体法院等机构。跨国委员会是欧亚经济共同体的最高机构，由各缔约方国家元首和政府首脑组成，负责审议共同体中涉及各成员国共同利益的原则问题，确定一体化的发展战略、方向和前景，通过旨在实现欧亚经济共同体目的和任务的决议。跨国委员会授权一体化委员会向跨国议会大会进行质疑及提出建议，向共同体法院进行质疑。跨国委员会可通过决议，成立共同体辅助机构。国家元首级跨国委员会每年至少举行一次会晤，政府首脑级跨国委员会每年至少举行两次会晤。一体化委员会是欧亚经济共同体的常设机构，由各缔约方的政府副总理组成。一体化委员会会议至少每三个月举行一次，其基本任务是，保证欧亚经济共同体各机构的相互协作，对举行跨国委员会会议的日程、级别提出建议，以及准备决议和文件草案，对制订欧亚经济共同体预算提出建议并监督其执行等。①

2001 年 5 月 31 日，欧亚经济共同体跨国委员会第一次会议在明斯克举行，会议宣布欧亚经济共同体正式成立。此次会议讨论并签署了关于共同体跨国委员会的决议、关于共同体一体化委员会的决议、共同体工作人员特权和豁免权公约等 18 项文件。五国领导人发表的联合声明指出，关于成立欧亚经济共同体的条约从即日起正式生效，在兼顾国家利益和共同利益的基础上，共同体的优先任务是为深化共同体成员国在经贸、社会人文以及法律领域的合作创造必要条件；各国将继续遵守以前签署的有关建立关税联盟和统一经济空间的各项协议。欧亚经济共同体的成立极大地推动了独联体国家之间的合作，标志着五国关税联盟一体化进程进入了更高的水平，共同体将对所有愿意加入这一组织的其他独联体国家开放，这些国家可作为全权成员国或者观察国参加。此外，欧亚经济共同体在决策机制上也要比独联体灵活。与独联体元首、首脑理事会的一致通过原则决策相比，作为欧亚经济共同体执行机构的一体

---

① Договор об учреждении Евразийского экономического сообщества : подпис. в г. Астане 10 окт. 2000 г. //Нац. реестр правовых актов Респ. Беларусь. – 2001. – № 51. – 2/767.

化委员会，对重大问题采取2/3多数原则，而且表决权分配根据经济实力来确定（俄、白、哈、吉、塔的表决权比例为4∶2∶2∶1∶1）。

欧亚经济共同体自成立以来，已经取得了良好的发展成果，成员国之间的贸易额已有明显增长，各成员国经济在保持适度通货膨胀水平的同时得到稳步增长，各国的国内生产总值、工业产值和居民实际收入都有不同程度的增加。欧亚经济共同体的发展促使独联体其他国家开始重视这一组织。2002年5月，在莫斯科召开的共同体跨国委员会会议上，摩尔多瓦和乌克兰被接纳为该组织的观察员国。在2002年4月27日举行的欧亚经济共同体元首会议上，亚美尼亚总统科恰良被正式邀请作为观察员与会。此次会议上，与会各成员国元首主要讨论了2003年至2006年发展计划，并通过了一系列协议。普京说，“俄罗斯代表团对欧亚经济共同体峰会所取得的成果表示满意，所签署的一系列文件为促进成员国家合作开创了广阔的发展前景”。[①]

俄罗斯一直积极主张建立欧亚统一经济区，实现共同体成员国商品、服务、劳务乃至资本无障碍进出，最终实现货币统一。2002年9月，在欧亚经济共同体政府首脑例会上，俄罗斯总理卡西亚诺夫（M. M. Касьянов）建议把卢布作为共同体结算货币。卡西亚诺夫提出，统一货币是成员国经济一体化的终极目标，为全面实现经济一体化和建立统一经济区，现在是共同体考虑实行统一货币的时候了。2003年2月19日，在莫斯科举行的首届欧亚经济共同体经济论坛上，卡西亚诺夫再次提出建立共同体统一货币的建议，共同体国家间委员会主席、哈萨克斯坦总统纳扎尔巴耶夫则明确表示支持。[②] 2003年7月17日，欧亚经济共同体交通部门负责人在吉尔吉斯斯坦的乔尔蓬—阿塔市举行会议，决定建设一条横跨哈萨克斯坦、俄罗斯和白俄罗斯的国际公路。据报道，这条公路全长4000公里，东起哈萨克斯坦与中国交界的德鲁日巴，途经俄罗斯叶卡捷琳堡市，西至白俄罗斯布列斯特市。与会各国代表一致认为，这条公路的建成将大大改善欧亚经济共同体内部的交通条

① Заявление для прессы по итогам заседания Межгосударственного совета ЕврАзЭС, http://archive.kremlin.ru/appears/2003/04/27/0003_type63377type63380_43809.shtml.

② BBC-Рубль станет евразийским евро? Касьянов за валютную интеграцию, http://www.centrasia.ru/newsA.php?st=1045688400.

件，推动商品和人员流动，该项目符合本地区各国的利益。安集延事件后，2006年乌兹别克斯坦加入了欧亚经济共同体，但一直没有批准所有协议，随后又于2008年决定退出欧亚经济共同体。

与此同时，中亚合作组织最终并入欧亚经济共同体。为加强经济上的合作与协调，哈萨克斯坦、吉尔吉斯斯坦和乌兹别克斯坦于1994年4月签署了中亚《统一经济空间条约》，成立“中亚经济联盟”（Central Asian Economic Union）。1998年，塔吉克斯坦加入中亚《统一经济空间条约》，“中亚经济联盟”更名为“中亚经济合作组织”（Central Asian Economic Cooperation）。由于四国在领土、民族等各个方面存在一些敏感问题及矛盾冲突，再加上经济发展、资源等方面差距较大，所以合作成效不大。随着极端宗教主义、国际恐怖主义、民族分裂主义在该地区的活动愈演愈烈，2001年12月，上述四国总统在塔什干峰会期间发表联合声明指出，为进一步推进和丰富政治对话，完善和改革地区经济一体化机制，共同维护地区和平与稳定，加强在各领域的多层次合作，决定将“中亚经济合作组织”改组为中亚合作组织。

在2002年初的阿拉木图峰会上，四国领导人进一步明确了该组织合作方向：实现区域一体化，保障地区安全，有效地参与国际经济合作，确保中亚国家社会经济稳定发展。为此，四国领导人一致认为，应尽快建立自由贸易区，完善运输机构，合理利用跨界河流和水资源。安全与稳定一直是中亚各国的头等大事。哈总统纳扎尔巴耶夫在此次峰会后发表讲话说，中亚国家目前面临的首要任务是确保地区安全和实现经济一体化。他强调，中亚国家必须联合打击恐怖主义、毒品走私和其他一切犯罪活动；面对经济全球化趋势，只有开放市场、吸引外资和实现经济一体化，中亚国家才能有效地参与国际市场竞争。2002年10月18日，俄罗斯正式加入中亚合作组织。从俄罗斯方面来讲，莫斯科不希望中亚脱离自己的“势力范围”，参与中亚地区一体化可以继续与中亚国家保持千丝万缕的联系；从中亚方面来讲，任何一个中亚国家都不能单独作为主导国家提供合理的发展模式和相应的资金支持，中亚地区的一体化仍然需要一个强有力的政治和经济中心来提供政治安全保障和经济发展动力，而作为苏联继承国的俄罗斯无疑具有这一优势。尽管中亚四国合作趋于务实，但纵观其发展历程，由于在地区主导权争夺及能源和水资源分配上的矛盾，除安全领域外，其他领域合作大多流于形式。因此，随着欧亚经济共同体合作的不断深入，其吸引力不断加强，而中亚国家大都是其成员。所以，2005 年 10 月中亚合作组织在圣彼得堡举行了最后一次成员国领导人峰会后，宣布该组织并入欧亚经济共同体。成员国元首普遍认为，这两个组织的宗旨和任务完全一致，实现合并可避免机构重复，减少财政开支。

为应对全球金融危机的冲击，2009 年 7 月 15 日，俄联邦国家杜马投票批准了关于建立欧亚经济共同体反危机基金的条约，以及有关该基金资金管理的协议。该基金规模为 100 亿美元，其中俄罗斯将出资 75 亿美元。为加快合作进程，俄、白、哈三国决定在欧亚经济共同体框架内成立关税同盟，实现对外关税的统一，取消相互之间的海关。随着集体安全条约组织和欧亚经济共同体的积极推进，特别是俄、白、哈三国关税同盟的积极进展，普京于 2011 年 10 月初明确提出创建“欧亚联盟”的倡议，引起国际社会的广泛关注。普京倡议，在俄、哈、白三国关税同盟基础上组建“欧亚联盟”，以有效连接欧洲和亚太地区；欧亚联盟将建成类似于欧盟的超国家实体，周边各国、首先是独联体国家可以加入。

2011 年 11 月 18 日，俄总统梅德韦杰夫、白俄罗斯总统卢卡申科、哈萨克斯坦总统纳扎尔巴耶夫在莫斯科会晤，正式签署欧亚经济一体化宣言，宣布 2012 年 1 月 1 日关税同盟将正式过渡到统一经济空间，进一步扩大产品销售市场、促进市场开放，逐步实现商品、服务、资本和人员的自由流动。三国将致力于 2015 年前统一与关税同盟、统一经济空间相关的各项法律，并在此基础上建立欧亚经济联盟。这标志着俄罗斯所积极推动的地区一体化战略迈出实质性步伐。同时，俄、白、哈三国签署欧亚经济委员会条约和欧亚经济委员会工作条例，规定 2012 年 7 月 1 日欧亚经济委员会将取代关税同盟委员会开始正式运作，欧亚经济委员会为超国家常设机构，全权负责欧亚经济一体化事务的执行和管理工作，各成员国将向其逐步移交主权范围内的 175 项职能。委员会总部设在莫斯科，内设理事会和联席会议两大机构，其中理事会由 9 人组成（每成员国一名副总理和两名官员），联席会议为执行机构，负责欧亚经济委员会的具体工作，俄工贸部长赫里斯坚科担任主席。目前，俄、白、哈三国的经济总量占世界经济总量的2.6%，贸易额占世界贸易总额的4%，探明石油储量占世界总量的9%，天然气储量占世界总量的25%。2012年3月19日，欧亚经济共同体成员国首脑峰会在莫斯科举行，这是年初俄、白、哈三国统一经济空间正式启动之后首次举行三国首脑会议。三国同意在2015年1月1日前起草并签署关于建立欧亚经济联盟的条约，会后各国还签署了一系列涉及欧亚经济共同体内部合作的文件，包括关于欧亚经济共同体特权和豁免权的公约、成立欧亚经济共同体法院等。

2. 以集体安全条约组织为核心推进独联体军事一体化

面对日益严重的恐怖活动和美国驻军中亚并加强对外高加索的渗透，以反恐、安全为契机，俄罗斯积极推动独联体军事安全领域合作。2000年1月，独联体莫斯科首脑会议通过了《独联体国家联合反对国际恐怖活动纲领》和《独联体反恐中心章程》。为在反恐中协调行动，2000年6月独联体建立了为联合打击国际恐怖主义和其他极端主义提供信息、组织和行政保障的独联体反对恐怖主义中心，作为独联体国家反对国际恐怖主义的常设领导机关。与此同时，独联体国家先后进行了多次反恐联合军事演习。为加大反恐力度，2001年8月，独联体反恐中心又在吉尔吉斯斯坦首都比什凯克设立了反恐特别行动工作组，由俄罗斯、哈萨克斯坦、吉尔吉斯斯坦、塔吉克斯坦四国相关人员共同组成。

集体安全战略是俄罗斯国家安全思想的一个重要内容。面对地缘政治环境急剧恶化，普京在推行全方位外交的同时，从维护俄罗斯国家安全出发，把对独联体外交作为重中之重，全面推动独联体集体安全合作，其重要举措就是中亚联合快速反应部队的建立。从保证独联体南部边界的稳定与安全出发，2001年8月，参加集体安全条约的俄罗斯、亚美尼亚、白俄罗斯、哈萨克斯坦、吉尔吉斯斯坦、塔吉克斯坦六国正式组建约3万人的中亚快速联合反应部队。该部队以俄罗斯驻塔吉克斯坦第201摩托化步兵师为核心，再加上俄罗斯、哈萨克斯坦、吉尔吉斯斯坦、塔吉克斯坦各出1营部队组成。中亚快速联合反应部队平时驻守各自国家，紧急情况下由联合指挥部统一调遣、快速部署。该部队的组建，是独联体集体安全条约合作机制下军事领域合作的突破性进展，也是独联体范围内第一支多国联合常备武装力量，对保障独联体南部边界稳定和安全具有重要战略意义。同时，该部队的组建，标志着独联体国家向集体安全条约确定的第二阶段统一武装力量建设迈出了关键性的一步。到2004年，快速联合反应部队已拓展到10个营，每年都组织代号为“防线”的司令部机关推演，构成了中亚地区联合部队集团的基础。

针对“9·11”后中亚地区地缘竞争的日趋激烈，俄罗斯积极推动下的独联体军事合作取得重大突破。2000年10月，独联体集体安全条约组织比什凯克峰会签署了独联体集体安全体系基本措施计划，俄罗斯承诺在能源和军事上向各成员国予以援助。2002年5月14日，在独联体集体安全条约签署10周年之际，集体安全条约成员国元首在莫斯科举行理事会会议，通过决议将“独联体集体安全条约”改为“独联体集体安全条约组织”；10月7日，在摩尔多瓦首都基希讷乌的独联体峰会上，独联体集体安全条约六国总统签署了《独联体集体安全条约组织宪章》和该组织法律地位协议，将独联体集体安全条约正式升格为组织。上述文件于2003年9月18日正式生效。

2003年4月，独联体集体安全条约组织成员国塔吉克斯坦首都杜尚别会议联合声明指出，集体安全条约组织将推动成员国间的外交、军事和政治合作，在加强国际和地区安全方面发挥主导作用。2004年1月，该组织统一的军事指挥机构——联合司令部开始运作；12月2日，联合国大会给予该组织观察员地位。2004年8月3—6日，该组织在吉尔吉斯斯坦北部伊塞克湖州的埃杰利韦斯军事演习场举行“防线—2004”军事演习，主要目的是检验组织应对恐怖袭击、制定先发制人的措施、跨越国境调遣部队以及采取快速行动的能力。2005年6月23日，独联体集体安全条约组织成员国元首在莫斯科举行年度峰会，签署了成员国军事人员培训协议。峰会还通过声明，就一系列国际问题阐述了共同看法。声明说，该组织成员国准备在独联体、上海合作组织和欧亚经济共同体框架内开展全面合作，希望同欧盟发展关系，并重申愿意同北约进行沟通和协调。声明说，本组织的战略目的是促进建立公正民主的国际秩序，保持欧亚大陆的繁荣和安全。[1] 2006 年 8 月，乌兹别克斯坦重返该组织。该组织在地区安全事务中的作用日益增强，受到周边国家和国际社会的普遍关注。

为加强集体安全条约组织成员国在装备和人员培训方面的合作，2000 年 6 月，集体安全条约成员国首脑在莫斯科签署了《军事—装备合作的基本原则协议》，要求对各国派遣用于组建集体安全条约组织的多方部队实施优惠供应，后又将这一政策惠及到该组织成员国的武装力量。从 2004 年 1 月 1 日起，集体安全组织成员国可按俄国内价格购买俄武器装备，独联体其他国家则没有这种优惠。为此，原隶属于独联体的军事—经济合作国际委员会被重组到集体安全条约组织中，在该委员会下设立了由集安组织成员国大型军工企业负责人组成的事务委员会，从而能够真正开展务实有效合作。按照集体安全组织成员国签署的军事人员培训协议，规定军事人员培训由固定的军事院校来组织，其中 45 所在俄罗斯，6 所在白俄罗斯，3 所在哈萨克斯坦，另外两所分别在亚美尼亚和吉尔吉斯斯坦，采取免费形式，学费和生活费由接收方负担。[2]

为维护地区稳定和应对美国部署导弹防御系统所带来的压力和威胁，在俄罗斯的提议下，2007 年 10 月 6 日举行的集体安全条约组织首脑会议最终通过了建立“维和部队”的决定。这支部队有 4500 人，其中近 800 人来自各国执法部门，其他人员来自各国军队。2009 年 2 月 4 日，集体安全条约组织成员国首脑在莫斯科举行的特别峰会上还一致同意组建集体快速反应部队。2009 年 4 月 3 日，集体安全条约组织秘书处宣称伊朗将获得该组织观察员国的地位。2009 年 7 月 31 日至 8 月 1 日，该组织举行第二次非正式峰会。会议围绕内部合作和打击地区极端主义、恐怖主义等议题展开了“坦诚而富有建设性”的对话，以期加强各成员国间的相互信任，实现该组织由单一“安全”职能向多功能方向拓展的转型。与会各国首脑决定在俄罗斯建立信息安全技术中心。联合防

---

① Заявление Президентов Армении, Белоруссии, Казахстана, Кыргызстана, России, Таджикистана. http: //www. akorda. kz/ru/page/.

② “соглашение о подготовке военных кадров для государств-членов организации договора о коллективной безопасности” . http: //www. lawmix. ru/abro/5086.

空是独联体军事合作的重要内容。以往联合防空系统主要依托独联体，而不是集体安全条约组织。但在独联体内参与联合防空的10个国家中，实际上只有其中的集体安全条约成员国在参与合作和联合演习。基于此，集体安全条约组织正着手按照统一空间、统一指挥、统一意图和计划创建自身防空系统，预计组建三个地区防空集团：俄—白防空集团，俄—亚防空集团，俄—中亚防空集团。俄白的合作早已起步，两国武装力量司令部推演的"联盟盾牌"就涉及到防空系统的框架问题。

针对美欧通过导演"阿拉伯之春"在西亚和北非推行西方价值观的举动，以及北约撤出阿富汗可能使中亚及高加索面临的恐怖主义和毒品威胁上升，集体安全条约组织成员国强化了通过合作维护国家主权和稳定的共识。在俄罗斯的倡议下，联合国大会于2010年3月2日通过了发展与独联体集体安全条约组织合作的决议案，联合国将在打击恐怖主义和毒品威胁等领域与该组织合作。2010年12月，集安组织签署了修改章程的议定书，以强化集体安全机制。2011年12月，该组织成员国达成协议，任何成员国要想在其领土上建立外国军事基地，必须得到所有成员国同意。这一协议旨在限制美国在独联体国家驻军，是该组织成立以来首次在如此敏感的问题上共同发声。值得注意的是，此前对集体安全条约组织若即若离的乌兹别克斯坦近年来也向组织靠拢，在涉及外国军事基地、反导系统等重大问题上与其他成员国表达了共同立场（遗憾的是，乌兹别克斯坦最终还是选择退出该组织）。2012年5月15日，独联体集体安全条约组织成员国首脑在莫斯科举行该组织成立10周年纪念峰会并发表宣言，就欧洲反导系统、叙利亚局势、阿富汗问题及伊朗核问题表达了共同立场。集安组织成员国就如此众多的重大和敏感问题共同发声实属罕见，表明其作用和凝聚力正在增强。2012年9月，集体安全条约组织秘书长博尔久扎（Н. Н. Бордюжа）在埃里温举行的各委员会主席协调会议期间发表声明称，有必要联合所有现有机构，以便成立一支集安组织的军队。他说："我们建议成立集体安全条约组织军队，联合现有的部队。这包括维和部队、快速反应部队、两方面联军和中亚地区集体快速反应部队。此外还可以成立集体空军，即在有必要解决冲突期间一个可以运送部队人员并提供空中武力支持的空军。”① 他指出，鉴于世界局势发展，应当采取更有效和积极的措施，加强军事合作。可见，尽管经历了乌兹别克斯坦退出事件，但总体上集体安全条约组织的发展并没有受到太大冲击。与此同时，独联体国家国防部长峰会通过了有关独联体空天防御系统一体化的决定。俄罗斯国防部长绍伊古（С. К. Шойгу）表示，为了发展独联体国家的联合防空体系，俄将为此拨款5亿多卢布。

3. 普京的欧亚联盟构想及前景

在2005年4月发表的国情咨文中，普京把苏联解体描述为20世纪最大的地缘政治灾难，但他也说，恢复苏联的想法是幼稚的和不现实的，“那些不对苏联解体感到歉意的人是没有心的，而那些梦想重建苏联的人更是愚蠢的。”② 这种表述既迎合了苏联理念的支持者又肯定了新俄罗斯的发展方向，更隐含着普京的治国理念：那就是在全球化的时代，俄罗斯的重新崛起，既需要类似于原苏联的地缘政治结构和经济联系，也需要全新的经济管理模式和对世界经济的积极参与。所以，在安全领域，俄罗斯努力推动独联体集体安全条约组织的形成和发展，尤其是加快集体维持和平和快速反应部队的建设，以保护其成员免于来自不同方面的威胁。在经济领域，俄罗斯主推的欧亚经济共同体致力于促进和形成一个统一的经济制度，通过降低关税和清除其他阻碍经济交流的因素，以加强国家之间的经济和贸易关系。这方面的既定目标，包括建立一个自由贸易区，制定一项共同的对外关税制度，加强与世界贸易组织和其他国际经济组织的关系，促进统一的交通运输网络和共同的能源市场，协调民族教育和法律体系，推进成员之间社会、经济、文化、科学发展与合作。但由于未能建立起有效的跨国监管机构和成员国地位与加入WTO的复杂整合难度，最终哈萨克斯坦、白俄罗斯和俄罗斯决定单独组建关税同盟和统一经济空间。

---

① Генсек предлагает объединить все военные подразделения ОДКБ//РИА Новости. — 2012, 18 сентября.

② “Послание Президента России Владимира Путина Федеральному Собранию РФ” // Российская газета. — 2005, 25 апреля.

俄、白、哈三国关税同盟的启动（自2010年7月起正式启动）大大增强了普京整合后苏联空间的信心，而席卷全球的金融危机在对西方自信心造成冲击的同时，客观上提升了新兴经济体的国际地位。为配合从阿富汗撤军（2014年底前撤出所有作战部队）和保持在中亚影响的长期存在，奥巴马政府出台了新的中亚战略，其核心就是“新丝绸之路”倡议。该倡议主张，通过推进中亚和南亚地区的一体化，从而将中亚纳入新的经济、政治、安全框架，以最终解决阿富汗问题和实现美国长期扎根中亚的目的。[①]“新丝绸之路”倡议包括几十个项目，重点是完成土库曼斯坦—阿富汗—巴基斯坦—印度（TAPI）的能源管道，以及建立中亚和南亚区域电力市场等。所以，美国的战略目标很明确，即将从阿富汗撤出的军事基础设施转移到临近的中亚国家，以此来加强自己在与中国和俄罗斯相邻地区的存在程度，甚至可以同时实现对三个大国（中国、俄罗斯和伊朗）的遏制亦或平衡。[②] 可见，根本不存在美国战略上放弃中亚的问题，而且华盛顿正寻机恢复和扩大自己的影响范围。“新丝绸之路”倡议与俄罗斯的中亚政策和利益显然是背道而驰的。正是在以上大背景下，普京正式提出了欧亚联盟构想。

2011年10月初，普京在俄《消息报》发文，明确提出以俄、白、哈三国关税同盟为基础，联合其他独联体国家甚至区域组织创建欧亚联盟的构想。在谈到关税联盟和统一经济空间时，普京说：“我们不会就此止步，我们给自己提出了更加宏伟的任务，走向下一个更高的一体化阶段，建立欧亚联盟。”普京强调，首先要吸收原联盟的各成员国加入，通过协调在外交、经济和其他领域的政策，提高全球影响力。普京否认任何重建苏联的企图，但强调可以利用原联盟所遗留的有用“遗产”，包括专业的生产设备、共同的语言、科学和文化空间所决定的共同利益追求，以推动新的现代国家间联盟的构建。在谈到欧亚联盟的定位时，普京说：“任何恢复或复制过去的东西的企图都是幼稚和不成熟的。但是，在新的政治经济基础上推动更加紧密的融合，并创建全新的价值体

① Pyatt G. Discussing, New Silk Road' Strategy in Central Asia, Central Asia Policy Forum, 2 June 2012.

② Артем Вит. Евразийский союз большого формата, http://topwar.ru/50562-evraziyskiy-soyuz-bolshogo-formata.html.

系是当前时代的迫切需要”；“这将是一种强有力、超国家的联盟模式，其有潜力成为多极世界当中的一极”。[①]

总体上，普京的欧亚联盟构想主要包含以下内容：第一，欧亚联盟绝不是试图恢复苏联，而是世界经济政治发展的客观要求；第二，欧亚联盟将建立在自由价值观、民主和市场等公认的一体化原则之上；第三，后苏联空间在经济、语言、文化、民族上的互补和相通性，将成为进一步整合的重要推动力；第四，欧亚联盟以俄、白、哈关税同盟为基础，首先是吸引其他独联体国家加入，条件成熟后也可以向区外扩展；第五，借鉴欧盟等国际组织的经验，欧亚联盟将具有超国家性，首先要协调成员国的经济和货币政策，最终发展成为一个具有独立的地缘经济和政治结构的联盟，作为多极世界中的重要一极而存在；第六，欧亚联盟能够把欧洲和亚洲太平洋地区有效地连接起来，有利于欧亚大陆的繁荣和稳定。

对于普京的欧亚联盟方案，媒体和专家有着不同的解读，多数观点认为普京此举更多追求的是政治目的，而非经济目的。[②] 也有人提出，尽管该方案的前景并不乐观，但这标志着普京重掌权杖后俄罗斯对外政策的重新调整，其中欧洲和西方将不再是外交重点。[③] 在著名欧亚主义地缘政治家亚历山大·杜金（А. Г. Дугин）看来，普京将把创建“欧亚联盟”作为俄罗斯的主要外交政策方向，而且从地缘政治角度而言，此举就是在重建苏联。[④] 普京的欧亚联盟构想，从长远看，有以欧亚经济联盟为核心对欧亚大陆外交进行系统整合的考量，当然难度是可想而知的。从时间节点上看，欧亚联盟构想的提出，恰值苏联解体20周年之际，是最终实现一个经济政治联盟的普京主义，还只是一个选举的噱头，亦或是真的要恢复苏联，种种猜测都有。恢复苏联是不可能实现的

---

① Владимир Путин. Новый интеграционный проект для Евразии-будущее, которое рождается сегодня//Известия. —2011, 4октября.

② Анастасия Башкатова, Михаил Сергеев. Манифест о светлом интеграционном будущем//Независимая газета. —2011, 5октября.

③ Robert M. Cutler, Putin Declares “Eurasian Union” Goal of Russian Foreign Policy. 10/19/2011 issue of the CACI Analyst.

④ См.: Путин готов воссоздать СССР, не копируя то, что” уже осталось в прошлом”? http://www.nakanune.ru/articles/15834/.

幻想，对于仍抱有较高支持率的普京而言，这种动作对选举的加分意义也不大，所以，最大的意义就在于，普京要在接下来的任期内为俄罗斯真正复兴世界大国地位构建一个以“心脏地带”为地缘政治核心的经济政治联盟；更现实的意义在于，这种倡议旨在确保俄罗斯在中亚经济政治中的影响力，以补充其在该地区经济主导地位的下降和机会的流失。不管这种倡议的结果如何，但普京准确把握了俄罗斯民众对强大国家的渴望和恢复世界大国地位的期许。

其实，早在1994年，哈萨克斯坦总统纳扎尔巴耶夫就曾提出组建“欧亚联盟”的设想。纳扎尔巴耶夫曾呼吁建立一个统一的议会、政府、军队和货币等，但是，他的这个想法立即遭到乌兹别克斯坦和乌克兰的反对，认为这是苏联的复辟。尽管他在独联体峰会上屡次呼吁，而且召开了诸多的研讨会，但这种想法一直没有获得足够的推动力。2004年4月，纳扎尔巴耶夫在莫斯科大学演讲时，再次建议创建一种联盟，用一个明确的政治和经济框架取代独联体。在纳扎尔巴耶夫访问俄罗斯之后，哈萨克斯坦外交部还就此起草了正式文件转发给所有的独联体国家。纳扎尔巴耶夫主张5个中亚国家和白俄罗斯、俄罗斯及乌克兰共同组成一个联盟，加强在能源、交通、生产领域的合作。哈萨克斯坦也曾多次尝试在中亚地区和整个后苏联空间实现更紧密的一体化。从20世纪90年代中期呼吁组建中亚联盟开始，哈萨克斯坦一直希望在中亚形成一个经济共同体，但不断被乌兹别克斯坦所拒绝，而欧亚经济共同体的成立（2000年10月，俄、白、哈、吉、塔五国签署条约，决定将五国关税联盟改组为欧亚经济共同体）很大程度上是俄罗斯全力推动的结果。在普京抛出欧亚联盟方案后，卢卡申科和纳扎尔巴耶夫很快也在《消息报》相继发文，在基本同意普京方案的同时，他们强调了联盟成员的平等地位，表达了自己的担心。①

在2011年10月25日于《消息报》发表的文章中，纳扎尔巴耶夫基于自己的原有方案，详细阐述了有关欧亚联盟的基础性问题：② 第一，

---

① А. Лукашенко. О судьбах нашей интеграции//Известия. —2011，17октября.

② Нурсултан Назарбаев. Евразийский Союз：от идеи к истории будущего//Известия. —2011，25октября.

整合主要应根据经济实用主义进行，未来欧亚联盟的基础是一个共同的经济空间，主要致力于独联体国家联合发展的广大地区；第二，整合必须是自愿的，每个国家和社会都应该独立并意识到自身的重要性；第三，欧亚联盟承认国家间关系的平等原则，不干涉他国事务，尊重主权，承认国家边界的不可侵犯性；第四，欧亚联盟应该建立超国家机构，在协商一致的基础上，对各成员国的利益加以考虑，但这并不意味着政治主权的移交；第五，联盟中的每个国家都应该首先致力于其国内的发展，制定有效的国家经济、金融、社会政策（纳扎尔本耶夫原来的欧亚联盟方案没有该条款）。纳扎尔巴耶夫指出，应以俄、白、哈三国关税同盟及统一经济空间为基础组建欧亚经济联盟，作为一个全球性、开放性的组织，其在与欧盟进行广泛的相互合作的同时，也应该乐见中国的经济增长，而不是采取抵制性政策；欧亚联盟应该是一个能够连接欧洲、大西洋和亚洲的发展地区，有必要加强与欧盟、中国、日本、印度和东盟的互动；欧亚联盟必须建立在广大公众支持的基础之上，有必要扩大公共社团的数量，如欧亚实业家、企业家协会或商会等的积极参与。

事实证明，欧亚联盟构想已经成为指导普京总统新任期外交工作的重要理念。2012 年初，普京在媒体上连续发文，系统阐述了自己的政策主张。① 不出预料，普京就任总统后很快就通过了新的《俄罗斯联邦对外政策构想》②（俄罗斯不成文的惯例是新任总统都要出台该项战略文件，这不仅已经成为俄罗斯政治生活的一部分，而且也是国际社会观察俄罗斯外交走向的重要风向标）。无论是对俄罗斯的国际地位还是国际责任的认识，新构想都明显反映了克里姆林宫的大国目标和心态。在世界大国战略目标指导下，新构想确立了融入欧洲、建立欧亚联盟和实施亚太外交的三大战略布局构想。就地区外交而言，在 4 个外交重点地

---

① Владимир Путин. Россия сосредотачивается-вызовы, на которые мы должны ответить//Известия. —2012, 16 января. О наших экономических задачах//Ведомости. —2012, 30 января. Демократия и качество государства//Коммерсант. —2012, 6 февраля. Быть сильными: гарантии национальной безопасности для России//Российская газета. —2012, 20 февраля. Россия и меняющийся мир//Московские новости. —2012, 27февраля.

② См.: Концепция внешней политики Российской Федерации. Утверждена В. Путиным, 12февраля 2013г. http: //www. mid. ru/brp_ 4. nsf/newsline/6D84DDEDEDBF7DA644257B160051BF7F.

区中，唯一对独联体外交用了“优先方向”的提法，而且在构想全部104条中用了多达13条来阐述对独联体国家外交，表明了其在俄罗斯外交中的核心地位。新构想提出，对独联体外交的“首要任务是建立欧亚经济联盟，其可以作为未来独联体一体化的发展模式，并将进一步成为连接欧洲和亚太的枢纽。”由此，后苏联空间被俄罗斯视为重新崛起的地缘战略依托，在与独联体国家发展双边关系的同时，积极推进次区域的不同速度、不同领域的合作和一体化，重点发展关税同盟、欧亚经济共同体和集体安全条约组织，最终建立欧亚联盟。

独联体是莫斯科传统势力范围的后院，加强与后苏联地区国家的合作，符合俄罗斯的国家利益与经济发展需要。为保障在该地区的特殊地位，普京对俄罗斯的独联体政策进行了相应调整。莫斯科不再过于强调后苏联空间整体的一体化合作，而是对独联体国家依据不同情况给予区别对待，以集体安全条约组织和关税同盟为核心带动独联体一体化的发展，以恢复和维持俄罗斯的传统影响力。利用后苏联空间安全上的脆弱性和俄罗斯的传统影响，俄罗斯一方面通过集安组织和关税同盟加强区域经济、安全和防务一体化整合，另一方面通过一系列双边条约和协定加强了与独联体国家的军事、能源、经贸合作和人文交流。

在加强军事和安全整合的同时，为加快推进经济一体化进程，俄、白、哈三国决定在欧亚经济共同体框架内成立关税同盟，逐步实现对外关税统一，并取消了相互之间的海关。随着普京重新入主克里姆林宫，加快推进对后苏联空间的整合成为俄罗斯对外战略的最主要方向，要求借助独联体集体安全条约组织和关税同盟加快对后苏联空间的军事、政治和经济整合，最终为俄罗斯的重新崛起奠定地缘政治经济基础。①

自2012年7月1日起，俄、白、哈关税同盟正式过渡到统一经济空间，进一步扩大了产品销售市场。三国致力于2015年前统一与关税同盟、统一经济空间相关的各项法律，并在此基础上建立欧亚经济联盟。2012年5月再次出任总统后，普京首访就选择了白俄罗斯首都明斯

---

① Владимир Путин подписал Указ “О мерах по реализации внешнеполитического курса Российской Федерации”, http：//kremlin. ru/news/15256.

克。普京和卢卡申科强调，俄罗斯与白俄罗斯在国家间合作的所有领域的关系都具有战略性质，认为欧亚经济联盟将是强大、有影响力的地缘政治组织，对赞同欧亚一体化构想的其他国家具有吸引力，欧亚一体化能促进从里斯本到符拉迪沃斯托克的新经济合作结构的形成。[①] 随后，普京在北京参加完上海合作组织峰会后，直飞阿斯塔纳，开始对哈萨克斯坦进行正式访问。纳扎尔巴耶夫表示，过去 20 年的合作成果表明，哈萨克斯坦和俄罗斯的关系已经成为后苏联地区最成功、最有效的合作模式，堪称睦邻、盟友关系之典范，哈俄两国在关税同盟、统一经济空间内密切协作，目前正着手共建欧亚经济联盟。2012 年 12 月，纳扎尔巴耶夫在国情咨文中表示，哈萨克斯坦发展与俄罗斯、中国、中亚国家、美国和欧盟伙伴关系的优先方向不会改变，将继续巩固关税同盟和统一经济空间，哈外交政策的近期目标是建立欧亚经济联盟。[②] 针对外界猜测哈萨克斯坦与北约、美国加强合作意味着阿斯塔纳正逐步疏远莫斯科的说法，哈官方表示，哈萨克斯坦是独联体集体安全条约组织成员国，这决定了俄罗斯在哈军工业中扮演着重要角色，哈萨克斯坦不会脱离俄罗斯的“政治轨道”。乌克兰危机爆发后，在欧亚经济联盟条约的谈判中，俄罗斯与哈萨克斯坦和白俄罗斯在能源和农产品出口补贴、医药、医疗器械、烟草及酒类等商品的市场限制上仍存在较大分歧，但普京决定搁置分歧（各方同意撤消争议条款），积极推动按时签署条约。同时，在极为困难的情况下，俄罗斯仍勒紧裤带出资 20 亿美元支持白俄罗斯摆脱财政困境，目的就是顺利完成签约。

通过艰难的讨价还价，2014 年 5 月 29 日，俄罗斯、白俄罗斯和哈萨克斯坦三国最终完成了签约，宣告欧亚经济联盟的正式建立。按照条约规定，自 2015 年 1 月 1 日起，欧亚经济联盟将正式启动，到 2025 年将实现商品、服务、资金和劳动力的自由流动；三国将在能源、工业、农业、交通等主要经济领域推行协调一致的政策；作为一体化主要机构的欧亚经济联盟委员会将留在莫斯科，欧亚法院将设在明斯克，金融监

---

① Первый президентский визит//Рязанские ведомости. —2012，2 июня.

② “Стратегия ‘Казахстан-2050’：новый политический курс состоявшегося государства”，http：//ru. government. kz/site/news/2012/12/65.

管机构将设在阿拉木图。[①] 从规模上看，欧亚经济联盟的国内生产总值达2.2万亿美元，拥有涵盖1.7亿人的巨大区域市场和包括占全球1/5的天然气和近15%石油的庞大能源储备。不仅亚美尼亚和吉尔吉斯斯坦将很快加入其中，欧亚经济联盟还打算与越南建立自由贸易区，而以色列和印度也有意向同欧亚经济联盟建立贸易互惠机制。[②]

欧亚经济联盟条约的签署正值俄罗斯与美欧围绕乌克兰危机进行博弈之际，对此，各方自然评价不一：主流观点认为（包括俄、白、哈官方立场），欧亚经济联盟的正式成立将三国经济联系的紧密程度提升到一个新的高度，在全球经济低迷之际，这种区域合作将会更有成效；西方一些媒体和官方（包括美国国防部长哈格尔）则仍将其视为普京"重建苏联"宏伟计划的开始，是与西方对抗的表现；有怀疑者（主要在哈萨克斯坦国内）认为，三个相对虚弱的经济体合作前景堪忧，而且俄罗斯还正承受来自西方的制裁；自然也有观点（主要来自俄罗斯国内）认为，条约的签署表明一个新的力量中心的正式建立，有利于缓解来自西方对俄罗斯的制裁，沉重打击了美国的野心和维持单极世界秩序的企图。

不可否认，对俄罗斯来说，条约的顺利签署可以作为抵制美欧经济制裁和强化自身国际地位的重要手段，但从长远来看，普京对后苏联空间的整合仍面临极大的挑战和困难。随着欧亚经济联盟的正式建立，普京所一直致力推动的对后苏联空间进行整合的战略切实迈出了关键性的一步。尽管如此，但考虑到一系列制约因素的存在，其在不久的将来似乎不太可能成为现实，人们还很难想象一个更广泛和更深入的类似于欧盟的区域性集团会很快出现在后苏联空间。

首先，乌克兰的欧洲选择对普京的欧亚联盟战略是一个沉重打击。鉴于乌克兰的战略地位和在独联体中仅次于俄罗斯的影响力，如果关税同盟把基辅纳入其中，无论其在内部市场规模还是国际影响力上都将上升到一个新高度。言外之意，乌克兰最终与欧盟签署了联系国协定，甚

---

① Договор о Евразийском экономическом союзе. http://www.nomad.su/?a=3-201405300028.

② Алексей Балиев. Тройку исправили на пятерку: Армения и Киргизия дополнят Евразийский экономический союз//Российская Бизнес-газета. — 2014, 3 июня.

至有很大的可能性加入北约，这对普京的欧亚整合战略而言显然是一个重大挫折。失去乌克兰，不仅意味着西部战略空间和庞大军工潜力的丢失，还意味着失去一个5000万人口的市场和经济多样性的机会。同时，俄罗斯尽管借机“拿下”了克里米亚，但围绕乌克兰危机持续发酵所导致的西方对俄罗斯制裁力度的不断加码，致使俄经济进入衰退已是不可避免，从而严重影响莫斯科对欧亚整合的“输血”能力。

其次，欧亚经济联盟的进一步扩员潜力有限。尽管普京宣布欧亚联盟对所有后苏联地区国家开放，但除了亚美尼亚和吉尔吉斯斯坦选择加入欧亚经济联盟外，其他国家或选择欧洲和美国（格鲁吉亚、阿塞拜疆和摩尔多瓦），或保持中立政策（土库曼斯坦），或对莫斯科采取抵制立场（乌兹别克斯坦不仅宣布退出集体安全条约组织，最近更是与美国关系明显改善）。而由于自身的实力和地位，亚美尼亚和吉尔吉斯斯坦的加入对欧亚经济联盟影响力的提升有限。亚美尼亚的经济实力别说同其他独联体国家相比，就是在外高加索三国中也是最弱的，而吉尔吉斯斯坦的经济实力也在中亚五国中垫底。

第三，条约的签署并不意味着欧亚整合发生了实质性变化。欧亚经济联盟的成立基本上没有改变现状，因为大部分规则在统一经济空间成立后就已经开始实施。在管理体制上，原来统一经济空间的机构设置基本得以沿用，而且与关税同盟相比，欧亚经济同盟的关税和贸易政策并没有变化，三国关税收入的分配比例也没有改变（俄罗斯87.97%、哈萨克斯坦7.33%、白俄罗斯4.7%）。同时，整合的动力仍表现为对俄罗斯的主动推动和“诱导”的依赖。亚美尼亚2013年9月宣布了加入关税同盟的决定，意味着停止与欧盟签署联系国协定的谈判，其从俄罗斯进口的天然气价格很快从每千立方米270美元下调至189美元；俄罗斯在2014年1月向白俄罗斯提供4.5亿美元用于支持其外汇储备后，又于5月提供了20亿美元贷款；而即将入盟的亚美尼亚和吉尔吉斯斯坦都需要俄罗斯的资本输入，前者在与阿塞拜疆有关纳—卡问题争端中更依赖于莫斯科的支持；为推进吉尔吉斯斯坦加入关税同盟计划，俄罗斯要向吉国家发展基金投入12亿美元。

第四，欧亚经济联盟的进一步内部整合仍面临诸多挑战。独联体国家的一些民族主义者对一体化仍持否定立场，认为选择一个仍然紧密的联盟，国家将失去独立性。哈萨克斯坦国内就有不少人担心，与俄、白的经济一体化会带来政治一体化，最终“复活苏联”。在欧亚经济联盟条约谈判中，俄罗斯和白俄罗斯曾提出包括统一护照和货币、共同议会、共同边境力量、共同经济外交政策以及边界安全等内容，但哈萨克斯坦只赞同加强经济联系的相关提议，强调欧亚经济联盟只是一个经济项目，不涉及政治主权问题。俄、白、哈商定推行统一的宏观经济、反垄断、货币和金融政策，但并未提到统一货币问题，只是强调在2025年前成立统一的金融管理机构。就是在外贸政策上，条约也只是规定了三国应协调外贸政策，而不是统一。同时，欧亚经济联盟条约规定，三方拥有完全平等的权力，在联盟所属机构中拥有平等的表决权。事实是，俄、白、哈仍在货币和金融领域保留大量程度不同的国家干预，这是整合的自然障碍。例如，白俄罗斯的经济模式保证了一定的经济增长率，却包含着一个欠发达的金融市场和非透明的金融体系；就是对俄罗斯而言，如果卢布的相互贸易优势被削弱，莫斯科能否完全接受也是个问题。[①] 由于欧亚经济联盟的金融基础主要依靠的仍是俄罗斯的油气出口，所以，莫斯科方面并不急于取消油气市场的限制，而是提出了一个5—10年过渡期的方案。

第五，普京的欧亚整合面临来自后苏联空间现有跨国组织的牵制。尽管俄罗斯强调欧亚联盟不会重复或代替现有的多边区域组织，但没有表明如何处理欧亚联盟与现有国际组织，特别是上海合作组织和欧洲联盟的关系。许多其他独联体国家都想和中国或欧洲发展关系，以平衡俄罗斯的影响。中国在上海合作组织内有着重大的安全和经济利益，而在相同的功能区再出现一个欧亚联盟，二者之间关系如何构建将面临重大考验；欧盟通过“东部伙伴关系计划”加强在后苏联空间的影响，与相关国家之间的联系和自由贸易区协定正在落实，虽然表态短期内不会提供正式成员国地位，但欧盟仍然可以提供可观的经济和其他援助，从而对欧亚联盟方案形成极大的牵制（乌克兰危机既是明证）。

总之，为克服离心倾向和加强在欧亚大陆的竞争力，俄罗斯需要构

---

① Fyodor Lukyanov, The Eurasian Union-Fending Off European Ailments, 2 june 2013, http://eng. globalaffairs. ru/redcol/The-Eurasian-Union-Fending-Off-European-Ailments - 16011.

建一个更具吸引力的地缘政治经济集团。原则上，这一目标要求莫斯科的欧亚整合计划通过共享更大影响力的集体机构和采取更温和的方法处理与邻国的争端。在实践中，俄罗斯也必须通过国内的现代化和其他改革努力使自己成为一个更具吸引力的经济和政治合作伙伴，通过与独联体国家的贸易和相互投资，取得更大的成功。因此，普京的欧亚联盟方案所面临的困难和挑战是显而易见的。2013 年 10 月 24 日，在明斯克独联体成员国元首峰会上，纳扎尔巴耶夫曾建议解散欧亚经济共同体，强调关税同盟应接纳亚美尼亚为成员国，吸收吉尔吉斯斯坦和塔吉克斯坦为观察员国，而且，为避免所谓的“重建苏联”，还可以考虑吸纳土耳其为成员国。对此，普京强调不能简单地解散欧亚经济共同体，否则关税同盟将丧失法律基础。纳扎尔巴耶夫还批评俄罗斯对哈萨克斯坦和白俄罗斯两国的商品实施非关税性贸易壁垒，导致俄罗斯对哈萨克斯坦和白俄罗斯的贸易均出现了较大顺差，对哈、白的货币稳定和经济发展形成很大压力。[①] 在俄白联盟国家一体化方面，由于对国家主权存在着深刻担忧，所以白俄罗斯一直拖延共同宪法的制定和向统一货币过渡的进程。当前，普京推动下的欧亚整合的一个突出特点是，对最高领导层之间协议的依赖和处处可见俄罗斯诱导的“痕迹”，这是与欧洲联盟的不同之处。造成这种局面最根本的原因在于，倡议的发起者仍一定程度上局限于过去，而未能建构出合作伙伴所共同认同的价值观和地缘政治及经济利益。

---

① Заседание Высшего Евразийского экономического совета прошло 24 октября в Минске. http：//www. cis. minsk. by/news. php? id＝2198.

第七章　走出欧亚：欧盟的全球角色

欧盟作为一个新兴的超国家实体正在蓬勃发展，从最初的六国煤钢共同体到现在拥有28个成员国的超大规模政治实体，欧盟这一路走来也并非一帆风顺。2005年《欧盟宪法》先后被法国和荷兰否决，随后在次贷危机和欧元危机的冲击下欧盟更是在经济上遭受了惨烈的挫折，欧盟能力开始受到质疑。尽管路途坎坷，不可否认的是，欧盟依旧是全球最有竞争力的经济体之一，同时也是最有发展前景的一体化进程。尽管欧盟最初只是作为经济联盟呈现在世人面前，但是随着一体化的不断扩大与深入，欧盟如今已经成功地转化成了一个政治经济高度结合的新型联盟。与此同时，作为拥有5亿人口的世界最大经济体，欧盟开始考虑其未来的发展计划与自身定位，尤其是在全球化复杂多变的背景下如何灵活应对多方挑战，如何处理好与其他政治行为体的关系是欧盟未来发展的成败所在，于是欧盟的全球战略便开始提上了日程。

第一节　欧洲2020战略

2000年3月，欧洲理事会在葡萄牙里斯本通过了欧盟第一个十年计划，即“里斯本战略”，其总体目标是将欧盟建设成为“以知识为基础的、世界上最有竞争力的经济体”。[①] 该战略围绕就业、经济、社会、教

① http://www.consilium.europa.eu/uedocs/cms_data/docs/pressdata/en/ec/00100-r1.en0.htm.

育、科研等方面制定了详细的目标，要求到2010年欧盟平均就业率从61%提升至70%，其中女性员工的平均比例从51%提升至60%，另外，欧盟各国投入的科研与开发资金所占GDP比例将从1.9%提高到3%。随后由于计划执行不力，欧盟于2005年对里斯本战略进行了一定的调整，将提高经济增长和解决就业作为两大优先目标，要求5年内使欧盟经济增长率达到3%，并创造出600万个就业机会。尽管愿景是美好的，但是由于受到2008年席卷全球的金融危机的影响，欧盟经济受到重创，2009年7月1日担任轮值主席国的瑞典首相弗雷德里克·赖因费尔特也对外承认里斯本战略的失败。[①] 根据国际货币基金组织的数据显示，2009年度欧盟GDP下降4.1%，[②] 工业生产回降到90年代的水平，失业人口高达2300万，这也是欧盟经济自2001年来首次出现负增长。[③]（见图1）

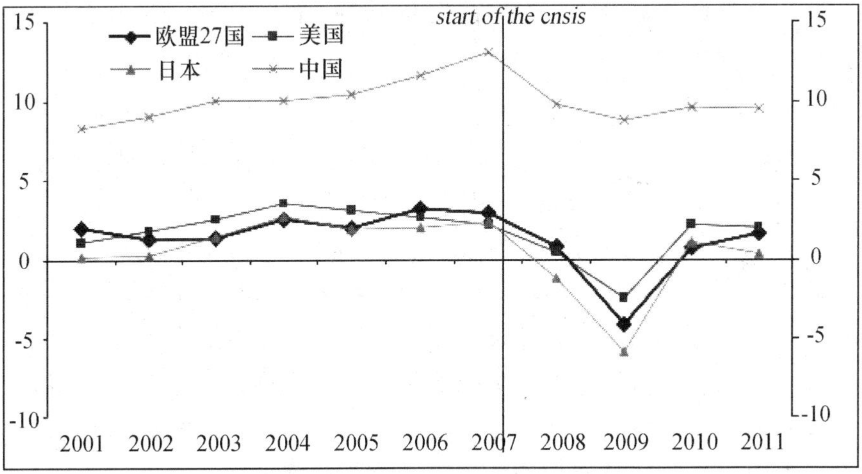

图1　GDP平均增长（%）

① Sweden admits Lisbon Agenda 'failure', Published 03 June 2009, http://www.euractiv.com/priorities/sweden-admits-lisbon-agenda-fail-news-221962.

② "Regional Economic Outlook: Europe", http://www.imf.org/external/pubs/ft/reo/2010/EUR/eng/ereo0510.htm.

③ 参见欧盟统计局：http://epp.eurostat.ec.europa.eu/tgm/table.do?tab=table&plugin=1&language=en&pcode=tec00001。

虽然到2009年底全球经济已经开始复苏，但屋漏偏逢连夜雨，欧债危机的爆发让欧盟经济继续举步维艰，欧元区面临着历史性危机。随着里斯本战略的到期以及标志性的《里斯本条约》生效，欧盟便开始着手制订下一个十年发展计划。2009年11月24日，欧洲共同体委员会（Commission of the European Communities）对欧盟2020战略（EU 2020）进行了讨论，在分析了当前严峻的外部形势后提出以下三点计划：通过知识增长创造价值；向被社会隔离人群提供技能培训，增强其适应能力；使欧盟经济具有竞争力、连贯且更绿色环保。[①] 随后在2010年1月，欧洲经济和社会委员会（European Economic and Social Committee，ESC）出台了“后里斯本战略：从有组织的公民社会角度建议”（The post－2010（Lisbon）Strategy：Proposals from organised civil society）的整合性报告，提出2010—2020年欧盟面临的主要挑战来自于如何刺激经济增长以产生大量高质量的工作机会，如何促进社会融合，如何面对老龄化结构，如何保持对自然资源的获取，如何保持高新科技的先锋地位以及加快基础设施投资，尤其是在IT和通讯宽带技术方面。报告还以欧盟就业战略（European Employment Strategy）为例，认为问题的出现并不是因为战略自身的制定，而在于每个成员国对战略实施的无力。[②] 在前期讨论的基础上，欧盟于2010年2月11日召开非正式首脑会议，与会领导人初步讨论了欧债危机问题，并开始商量欧盟未来的发展之道，对外正式提出了欧洲2020战略（Europe 2020）构想。欧洲2020战略的3大目标：加快创新建设推动经济增长，提高就业率增强社会包容性，发展绿色可持续且具竞争力的经济，获得会议一致赞成，但是其中关于对未能达到稳定与增长公约财政与债务标准的成员国进行惩罚的内容被否决，因为成员国认为该项要求缺乏严格的执行标准，难以解决当前迫在眉睫的平衡财政、缩减债务等经济难题。尽管遇到一些波折，但欧盟并没有气馁，趁热打铁加快计划进程：欧盟委员会于2010年3月3日对外正式公布战略草案，3月25日在欧盟春季首脑会议上对战略

① Commission Working Document Consultation On The Future “Eu 2020” Strategy，Brussels，24.11.2009 COM（2009）647 final.

② European Economic and Social Committee：The post－2010（Lisbon）Strategy：Proposals from organised civil society，Integrated Report to the European Council，January 2010.

草案进行审核，6月17日布鲁塞尔欧洲理事会对其进行了最后的审核和批准，至此欧洲2020战略最终生效。

欧洲2020战略简单来说可以概括为三大重点、五大目标以及七大旗舰行动（Flagship initiatives）。[①]（见表1）

表1　欧盟2020战略

三大重点	五大目标	七大旗舰行动
灵巧增长：通过加强教育、研发以及数字化社会建设提升欧盟表现	创新：研发投入占欧盟GDP的3% 就业：20—64岁劳动人口就业率从目前的69%上升到75% 教育：失学率从目前的15%降至10%，30—34岁受高等教育人口比例从目前的31%至少上升到40%	"欧洲数字化议程"：建立以高速/超高速互联网为基础的单一数字化市场。到2013年所有地区覆盖宽带，到2020年将所有网络提速到30Mbps以上，到2050年50%以上的家庭宽带速度超过100Mbps "创新联盟"：针对环境变化，能源危机以及健康和人口变化的挑战，重新关注研发与创新政策；加强从"蓝天"创新项目到商业化的创新链中的每个环节 "行动的年轻人"：帮助学生和实习生进行海外学习；让年轻人更好地适应工作市场的需求；提高欧洲大学的成绩，增强国际吸引力；提高教育和培训的各个层次水平（学业优异，均等就业机会）

① http：//ec. europa. eu/europe2020/europe - 2020 - in-a-nutshell/index_ en. htm；参考贾凤兰："欧洲2020战略"，《求是》2010年第10期，以及"欧盟2020战略——灵巧、可持续和包容性增长战略"，上海图书馆上海科学技术情报研究所，http：//www. istis. sh. cn/list/list. aspx？id =6832。

续表

三大重点	五大目标	七大旗舰行动
可持续增长：构建一个更具竞争力的低碳经济来提高能源的利用率；保护环境，减少排放，保护物种多样性；保持欧盟在新绿色技术和生产技术方面的领导优势；引入有效的智能电网；利用欧盟网络提高企业竞争力；改善商业环境；帮助消费者做出明智的选择	环境能源：温室气体排放在1990年基础上减少20%，可再生能源使用比率达到20%，能效提高20%	“资源高效的欧洲”：摆脱对资源和能源的利用，向资源高效、低碳排放的经济转变；减少二氧化碳的排放，提高能源安全，缓解能源紧张 “全球化时代的产业政策”：制定支持商业，尤其是小型商业的产业政策，帮助其面对全球化、经济危机和低碳经济转型的挑战，并且与商业、贸易集团、学者、NGO以及消费者组织密切合作；通过支持企业家精神使欧洲商业更加健康更具竞争力；从原材料到售后服务全方位覆盖日益增长的国际价值链
包容性增长：提高就业率，获得更多更好的工作，尤其是对妇女、年轻人和老人而言；通过培训帮助所有年龄段的人参与工作；调整劳动力市场与福利系统；确保增长的好处惠及欧盟所有国家	社会融合：至少减少2000万贫困和受排斥的社会人口	“新技能和新工作议程”：针对个人帮助其获得新技能，适应变化中的劳动力市场以及成功地事业转型；调整劳动力市场，提高就业水准，减少失业率，提高劳动生产率，确保社会模式的可持续发展 “欧洲反贫困平台”：确保经济、社会、地区凝聚力；保证尊重贫困和受排斥人群的基本人权，让其有尊严地参与到社会生活中去；移动性地帮助人们与生活社区相融合，使其获得所需培训、找到工作并且获得社会福利

欧洲2020战略的出台标志着欧盟对前期里斯本战略失败的反思，在全球化、人口老龄化以及资源紧缺的持续压力下作出的深度转变，它不仅着眼于摆脱危机，而且更加注重中长期发展，在巩固现有一体化成果的基础上继续对外推广“欧洲模式”，进一步提升欧盟“规范化”的软实力。通过对比分析里斯本战略，我们可以发现欧洲2020战略有以下几处进步：

1. 高度重视创新能力。尽管之前里斯本战略同样提到了加强科技与创新水平，但是欧洲2020战略中将创新提到了首要战略高度，并且系统地制订了相关计划，不再单单关注研发经费的数量投入，更关注创新的基础——高等教育和人才的培养，从而找到了问题的根源所在。

2. 评价标准更加科学化，不再以GDP为主要导向。与后期里斯本战略提出的GDP增长目标不同，欧洲2020战略只是对GDP前景进行了预估，而没有具体的指标要求。相比难以显示生活质量与贫富差距的GDP，欧洲2020战略更注重社会包容发展，更关心贫困人口的减少与社会融合，毕竟和谐社会更能促进经济的长远发展。当然在此基础上欧盟还需要进一步制定新的评价标准，例如OECD提出的“美好生活指数”就是一个很好的榜样。①

3. 政策执行更加有效。里斯本战略过度依赖“开放式协调法”（Open Method of Coordination，OMC），缺乏问责机制，尽管在2005年里斯本战略重启后改为“综合指导方针”，成员国每年向欧盟提交年度报告，欧盟委员会对其进行分析并提出相关建议。2020战略中，欧盟针对28个成员国各自不同的国情分别制定具体指标，并且要求成员国在上半年通过年度预算前提交“欧洲2020战略”及“稳定和增长公约”（Stability and Growth Pact）的进展报告，② 欧盟委员会由此对成员国的进展情况进行评估，提出具体建议甚至发出

---

① Leonardo Palumbo：A post-GDP critique of the Europe 2020 strategy；Procedia-Social and Behavioral Sciences 72 （2013） 47 –63.

② European Commission，Annual Growth Survey Annex Progress Report On EUROPE 2020，Brussels，12. 1. 2011COM （2011） 11 finalANNEXE 1.

警告，希望通过明确的战略部署最终能够顺利完成目标。于是欧洲2020战略实现了以下两项转变：一方面改变了政策指导方式，从以前告诉国家不应该做什么到现在告诉各个国家应该做什么。另一方面转变管理结构，欧盟委员会不再是改革绝对主体或者政策实施的主管者，具体任务交由各个国家自主管理，明确了责任，提高了效率。①

但不可避免的是，欧洲2020战略依旧存在如下缺陷与挑战：

1. 目标模糊，互相之间关系复杂。欧洲工会研究院（European Trade Union Institute，ETUI）的研究者认为，2020战略没有从根本反思里斯本战略失败的原因，那么过去10年尚未完成的目标（3%的GDP投入研发）依旧很难在未来10年内实现。另外仅仅用基于知识与创新的经济发展来概括发展实在过于模糊，例如只提到了就业率，却没有对工作质量提出要求，而且没有理清经济发展和社会稳定以及环境保护之间的紧张矛盾关系。②

2. 目标过高难以实现，且与美国有较大差距。③ 欧洲政策研究中心（Centre For European Policy Studies，CEPS）2012年的报告指出欧洲2020战略在研发投入以及就业率方面要求过高，按照以往的发展进度来看很难按期实现（见图2）。

---

① Fredrik Erixon，The Europe 2020 strategy：time for Europeto think again，European View（2010）9：29－37.

② Philippe Pochet，What's Wrong with EU2020？，ForumEurope 2020 – A Promising Strategy？，Intereconomics，Volume 45，May/June 2010，Number 3.

③ Daniel Gros and Felix Roth，The Europe 2020 Strategy：Can It Maintain The Eu's Competitiveness In The World？，Centre For European Policy Studies（CEPS），2012.

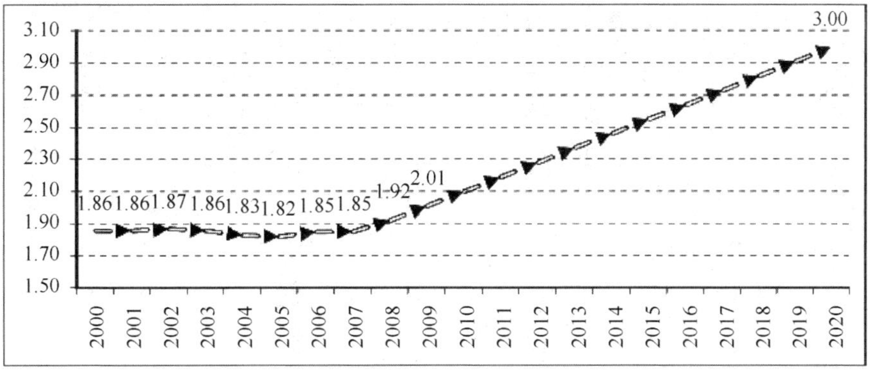

图 2　欧盟 27 国中研发投入占 GDP 的比重

图 2 来自 Daniel Gros and Felix Roth, The Europe 2020 Strategy: Can It Maintain The Eu's Competitiveness In The World?, Centre For European Policy Studies (CEPS), 2012, 第 33 页。

而且在教育方面不应该只关注数量，更应该注重大学的质量。欧盟在大学排名方面和美国差距较大，最令欧盟头疼的是其内部教育水平分化严重，地中海国家，尤其是意大利需要提高大学教育的比率，而教育水平较高的德国、奥地利则需改进其教育结构。欧盟应该共同努力，尽快建成欧洲研究中心（European Research Area，ERA），将大学教育转化为创新成果，进而加快经济发展。①

3. 缺乏对外部国家的关注。一方面目前债务危机的处理不应该仅仅停留在欧元区国家内部，还需要关注周边非欧元区国家，② 欧元区危机的处理需要多方的协调合作。另一方面欧洲 2020 战略的成功不仅仅取决于其政策框架，很大程度上还取决

① 根据泰晤士报 2010—2011 年度世界大学排名显示：15 所美国大学排名前 20，排名前 200 的大学中美国有 72 所，第二位的英国有 29 所，第三位的德国有 14 所，而且所有欧盟大学加起来才略多于美国（75 所）。最关键的是作为欧盟代表的德国，其最好的大学全球排名第 43。转引自 Daniel Gros and Felix Roth, The Europe 2020 Strategy: Can It Maintain The Eu's Competitiveness In The World?, Centre For European Policy Studies (CEPS), 2012, pp. 51 – 55。

② Daniel Gros and Felix Roth, The Europe 2020 Strategy: Can It Maintain The Eu's Competitiveness In The World?, Centre For European Policy Studies (CEPS), 2012, p. 83.

于欧盟的对外经济关系。[①] 2010 年欧盟对外贸易占其 GDP 的 31%，但是欧洲 2020 战略中对外贸易并不是主要目标，因此专家们大多数认为 2020 战略并不能带来较快的经济增长。[②]

4. 全方位的挑战。根据 2014 年欧盟委员会最新出台的报告显示，欧洲 2020 战略在 2014 年面临的挑战并不见得比 2010 年少，再加上经济危机的积累导致的各国不平衡发展使得欧洲一体化减慢。另外相比在教育、环境和能源方面的成就，欧盟在就业、研发和脱贫方面依旧难有起色。由于具体目标已经分配到各个成员国，这将不可避免地使各成员国出现发展分化现象，而且国家间贫富差距也将进一步拉大。[③]

尽管欧洲 2020 战略在里斯本战略的基础上作出了一定改变，但是欧盟的管理制度依旧没有触及危机的根源，另外尽管欧洲 2020 战略对欧盟和成员国分别提出了相关要求，但是如何处理好欧盟和成员国之间关系，如何促使这两个层面的管理合作能够有机结合，共同制定并实施政策还是关键所在。当然欧盟也在尝试一些新的改变，例如欧盟委员会要求在全欧洲范围内开展公共咨询，以便让更多的利益相关者能够参与到计划中来。[④]

第二节　欧盟的区域战略

除了自身的实力发展外，从地缘政治角度而言，与欧盟唇齿相依的

---

① 针对 12 位研究欧洲宏观经济的专家调查显示，2020 战略的成功 52% 取决于国内因素，国外因素占 48%，参考 VytautasKedaitis Angele Kedaitiene：External dimension of the Europe 2020 strategy；Procedia-Social and Behavioral Sciences 110（2014）700 - 709。

② 同上，50% 的专家认为该战略对经济的影响力在 10%—30% 之间，33% 的专家认为影响低于 10%。

③ European Commission：Communication From The Commission To The European，Parliament，The Council，The European Economic And Social Committee And The Committee Of The Regions：Taking stock of the Europe 2020 strategyfor smart，sustainable and inclusive growth，Brussels，5. 3. 2014COM（2014）130 final.

④ Ibid. .

就是其周边邻国的状况，尤其是随着欧盟的扩大其进一步接近中东和外高加索等动荡区域，能否处理好这些周边地区的安全与稳定决定了未来欧盟能否拥有一个良好的外部发展环境。目前欧盟相对重视的区域战略主要有两部分：一是欧洲睦邻政策（European Neighbourhood Policy, ENP），其中包括南向的“欧盟—地中海伙伴关系”（Euro-Mediterranean Partnership）与东向的“东部伙伴关系”（Eastern Partnership, EaP），二是欧盟的新中亚战略。

一、欧洲睦邻政策

尽管欧盟希望能成为全球范围内的重要力量，但是受限于实力与内部分裂，实际上目前欧盟更多的是作为一个地区性的力量对周边邻国发挥影响力。目前欧盟的周边国家可以分为以下 3 类：第一类称之为半内部国家（semi-insiders or pre-ins），即那些被欧盟承认的入盟候选国；第二类称之为半外部国家（semi-outsiders），即欧盟不能提供其成员国地位的国家；第三类是因为违反了民主和人权的基本价值而不能被欧盟睦邻计划包括在内的外部国家（outsiders），例如白俄罗斯和利比亚。[①] 第一类国家主要由欧盟扩大政策来实施，而欧洲睦邻政策的提出便是为了解决与第二类国家的关系。

早在 2002 年，欧盟委员会主席罗马诺·普罗迪（1999—2004 年）在其“大欧洲——作为稳定核心的临近政策”演讲中就针对其南部和东部邻国提出了近邻政策（proximity policy），希望能够与其建设开放的、不断发展的伙伴关系，并在欧盟周围形成一个从摩洛哥到俄罗斯再到黑海的“朋友圈”（ring of friends）。[②] 随后在 2003 年 3 月，面对新成员国的即将加入，欧盟为避免欧洲由此产生新的分界线而提出了“大欧洲”

---

① Kristi Raik, The EU as a Regional Power: Extended Governance and Historical Responsibility. In: Hartmut Mayer and Henri Vogt (eds.), A responsible Europe?: Ethical Foundations of EU External Affairs; Palgrave Macmillan, 2006, p. 77.

② Romano Prodi, "A Wider Europe-A Proximity Policy as the key to stability": Peace, Security And Stability International Dialogue and the Role of the EU "Sixth ECSA-World Conference. Jean Monnet Project. Brussels, 5 - 6 December 2002, http: //europa. eu/rapid/press-release_ SPEECH - 02 - 619_ en. htm.

计划，以促进欧盟边界内外的国家共享繁荣与稳定，尤其是与乌克兰、摩尔多瓦、白俄罗斯以及南地中海国家等新邻国加强关系，促进其改革发展。[①] 同年 12 月，索拉纳在 ESS 中针对恐怖主义、大规模杀伤性武器扩散、地区冲突、失败国家、有组织犯罪等一系列核心威胁，再度强调要求在欧盟邻国建立起安全稳定的秩序，尤其要在欧盟的东部和地中海附近帮助建立起一圈良好治理的国家（a ring of well governed countries），[②] 以保障欧盟自身的安全。最终在 2004 年的 5 月，欧盟正式提出了较为成熟的睦邻政策战略文件（European Neighbourhood Policy Strategy Paper，ENP），并对 ENP 的实施原则和范围、行动计划、区域合作和行动支持等方面做了初步规划，即在现有东欧国家伙伴关系合作协定（Partnership and Cooperation Agreements，PCA）以及欧盟地中海伙伴关系（巴塞罗那进程）两大框架基础下，在经济社会发展、贸易与国内市场、司法与内政、能源、交通、环境、信息化社会、科研等方面，通过高效的政治对话与经济援助来促使欧盟及其邻国共享稳定、安全与幸福，同时提升欧盟在全球的影响力与地位。[③]

2004 年 11 月，欧盟委员会针对 ENP 国家的各自特点分别量身定制了行动计划（Action Plan），并且公布相应的进度报告，并在 2005 年 11 月和 2006 年的 12 月分别提出了“实施和促进欧洲睦邻政策”[④] 和“加强睦邻政策”[⑤] 的文件，以加强睦邻政策的落实。在加强政策执行的同时，欧盟也对进程及时进行了反思与修订。2008 年 3 月，欧盟对 2007 年睦邻政策的实施进行了系统回顾，认为过去几年间 ENP 政策一定程度

---

① Communication From The Commission To The Council And The European Parliament：Wider Europe— Neighbourhood：A New Framework for Relations with our Easternand Southern Neighbours，Brussels，11. 3. 2003COM（2003）104 final.

② A Secure Europe In A Better World：European Security Strategy，Brussels，12 December 2003.

③ COMMUNICATION FROM THE COMMISSION：EuropeanNeighbourhood Policy —STRATEGY PAPER，Brussels，12. 5. 2004，COM（2004）373 final.

④ Communication To The Commission：Implementing And Promoting The European Neighbourhood Policy，Brussels，22 November 2005，SEC（2005）1521.

⑤ Communication From The Commission To The Council And TheeuropeanParliament：On Strengthening The European NeighbourhoodPolicy，Brussels，4 December 2006，COM（2006）726 final.

上加强了欧盟与邻国的合作，并且也使得他们更接近欧盟，给双方都带来了实际的利益。此外，欧盟还致力于促进欧盟边界外的区域进行一体化进程，这就需要欧盟进一步加强经贸合作一体化，加强人员流动并解决地区冲突。同时欧盟还需要对行动计划进行相应的改革，加强政策的实施，以给成员国带来清晰可见的利益，并针对乌克兰、摩尔多瓦、以色列、约旦等不同的国情制定一种渐进的、以绩效为基础的、有区别的实施计划。最后，欧盟还需要加强政策的可见性，尤其是要让邻国的公民们对此了解并积极行动起来。①

与此同时，欧盟内部长期存在的分歧也开始显现，尤其是在对外治理方向上。长期以来，由于历史、地理等因素的互相交织，欧盟内部大体上可以分为以德国、波兰、瑞典、捷克等为代表的主张与昔日苏联加盟共和国加强关系的“东进派”和以法国、西班牙、意大利等为代表的关注地中海地区的“南下派”。因此，可以看到从一开始普罗迪的讲话以及随后的 ENP 战略内容中都呈现出了以下两大导向，即南部的地中海区域和东欧区域。

相比较而言，欧盟对地中海区域的关注更早。早在 1969 年，欧共体便与地中海南岸马格里布国家（摩洛哥、阿尔及利亚和突尼斯）签订了优惠协议，开始建立双边经济关系。这一方面是因为该地区与法国和意大利在地理上较为接近，经贸往来较为密切。另一方面也是因为北非及中东地区的能源对欧洲十分重要。在 1972 年 10 月的巴黎首脑会议上，欧共体宣布建立“全球地中海政策”（GMP），并分别与以色列（1975 年）、摩洛哥、阿尔及利亚和突尼斯（1976 年）、埃及、约旦、黎巴嫩和叙利亚（1977 年）签署，将双边合作扩大到政治、安全、社会等领域。② 随后，由于希腊、西班牙和葡萄牙的相继加入，欧共体开始考虑更新以往的地中海政策并进行了两次修订，但是并未获得实质性进展。真正的转折点发生在 1992 年 3 月，在“欧共体与马格里布的未来关系”报告中提出了“欧洲—马格里布伙伴计划”，号召阿尔及利

---

① Communication From The Commission To The Parliament And The Council: Implementation of the European Neighbourhood Policy in 2007, Brussels, 3 April 2008, COM (2008) 164.

② Euro-Mediterranean Cooperation (Historical), http://www.medea.be/en/themes/euro-mediterranean-cooperation/euro-mediterranean-cooperation-historical/.

亚、摩洛哥、突尼斯和欧盟通过灵活的方式就所有方面的共同利益开展新的对话，以回应各方表达出来的需求。[①] 随后，在1995年的第一届地中海会议上通过了著名的《巴塞罗那宣言》，提出建立政治与安全、经济与金融、社会文化与人类事务这三方面的伙伴关系，通过对话、交流与合作来保障地中海地区的和平稳定与繁荣。[②] 随后ENP的提出将巴塞罗那进程整合其中，并进一步推动了地中海区域的发展。而巴塞罗那进程合作协议的再度启动则要等到2008年地中海联盟（Union for the Mediterranean，UfM）的建立。地中海联盟最初由法国总统萨科齐在2007年竞选时提出，随后欧盟委员会在2008年5月通过了“巴塞罗那进程：地中海联盟”的通讯，通过加强多边关系和对进程的共同所有权使公民更了解该政策，从而给巴塞罗那进程注入更多的动力。[③] 最终在2008年7月13日，法国担任欧盟轮值主席国期间如愿在巴黎召开了第一届地中海峰会并正式启动“地中海联盟”计划。目前地中海联盟共有28个欧盟成员国，15个南地中海、非洲与中东国家。[④]

而东向的伙伴关系发展可以追溯到20世纪90年代。欧盟针对苏联前加盟共和国开展了“独联体技术援助计划”，即塔西斯（TACIS）计划。但塔西斯计划重点在于欧盟的对外援助，缺乏双边合作项目和整体战略布局。随着1994年欧盟东扩的开始，除了关注东欧入盟候选国外，欧盟开始与独联体国家先后签署PCA，以促进政治经济改革确保地区稳定。但是2003年后格鲁吉亚、乌克兰先后发生颜色革命，东部国家民主改革发展带来的地区动荡一方面给欧盟敲响了警钟，另一方面也让欧盟看到了契机，进一步加快了东部伙伴关系的进程。而2004年ENP的提出和波罗的海三国的加盟，欧盟的边界线直接与俄罗斯、白俄罗斯以

---

① Communication From The Commission To The Council And The European Parliament：The Future Of Relations Between The Community And The Maghreb，Commission Of The European Communities，SEC（92）401 final Brussels，30 April 1992.

② Barcelona declaration，adopted at the Euro-Mediterranean Conference - 27 - 28/11/95.

③ Communication From The Commission To The European Parliament And The Council，Barcelona Process：Union for the Mediterranean，Brussels，20/05/08，COM（2008）319（Final）.

④ 这15个国家分别是阿尔巴尼亚、阿尔及利亚、波斯尼亚和黑塞哥维那、埃及、以色列、约旦、黎巴嫩、毛里塔尼亚、摩纳哥、黑山、摩洛哥、巴勒斯坦、叙利亚（暂停）、突尼斯和土耳其。

及乌克兰接壤。2007 年保加利亚和罗马尼亚的加入更是将欧盟推进到了黑海，与格鲁吉亚、亚美尼亚和阿塞拜疆等外高加索国家隔海相望。这些地区经济发展落后，政治环境也不稳定。例如摩尔多瓦与德涅斯特河左岸地区、亚美尼亚和阿塞拜疆之间存在边界纷争，乌克兰国内政治持续动荡，白俄罗斯更是被称为“极权”国家。因此这些地区无论是政治还是经济都相当脆弱，而且该区域还是传统的俄罗斯势力范围，这不由让新加入欧盟的国家，尤其是波兰等东欧国家忧心忡忡，担心自己成为欧盟和俄罗斯两大集团之间的分界线。于是波兰在 2007 年底提出东部伙伴关系草案，希望将乌克兰、白俄罗斯和摩尔多瓦推向“前线”。该草案得到了瑞典的支持，两国联手在 2008 年 5 月的欧盟外交总务会议上建议发起“东部伙伴关系”行动，并在 6 月的欧盟首脑会议上批准了此项目。2008 年 12 月，欧盟委员会向欧盟理事会和欧洲议会通报了相关草案，认为 EAP 应该比 ENP 政策更进一步，应该给予这些伙伴强力支持以使其靠近欧盟，并且给予必要的援助以支持其进行政治经济改革。双方通过联系国协定（Association Agreements，AAs）这一新的契约形式替换之前的 PCA 以建立更强的政治联系，通过建立深入全面自由贸易区（deep and comprehensive free trade area，DCFTA）以加强经贸合作，并且在安全领域进行共同外交与安全政策（Common Foreign and Security Policy，CFSP）和欧洲安全与国防政策（European Security and Defence Policy，ESDP）方面的深入合作，同时促进伙伴国建立起更接近欧盟的立法和标准以缩小双边差距。① 最终在 2009 年 5 月布拉格东部伙伴峰会上，欧盟与乌克兰、白俄罗斯、摩尔多瓦、格鲁吉亚、亚美尼亚和阿塞拜疆这 6 个欧亚国家签署了《东部伙伴关系宣言》，至此东部伙伴关系正式启动。

由上可见，欧盟睦邻政策在 2008 年之后已经具体分化成为东向和南向两大领域，但无论是地中海联盟还是东部伙伴关系都并不是脱离睦邻政策的新政策，而是在睦邻政策框架下的再细分，睦邻政策至今依旧是欧盟区域战略的基础框架。睦邻政策的实施收到了一定效果，

---

① Communication From The Commission To The Europeanparliament And The Council：Eastern Partnership，Brussels，3. 12. 2008，COM（2008）823 final.

为欧盟自身的稳定发展提供了一个较好的外部环境。但是外部的变化并不总在欧盟的掌控之中，因此欧盟睦邻政策也进行了一些相应调整。

2010 年 5 月，欧盟委员会对睦邻政策过去 6 年的实施进行了系统评估，认为尽管欧盟与邻国的贸易额增长了两位数，而且在政治接触下加快了解与合作，但是依旧要进行许多改进。在双边层面上，伙伴国与欧盟的合作更深入，欧盟提供的回应与支持也就越全面。目前有近 100 个次级委员会针对政府治理与民主转型、卫生改革等共同利益召开定期密切的会议交换认识，增加互知与互信。这些活动的成功引起了摩洛哥、苏丹、埃及等南部国家的关注，使其希望与欧盟进一步加强双边关系。在政治上，欧盟通过保护人权与自由、改革选举、打击腐败等一系列政治行为提升政府治理水平，解决长期冲突；在经济上，欧盟不仅在内部继续加快单一市场的建设，更要与邻国发展深入全面的自由贸易区。而且自由贸易区也不仅仅是消除关税，更要覆盖市场的服务、投资、公共采购等方面，通过欧洲睦邻和伙伴工具（European Neighbourhood and Partnership Instrument，ENPI）给予 115 亿欧元（2007—2013）支持，并采用近似欧盟法律来增加贸易，加快双边金融合作。此外欧盟还关注睦邻政策的社会政策层面，改善商业与社会环境；在人员流动方面，2008 年欧盟对邻国共发放了 209 万个申根签证，13 个非申根区欧盟成员国共发放 130 万个签证，使邻国公民进入欧盟变得更容易、更便宜、更快速。其中东部伙伴关系将短期的签证自由化发展为长期目标，保障移民的安全与流动的有效管理。欧盟还通过伊拉斯莫世界之窗计划（Erasmus Mundus programme）、居里行动计划（Marie Curie Actions）支持高等教育改革和教育科研人员的交流，为欧洲其他国家的研究者提供进一步的职业发展机遇；在多边层面，欧盟和南部地中海国家在自贸区、民防、文化、青年交流、性别问题方面建立了广泛的合作。地中海联盟的建立提升了欧盟与地中海伙伴国家之间的政治层级，并且通过一个联合主席系统（一个来自欧盟，一个来自地中海伙伴）、一个专用的秘书处（于 2010 年 3 月成立）以及一个常设联合委员会这样一个较为完整的系统来提供进一步的信息共享与合作，开展了大规模的区域和次区域层面的行动。与此同时，欧盟委员会、欧洲理事会主席以及欧盟经济和社会委员会在2009年12月的东部伙伴关系部长级会议上提出了开展欧盟东部睦邻议会大会（EU—Neighbourhood East Parliamentary Assembly（Euro-Nest）并组织东部伙伴关系公民社会论坛（EaPCivil Society Forum，EaP CSF）的计划，以促进公开对话与交换实践经验。2007年两个黑海沿岸国家加入欧盟后，欧盟于2008年2月启动黑海协同（Black Sea Synergy，BSS），开展了黑海盆地跨境合作项目和黑海互联项目（信息社会），并与黑海经济合作组织和黑海委员会等区域组织展开合作，全面加强黑海的区域合作与稳定繁荣。① 由此可见，欧盟睦邻政策正在进一步深入和完善。

尽管欧盟睦邻政策已经获得可喜的进展，如摩尔多瓦和乌克兰在努力加快与欧盟合作的进程，摩洛哥和约旦也声明进行宪政改革，但是好景不长。2010年底到2011年初的"阿拉伯之春"席卷北非与中东，给欧盟稳定带来了巨大冲击。期间，突尼斯、埃及、也门经过革命运动推翻了长期专制的政权，利比亚则在运动中爆发了剧烈的武装冲突，叙利亚则进入了与反对派的长期内战。此外，东部白俄罗斯反对派由于抗议卢卡申科再度当选而遭到持续镇压，再加上中东地区持续的混乱，欧盟不得不重新考虑其睦邻政策。2011年3月，欧盟专门针对南地中海的情况提出要和南地中海国家发展民主与共享繁荣的伙伴关系，民主、人权、社会正义、善治和法治等理念必须得到共享。而且今后欧盟与地中海的伙伴关系发展也必须基于这些领域的具体进步，并提出了如下三大发展要素：加强民主转型和体制建设，尤其注重宪法改革、司法改革与打击腐败；加强人文合作，特别强调支持公民社会和增强交流和对话的机会，尤其是对年轻人而言；可持续的包容性增长和经济发展，特别是支持中小企业（SMEs），加强职业和教育培训，提高卫生和教育系统，发展贫困地区。② 2011年5月，欧盟委员会在前文的基础上发表了题为

---

① Communication From The Commission To The European Parliament And The Council, Taking stock of the European NeighbourhoodPolicy, Brussels, 12/05/2010, COM (2010) 207.

② Joint Communication To The European Council, The European Parliament, The Council, The European Economic And Social Committee And The Committee Of The Regions: A Partnership For Democracy And Shared Prosperitywith The Southern Mediterranean, Brussels, 8. 3. 2011, COM (2011) 200 final.

“对睦邻变化的新回应：睦邻政策的评审”的报告，对睦邻政策进行了深入的反思，认为目前欧盟的睦邻政策还有改进的空间，尤其是最近的事态表明欧盟支持邻国的政治改革成效有限，因此睦邻政策要采用一种新的方法来构建并稳固健康的民主，追求可持续经济增长与控制跨境联系。在欧盟看来，深度的民主包括自由和公正的选举，结社、言论和集会的自由，媒体的自由表达，司法独立和公正审判下的法治，反腐败、安全与执法部门的改革，建立民主控制下的武装和安全部队等核心要素。为此，欧盟要促进周边邻国的公民社会组织（CSOs'）和媒体自由，加强人权对话和政治安全合作，利用共同外交与安全政策等欧盟机制在关键事件中与伙伴国开展联合行动。[①] 除了政治民主化外，欧盟依旧希望支持这些地区的经济与社会发展，例如建立欧洲投资基金以发展微型、小型和中型企业，加强宏观经济政策对话，通过流水线化决策机制提高宏观金融援助（Macro-Financial Assistance，MFA）的有效性，使其在短期达到内平衡收支，另外还要加快签证便利化和签证自由化，发展并建立移动合作伙伴（mobility partnerships）。此外欧盟还希望和突尼斯、摩洛哥和埃及等南部国家针对移民流动与安全展开对话，加强地中海工业合作，启动试点项目支持农业和农村发展，推进次区域合作。由此可以看出，欧盟对 ENP 政策的修订主要针对的是南地中海和中东国家，并且针对其政治动荡将政治民主化提到了首要位置，而将以往的经济合作放在其后。但与此同时，欧盟也不能顾此失彼，也要求和东部国家继续实施联系国协定和建立深入全面自贸区，并且未雨绸缪，加快推进东部国家的政治民主化与签证便利化和自由化，加强东欧国家和南高加索国家之间的多边关系，在贸易、教育、能源、交通、移民等方面继续合作互补，克服贫困。

在 2011 年标志性的转折后，欧盟睦邻政策由经济优先转向政治优先，继续向南地中海和东部国家提供由威权体制向民主体制转型的经验，帮助其应对民主转型带来的各项挑战。2012 年欧盟按照之前提出

---

① Joint Communication To The European Parliament, The Council, The European Economic And Social Committee And The Committee Of The Regions: A new response to a changing Neighbourhood—A review of European Neighbourhood Policy, Brussels, 25/05/2011, COM (2011) 303.

的建设性意见继续深入实施新睦邻政策，并提出了以下两项新方法：一是在市民社会层面与NGO，各类商业、学术、媒体、工会和宗教团体等组织加强合作，针对一些国家的性别歧视帮助女性在政治和社会上重塑重要角色，让睦邻政策真正深入到基层，真正获得民心。此外欧盟还针对伙伴国之间的差异和各自抱负量身定做改革进程，加强睦邻政策的灵活性与可行性。二是通过互动坦白的政策开展对话以增强欧盟和伙伴国之间的互相负责制度。一方面欧盟要加强正式和非正式的政治接触与对话加强对伙伴国家政治转向的支持，在各国进展报告上越加直率。另一方面要增加全方位的对话，不仅与各国高级官员，更要与利益相关者和市民社会组织建立制度性的联系，允许各国的代表们自由表达对新睦邻政策实施的看法并反馈给欧盟。①

在经历了两年的改进和实施后，欧盟自身不仅从金融危机中复苏，更重要的是伙伴国也朝着民主化的方向取得了一定的进展：利比亚在40年后首次投票选出他们的制宪会议。埃及和突尼斯继续实施宪政改革，亚美尼亚、格鲁吉亚和乌克兰选举出了新的议会，摩尔多瓦议会选举了新总统，尽管选举标准并没有达到国际标准，但是不可否认的是，民主结构正变得越来越强大。埃及、突尼斯和利比亚的事态发展清楚地表明，转型是复杂的，宪政改革是缓慢的，进展并不总是线性的。过去一年里邻国的进展一直很不平衡。在许多合作伙伴国家，广泛的改革有时因为既定的政治或经济利益而停滞或减缓，甚至出现一些倒退。而且，经济增长放缓，失业率上升，持续发展的不平等，环境挑战的增加，社会经济指数的下降比以往任何时候都更加严峻，这使ENP提出的改革变得尤为重要。2013年3月欧盟提出了“欧洲睦邻政策：迈向更强的伙伴关系”的报告，其中重点分析了欧盟睦邻政策的实施，尤其是在民主、东部和南部维度以及解决地区冲突这三个方面。②

---

① Joint Communication To The European Parliament, The Council, The European Economic And Social Committee And The Committee Of The Regions: Delivering on a new European Neighbourhood Policy, Brussels, 15. 5. 2012, JOIN (2012) 14 final.

② Joint Communication To The European Parliament, The Council, The European Economic And Social Committee And Thecommittee Of The Regions: EuropeanNeighbourhood Policy: Working towards a Stronger Partnership, Brussels, 20. 3. 2013, JOIN (2013) 4 final.

1. 民主

在欧盟邻国建立起深入可持续的民主制度依旧是欧盟的首要目标。正如前面提到的欧盟邻国在民主化改革方面产生了分化。南部的突尼斯、埃及和利比亚自下而上的革命已经触动了民主改革，而约旦、摩洛哥和阿尔及利亚当局则自上而下在宪法、选举和法律方面开始了改革。但是在自由集会、结社和表达方面所有国家依旧有所不足。同时东部国家也呈现出一定的分化。除了摩尔多瓦、突尼斯和亚美尼亚在选举框架的改革方面有所进展外，乌克兰的议会暴露出了一些更复杂的缺陷，而白俄罗斯依旧错失了以欧安组织和国际标准进行选举，其在人权、法治和民主原则方面并没有提高。在一些国家，媒体依旧受到政治和经济的干预，缺乏多样性和自我审查，如埃及和阿塞拜疆依旧有骚扰和监禁记者的事情发生。另外，在司法独立性方面很多国家都不同程度地需要加强，例如南部的埃及、摩洛哥、突尼斯和阿尔及利亚，以及东部的阿塞拜疆、乌克兰和白俄罗斯。高定罪率、过度使用行政拘留、平等武装原则的不合适运用等现象都降低了对司法的信任。而对监狱滥用酷刑、虐待的调查不足更是在执法官员中形成了有罪不罚的文化。另外，利比亚和埃及的安全部门改革明显地避免了对平民的军事审判，南地中海国家都应该以此为榜样加强对武装和安全力量的民主化控制。最后，无论在南部还是东部，腐败依旧是这些邻国所面临的巨大问题，几乎没有国家或只有少部分非常小心地采取步骤开始治理腐败，其中乌克兰、黎巴嫩、阿塞拜疆、利比亚和白俄罗斯的腐败更为严重。①

2. 睦邻政策的东部和南部维度

无论是东部伙伴关系还是地中海伙伴关系，目的是促进区域合作，发展区域协同效应和对每一地区特定的地理、经济和社会问题作出及时反应。在东向，尽管一些国家的民主改革进展有限，人权和法治继续构

① 根据2013年Transparency International的腐败指数显示，在全球177个国家中，白俄罗斯排名123，黎巴嫩和阿塞拜疆排名127，乌克兰144，也门排名167，叙利亚排名168，利比亚排名172。以上国家评分均少于30分，属于严重腐败。

成挑战，但是2012年起草的东部伙伴关系路线图依旧是进一步实现伙伴关系的指导与协调基础。① 在之前的联系国协定和深入全面自由贸易区的基础上，欧盟要实现和6个国家中的5个国家建立短期旅游的签证自由化的目标。除了进行东部伙伴关系正式对话及相关政治对话外，欧盟还对其进行经济援助，2011—2013年共有19亿欧元用于双边和区域合作（包括3.5亿欧元的额外资源）。2012年，3个伙伴国家（摩尔多瓦、格鲁吉亚和亚美尼亚）直接受益于东部伙伴关系集成和合作计划（EaPIC）。而在南向，欧盟已经在2011—2013年投入了35亿欧元和7亿欧元新的捐款以帮助其进行民主转型。尽管目前南地中海的民主制度建设依旧缓慢，特别是处于法律的不确定性笼罩下，但是政党和公民社会的新活力让欧盟发现了新的对话渠道。欧盟南地中海的特别代表在加强欧盟与该地区各国转型的政治对话中扮演了主导作用，为欧盟加强民主和制度建设提高了政策的有效性和可见性。而在区域层面，北部地中海的联合执政已经转移到欧盟和约旦的南部联合执政，这一迹象表明地中海两岸的43个国家愿意组成一个统一的地中海联盟，进一步推进南部地中海和马格里布地区的一体化进程已经成为推进地中海区域安全与繁荣的重要途径。

3. 解决地区冲突

欧盟邻国的地区冲突主要集中在3个方面，即东部的摩尔多瓦、南高加索的格鲁吉亚和中东的巴以冲突。共同外交与安全政策和共同安全与防务政策依旧是欧盟睦邻政策处理地区冲突的主要政策依据与行动框架。一方面，欧盟向南高加索和格鲁吉亚危机派出高级代表以解决地区冲突，同时还开展欧盟对格鲁吉亚的监控任务以帮助其在危机过后建立秩序。另一方面，通过欧盟对摩尔多瓦和乌克兰边界援助计划（EUBAM）以解决双方边界争端。最后，在中东问题上欧盟始终鼓励巴以双方重回谈判桌，并且对叙利亚等国发生的内战提供相应

---

① Joint Communication to the European Parliament, the Council, the European Economic and Social Committee and the Committee of the Regions, Eastern Partnership: A Roadmap to the autumn 2013 Summit, JOIN (2012) 13 final, 15.5.2012.

的人道主义援助。2012 年欧盟对叙利亚及其邻国提供了 1.5 亿欧元的人道主义援助资金，随后欧盟成员国又给予 2.98 亿欧元进行补充援助。

无论是通过经济援助还是政治对话，欧盟邻国政策最重要的就是与其建立共享的价值观，共享利益。只有成功地塑造其政治意愿才能彻底稳定周边邻国，从根本上解决欧盟的安全威胁。但是，目前而言欧盟邻国更倾向于与欧盟进行经济合作，在价值观和政治理念上并不愿意接受欧洲标准。未来在南地中海、土耳其及海湾地区，欧盟应该加强与阿拉伯联盟的合作，而在东部，俄白哈关税同盟的建立将使欧盟面临新的同时也是老对手——俄罗斯，毕竟两者的自贸区是互相排斥的。

二、欧盟新中亚战略

中亚五国（哈萨克斯坦、吉尔吉斯斯坦、塔吉克斯坦、土库曼斯坦和乌兹别克斯坦）对欧盟而言并非邻国，因此 2004 年提出的欧洲睦邻政策并不适用中亚。但是，对欧盟而言，中亚无论在能源还是交通上都有着极其重要的地位，尤其在欧盟东扩后其成了欧盟邻国的邻国。另外，由于中亚五国与伊朗和阿富汗相连，直接关系到欧盟的地区安全与稳定。

欧盟与中亚国家的关系可以追溯到苏联解体时期，当时欧共体通过 TACIS 计划对其进行援助，帮助其发展经济与培养民主。随后与东欧国家一道，欧共体分别与中亚国家签署了 PCA，试图鼓励中亚地区去俄罗斯化。之后欧共体又陆续提出《欧洲与亚洲：加强伙伴关系的战略框架》与《关于中亚的 2002—2006 年战略文件暨 2002—2004 年指导计划》等文件，但是由于对中亚地区关注的缺失使得欧盟长期以来并没有形成系统完整的中亚战略。直到 2005 年吉尔吉斯斯坦“郁金香革命”和乌兹别克斯坦安吉延事件的爆发才让欧盟如梦初醒，面对美国、中国和俄罗斯等大国的战略竞争，欧盟才真正开始考虑其在中亚的角色，而德国正是欧盟中亚战略的主要推动者。早在 2006 年德国便开始考虑欧盟在东扩后面临的新挑战，并希望推动欧盟制定明确连贯的中亚战略。[①]最终在 2007 年 1 月德国担任欧盟轮值主席国期间，欧盟于 2007 年 6 月通过了《欧盟和中亚：新伙伴关系战略》，标志着欧盟正式加入到中亚地区这个国际舞台。

与欧洲睦邻政策一样，欧盟中亚战略的根本目的还是为了地区稳定和安全。在《欧盟和中亚：新伙伴关系战略》中欧盟提出了 7 个工作领域建议，除了传统的保障中亚国家的人权、法治、善治与民主化进程，支持中亚国家之间移除贸易壁垒，鼓励其加入 WTO 的政治经济领域合作外，欧盟特别重视与中亚国家在以下两大领域的合作。

一是能源及运输领域。众所周知，中亚五国蕴藏着极其丰富的自然资源，并且主要集中在哈萨克斯坦、土库曼斯坦和乌兹别克斯坦三国。（见表 2）据《2013 年 BP 世界能源统计年鉴》的数据显示，尽管其石油资源并不如北非或中东丰富，但存量依旧可观，更重要的是中亚国家有着大量比石油更加洁净的天然气资源，符合欧盟未来的环保型发展战略，尤其是土库曼斯坦拥有超过一半的俄罗斯天然气储存量，正在能源市场上挑战着俄罗斯的地位。欧盟也看到了这一契机，加快与有兴趣的中亚伙伴一同开采和运输新的石油、天然气和水电资源，在能源宪章和双边备忘录的基础上通过巴库倡议[②]与中亚国家进行能源对话，并支持进一步发展管道路线和能源交通网络，提供政治支持和经济援助以帮助建立一个新的里海—黑海—欧盟能源运输通道。

---

① Alexander Duleba, Strategic Framework for the EU's Eastern Policy: In a Search for New Approach, Bratislava: Research Center for the Slovak Foreign Association Policy Paper, November 2006, 转引自曾向红：“试论欧盟中亚战略的演变”，《国际观察》2008 年第 1 期。

② 2004 年 11 月，在欧洲睦邻政策提出后，欧盟和黑海、里海沿岸国家及其他相关邻国在巴库召开关于能源合作部长级会议，将 1993 年提出与的欧洲—高加索—亚洲运输走廊（TRACECA）和 1995 年提出的向欧洲输送石油和天然气国家间项目（INOGATE）加以整合，形成了巴库倡议。

表 2　中亚三国及俄罗斯的自然资源

国家	探明石油储量（10 亿桶）	探明石油储量占总量比例	石油产量占总比例	石油储产比	天然气探明储量（万亿立方米）	天然气探明储量占总量比例	天然气产量占总量比例	天然气储产比
哈萨克斯坦	30	1.8%	2%	47.4	1.3	0.7%	0.6%	65.6
土库曼斯坦	0.6	低于 0.05%	0.3%	7.4	17.5	9.3%	1.9%	超过 100 年
乌兹别克斯坦	0.6	低于 0.05%	0.1%	24	1.1	0.6%	1.7%	19.7
俄罗斯	87.2	5.2%	12.8%	22.4	32.9	17.6%	17.6	55.6

二是共同威胁与挑战领域。与其他区域的传统安全威胁不同的是，中亚地区目前成为了全球非传统安全的摇篮：毒品贸易、非法移民、人口贩卖、武器非法贸易（主要集中在阿富汗）、核扩散、有组织犯罪以及国际恐怖主义层出不穷，即使是美国大规模反恐战争也难以根除。因此，应对该地区的安全威胁仅靠欧盟自身的力量是绝对不行的，不仅需要与中亚国家（包括阿富汗）进行双边层面的合作，例如和联合国开发计划署（UNDP）与国际移民政策发展中心（ICMPD）合作实施中亚边境管理计划（BOMCA），援助中亚国家的边境建设，加强跨境流动管理，而且还需要与欧亚经济共同体（EURASEC）、上海合作组织（SCO）、亚信论坛（CICA）、独联体集体安全条约组织（CSTO）、中亚区域经济合作（CAREC）等区域组织加强合作，通过加快在阿拉木图建立中亚区域信息和协调中心（CARICC），并在联合国毒品和犯罪问题办公室（UNODC）的合作下打击毒品走私。①

为了更好地支持中亚国家在区域和国家层面的合作，欧盟还专门

① COUNCIL OF THE EUROPEAN UNIONGENERAL SECRETARIAT：European Unionand Central Asia：Strategy for a New Partnership，European Communities，2007.

出台了《欧共体对中亚援助的区域战略报告 2007—2013》，通过发展合作工具（DCI）代替原本的TACIS计划，并初步预算提供6.75亿欧元分两阶段支持中亚国家重点发展法治、教育和环境保护，其中70%的援助将用于双边合作项目，剩余30%则致力于更紧密的国家间合作。①

在欧盟中亚战略出台一年后，欧洲继续推进在能源和安全领域的合作，细化具体内容。欧盟通过与哈萨克斯坦以及土库曼斯坦签署双边谅解备忘录后加强能源合作，探索跨里海能源通道建设的可能性，加快建设纳布科输气管道。除了传统的石油和天然气，欧盟也在积极挖掘新能源。在阿什哈巴德外长会议上，欧盟表示已经准备好研究在上游和下游建立水电站的影响，以此加强与中亚国家在水能项目上的合作。除了对能源交通线的建设，欧盟同时也希望建设起跨欧洲的交通网络来加强欧盟和中亚国家之间的贸易，并且希望将中亚建设成为欧盟和远东地区之间的交通中转站。而在安全方面，法国2008年9月在巴黎召开了关于安全挑战的欧盟—中亚部长级论坛，并在随后发展成为了针对政治与军事威胁、边境管理、打击走私等一系列安全问题进行对话磋商的周期性正式制度。欧盟在中亚还开展了中亚边境管理计划和中亚毒品行动计划（CADAP）这两大项目。前者通过经济与技术援助对中亚国家一些陈旧落后的过境点及附近的哨所进行现代化改造，对中亚边防部队和海关人员提供边境管理的相关培训课程，而后者则支持政府就现代毒品的治疗方法出台年度毒品报告，并且支持在中亚的飞机场与火车站设立毒品分析站点，培养其提前发现毒品走私的技能。② 此外欧盟在中亚区域信息和协调中心的基础上加快建立各参与国之间的信息安全网络，并与阿富汗、伊朗与巴基斯坦等国加强跨境合作。在随后的几个月里，欧盟相继召开了中亚边境管理和毒品控制的部长级会议和关于环境和水资源合作的高层会议，对中亚战略要点进行分项执行。

---

① http://ec.europa.eu/europeaid/where/asia/regional-cooperation-central-asia/index _ en.htm.

② Joint Progress Report by the Council and the European Commission to the European Councilon the implementation of the EU Central Asia Strategy, European CommissionExternal Relations, 24.06.08.

经过前前后后整整3年的实施，欧盟和中亚国家在教育、经济发展、能源与运输、环境与安全领域都取得了显著的成就。在巴库倡议的框架下，欧盟建立了能源部门改革路线图，重点在能源市场融合、能源安全、能源可持续和投资吸引力这四大领域加大合作和援助力度。欧盟继续打击毒品和常规武器走私、恐怖主义和极端主义，加强与联合国新成立的预防性外交中心合作，促进联合国全球防恐战略的四大支柱在中亚地区的实施。除此之外，欧盟还提供给国际科技中心（ISTC）450万欧元以加强生物安全，通过国际原子能机构和中亚国家讨论核安全领域的合作，并且打击核与放射性物质的走私。在2009年里斯本条约通过后，欧盟对外行动署的成立进一步加大了欧盟的对外行动能力。2010年4月吉尔吉斯斯坦爆发骚乱初期，欧盟外交事务与安全政策高级代表阿什顿便随即派出欧盟中亚地区事务特别代表雷尔（Pierre Morel）前往该国评估情势并参与斡旋，这再度表明了欧盟对中亚地区稳定的重视。更令人感到振奋的是，欧盟成员国在欧盟委员会的支持下也对中亚事务进行直接参与：法国与德国在法治倡议方面是领导性的协调者，意大利则在环境和水资源方面同样扮演重要角色，而拉脱维亚和波兰分别在塔什干和阿什哈巴德成为了教育领域的地方性协调者，这些成员国的行为大大提升了欧盟在中亚地区的影响力与可见性，真正将中亚战略落到了实处。[①] 通过如此种种努力，欧盟在能源和地区安全这两大战略重点领域获得可喜的成绩。但是，郁金香革命、安集延事件和吉尔吉斯斯坦骚乱等一系列事件让欧盟越来越意识到人权与民主对长期政治稳定与经济发展的支撑作用，于是欧盟开始将注意力逐渐转向与中亚国家在国家和区域双层面继续开展人权对话，分享欧盟在人权和民主方面的经验，支持司法和监狱系统的改革，通过欧洲民主和人权工具（EIDHR）给予中亚五国充分的经济援助。而2010年哈萨克斯坦任欧安组织轮值主席国更是给予欧盟历史性的机遇推动双边关系，进一步兑现承诺，共享欧洲价值观。

---

① COUNCIL OFTHE EUROPEAN UNION：Joint Progress Report by the Council and the European Commissionto the European Council on the implementation of the EU Central Asia Strategy，Brussels，28 June 2010.

欧盟的长远目光平衡了其政策中的两大方面，即直接受益的能源和交通合作与间接受益的民主、人权、法治的改善。在2012年6月卢森堡举行的第3179次外交事务委员会会议上，欧盟理事会对过去5年中亚政策的实施表示肯定，认为其有效加强了欧盟和中亚五国之间的高层访问，提高了欧盟在中亚区域的外交存在。另外，会议重点梳理欧盟中亚战略的未来关注点，除继续促进人权保护、司法独立、善治等民主化改革外，随着美国逐渐撤出阿富汗，塔利班加紧实施暴力与暗杀行动，中亚五国与欧盟在防止恐怖主义溢出上态度完全一致，因此尤其需要建立定期的欧盟中亚高级别安全对话机制。在能源方面，在经历了俄乌斗气后欧盟对此更加敏感，迅速与阿塞拜疆、土库曼斯坦达成协议促进外里海区州油气管道的建设以支持南方天然气走廊的开放，包括调动私营部门参与基础设施的建设和促进里海盆地的区域化。此外，欧盟还在经济领域鼓励哈萨克斯坦完成最后的必要步骤以加入WTO，支持塔吉克斯坦在入世上的努力，与乌兹别克斯坦以及土库曼斯坦一起推动他们的入世谈判，希望通过WTO给中亚国家的经济发展注入一剂强心剂。[①]

从周边的睦邻政策发展到更远的中亚战略，欧盟如此远见的区域战略值得肯定，但不可否认的是，欧盟区域战略的实施依旧困难重重，尤其是因为乌克兰、白俄罗斯、摩尔多瓦以及中亚五国都是俄罗斯传统的势力范围，贸然推进必然会引起俄罗斯的回击，眼下乌克兰问题就是活生生的例子。俄罗斯作为历史上的超级大国，尽管在经历了苏联解体后实力大损，甚至被定义为“二流大国”，但是，随着普京的再度当选，国际能源价格的不断上涨，俄罗斯国力得到了极大的恢复，这也给了俄罗斯回应的资本。虽然早在2004年ENP提出之初欧盟便说要鼓励俄罗斯联邦作为该区域的重要合作伙伴，双方也于2005年签署了建立俄欧四个统一空间“路线图”文件，[②] 形成了制度性的、密切的政治对话网络，但是由于历史及观念差异等原因，双方始终无法达成共识，摩擦更

① Council conclusions on Central Asia, 3179th FOREIGN AFFAIRS Council meeting, Luxembourg, 25 June 2012.

② 四大空间指的是统一经济空间、统一自由、安全和司法空间、统一外部安全空间和统一科学教育文化空间：http：//eeas. europa. eu/russia/common_ spaces/index_ en. htm。

是不断。面对欧盟和北约的双东扩，俄罗斯的后苏联空间遭到了巨大的压缩，再加上俄罗斯对过去的“屈辱”记忆犹新，就如普京所言：“（1991 年）俄罗斯低下了头逆来顺受，将委屈吞了下去。我们国家当时处在一个沉重的状态，完全不能保护自己的利益。”[①] 随着俄罗斯重返世界舞台，普京正在大力建设欧亚联盟，颇有与欧盟一体化竞争之势。两大一体化进程以及所倡导的自贸区是互相排斥的，夹在欧盟和俄罗斯之间的国家只能二选一。但是就目前后苏联地区国家的实际情况来看，后苏联地区的精英们情愿按照俄罗斯的“游戏规则”（半极权主义制度）行事，也不愿支持与俄罗斯实现一体化；同时，他们情愿支持欧盟一体化，但不愿（或不能）接受欧盟的透明性规则。[②] 所以，两大集团在推进各自政策的同时也应该考虑适当调和政策上的冲突与对立，形成互动的良性竞争，真正共同推动中东欧与中亚地区的繁荣与稳定。

第三节 欧盟的全球战略与中欧关系

除了加强自身发展、推进睦邻友好关系外，欧盟要想在世界舞台上有所作为，还必须协调好与其他大国之间的关系，除了和“老朋友”美国、“老对手”俄罗斯处理好双边关系外，中国作为世界舞台上的新兴大国地位不容小觑，欧盟也注意到了这一点，并不断加强中欧战略合作伙伴关系。中国与欧盟的发展历史可以追溯到 1975 年，当时中国与欧洲经济共同体达成建立正式关系的协议。进入新世纪以来，中欧关系步入全面战略伙伴关系阶段。2003 年 9 月，欧盟出台了对华新政策——《走向成熟的伙伴关系：中欧关系中的共同利益与挑战》，指出欧盟已经意识到中国是其重要的战略合作伙伴，中欧之间应该以战略伙伴的形式

---

① 观察者网：普京就克里米亚独立并加入俄罗斯演讲，http://www.guancha.cn/europe/2014_03_19_214922_s.shtml。

② 亚历山大·利布曼：“欧洲一体化和后苏联一体化在东欧地区的相互作用”，《俄罗斯研究》2008 年第 1 期。

来共同保卫和促进可持续发展、和平与稳定。[①] 作为回应，2003 年 10 月中国第一次发表《中国对欧盟政策文件》，认为尽管中欧关系有过波折，但是中欧之间并不存在根本利害冲突，也不会互相构成威胁，而且在国际关系民主化、防恐、脱贫等方面有着远超于分歧的共同利益，希望在未来 5 年内与欧盟加强政治、经济、教育、卫生、文化、社会、司法和军事等各领域的全面深入合作交流，以此推动双边关系的进一步发展。[②] 这两大文件的出台标志着中欧关系的历史性跨越，双边高层互动进一步加快，并在年底第六次中欧领导人会晤后决定发展全面战略伙伴关系。[③] 2004 年初欧盟秘书长兼高级代表索拉纳与欧洲理事会主席普罗迪先后访华，随后温家宝总理应邀正式访问布鲁塞尔。会后双方共同发表中欧联合新闻公报，认为目前“中欧均处于各自发展的重要阶段，中欧需要本着互信、互利、平等、协作的原则共同维护国际安全，加强联合国在维护世界和平、稳定与安全及促进可持续发展方面的重要作用，推动多边主义和国际关系民主化”，[④] 并明确提出要进一步发展中欧全面战略合作伙伴关系，至此中欧关系进入了一个新的历史阶段。在随后的数年里，中欧领导人会晤和高层互访愈加密集，先后签署了《中欧科技合作协定》、《支持中国可持续贸易和投资体系》和《中欧环境治理项目》等一系列合作协定，发表了《中欧联合声明》、《中欧能源安全联合声明》、《中欧城镇化伙伴关系共同宣言》等文件，真正用实际行动提升了双边的全面战略伙伴关系。[⑤]

而在欧盟对华第一个战略伙伴关系文件出台 10 周年之际，2013 年 11 月欧洲理事会主席范龙佩和欧盟委员会主席巴罗佐共同来华出席第十六次中国欧盟领导人会晤，双方联合制定了《中欧合作 2020 战略规

---

① Commission Policy Paper For Transmission To The Council And The European Parliament, A maturing partnership-shared interests and challenges in EU-China relations, Brussels, 10. 9. 2003, COM (2003) 533 final.

② 中华人民共和国外交部：中国对欧盟政策文件 2003/10，http://www. fmprc. gov. cn/mfa_ chn/ziliao_ 611306/tytj_ 611312/zcwj_ 611316/t27700. shtml。

③ 新华社，http://news. xinhuanet. com/newscenter/2005 - 07/14/content_ 3219312. htm。

④ 中华人民共和国外交部：中欧联合新闻公报（全文）2004/05/06，http://www. fmprc. gov. cn/mfa_ chn/ziliao_ 611306/1179_ 611310/t111160. shtml。

⑤ 中华人民共和国驻欧盟使团重要文件，http://www. chinamission. be/chn/zywj/。

划》，希望通过“高级别战略对话、经贸高层对话、高级别人文交流对话机制”这三大支柱继续加强双边协调与合作，提升中欧战略伙伴关系，同时也推动各自的未来发展战略的实施，实现互利共赢。[①]《中欧合作2020战略规划》为中欧战略伙伴关系的第一个十年做了一个很好的小结，当然中欧关系并没有止步不前，2014年3月31日习近平主席对布鲁塞尔欧盟总部的访问为中欧战略伙伴关系下一个十年打下了良好的基础。双方发表了《关于深化互利共赢的中欧全面战略伙伴关系的联合声明》，一致同意共同打造和平、增长、改革、文明四大伙伴关系。[②] 4月2日，中国政府发表第二份中国对欧盟政策文件，[③] 为未来5到10年的双边合作做了详细规划。与第一份中国对欧盟政策文件相比，第二份更加强调双方在国际事务上的协调与配合，针对变化中的国际外部环境重点加强在防恐、反海盗与国际护航、多边裁军以及网络安全等领域的合作，有针对性地维护国际和平与稳定。

在中欧双边的共同努力下，中欧无论在政治上还是经济上都取得了极大的进步。当然相比政治合作，双边经贸关系的成果更加明显。根据商务部数据显示，2013年度欧盟27国与中国货物进出口额为5659.9亿美元。其中，欧盟27国对中国出口1957.2亿美元，占欧盟27国出口总额的8.5%，欧盟27国自中国进口3702.7亿美元，占欧盟27国进口总额的16.6%，欧盟27国与中国的贸易逆差高达1745.5亿美元，因此中国是欧盟27国第三大出口市场和第一大进口来源地，[④] 是欧盟第二大贸易伙伴，同时欧盟也是中国最大的贸易伙伴。

正如10年前欧盟贸易专员彼得·曼德尔森所号召的一样：“中国不能再只留给中国通了，我们都需要变成中国专家，因为中国的未来关系

① “中国正在努力落实‘十二五规划’，而欧盟也在加紧推荐‘欧洲2020战略’”，EU-China 2020 Strategic Agenda for Cooperation，http：//eeas. europa. eu/china/docs/eu-china_ 2020_ strategic_ agenda_ en. pdf。

② 欧盟驻华代表团，http：//eeas. europa. eu/delegations/china/press_ corner/all_ news/news/2014/20140331_ 02_ zh. htm。

③ “深化互利共赢的中欧全面战略伙伴关系——中国对欧盟政策文件”，http：//news. xinhuanet. com/world/2014-04/02/c_ 1110054550. htm。

④ 克罗地亚于2013年7月1日正式加入欧盟，故未统计在内。数据来自商务部国别报告，http：//countryreport. mofcom. gov. cn/new/view110209. asp? news_ id=38632。

到我们所有人……中国的政治经济发展对我们所有人而言都是一个良机，因此我们必须构建起中欧战略伙伴关系，以坦率地探讨分歧、追求共同利益并共塑未来”。[①] 虽然目前战略伙伴关系已经建立，双边经贸关系更是紧密，但终究难以掩饰中欧之间存在的价值观差异。尽管欧盟层面并未显现较大矛盾，但在成员国及其公民社会层面对中国的负面感却有加强之势，尤其是在传统的人权、民主、自由等领域。2008 年奥运火炬传递的遭袭、德法领导人先后接见达赖喇嘛等一系列事件都清楚地表明了这一点，而这些不友好的行为很大程度上是出于对中国崛起的恐惧，相信“大国力量的更替一定会带来巨大的不稳定”的中国威胁论，依旧抱着中国骨子里是专制、沙文主义的历史偏见。

中欧战略伙伴关系还存在着极大的限制性：对欧盟而言，一方面其对华政策和成员国的对华政策存在分歧，不能以“一个声音”对华发展战略伙伴关系。另一方面欧洲国家自身也很难平衡国内政治要求和对外政策的必要性之间的矛盾。欧洲完善的政治经济体系使得其更多地呈现出后物质主义（post-materialistic）社会的倾向，普通民众不再仅关心生活所需的物质需求，更关心的是个人主义、公民自由和保护人权等基于议题的政治（issue-based politics），传统的政治事务正在逐渐淡出民众的视野，传统的政党和贸易集团正在被 NGO、公民社会组织和特殊利益集团所替代。

因此，无论是批评中国的人权组织、环境保护组织还是希望加大对华贸易的商业游说集团都在极大地影响着政府的对外行为，欧盟的对华政策也因此不够稳定。目前欧盟的对华政策体现出的更多的是对中国发展的反应，是一种相对被动的行为，因此中国的行为就显得尤为重要。中国因为近些年的发展使得其更倾向于将自身看作是全球性的力量而非地区性的，认为欧盟或者说欧洲国家是虚弱的、分化的且听从于美国

---

① David Kerr “The EU-China'strategic dialogue'：pathways in the international system” in David Kerr，Liu Fei（eds），The international politics of EU-China relations，Published for the British Academy by Oxford University Press，p. 35，参考 Peter Mandelson：China's Future，and its impact on us，at the Asia House/48 Group Club Icebreaker Lecture，London，12 October 2004。

的。[①] 中方由于达赖喇嘛事件而取消中欧峰会、暂停中德战略对话等行为在欧洲国家看来也是无法理解的，反而觉得中国喜怒无常，反应过于强硬，更坚信了所谓的中国威胁论，双方如此不对称的认识差异必然会在日后造成不必要的误解与冲突。根据皮尤中心的统计数据显示，2013年德国、法国均有超过半数的调查者对中国看法负面，分别为64%和58%，而2005年这个比例只有37%和42%，另外一个重要的欧洲国家——意大利则一直保持60%以上的对华反感度。[②]

因此，一方面中欧关系发展平稳迅速，双边经贸政治对话相当频繁，而且相比而言中国更占上风，但是中欧之间长期可持续的战略伙伴关系并不会因为紧密的经贸合作而自动形成，稍有不慎反而会因此影响双边关系。目前中国威胁论依旧占据着一定的市场，对此中国更应该寻求与欧洲通过人文交流、民间外交等方式消除敌视，加强双边互信，构建起真正牢固的中欧战略伙伴关系。随着欧盟全球战略的展开，欧盟将进一步重视发展与中国的全方位合作关系，不仅是在全球重大战略问题上达成共识，而且需要进一步加大经贸合作力度，进一步开拓中国市场，走出欧债危机的影响，借中国经济腾飞的机会实现与世界新兴经济体的紧密合作。

---

① Roland Vogt, limitation for Europe's partnership with China, In Roland Vogt ed. Europe and China: Strategic Partners or Rivals?, Hong Kong University Press, June 5, 2012, p. 67.

② Opinion of China: Do you have a favorable or unfavorable view of China?, 2013 年数据：http://www.pewglobal.org/database/indicator/24/survey/15/response/Unfavorable/map/，2005 年数据：http://www.pewglobal.org/database/indicator/24/survey/6/response/Unfavorable/map/；意大利对华态度：http://www.pewglobal.org/database/indicator/24/country/107/response/Unfavorable/（2007、2012、2013）。

第八章　中国的欧亚战略选择

2010年，中国GDP总量超过日本成为世界第二大经济体，国际社会包括中国国内对中国实力的评估发生显著变化，一个普遍的共识是，2050年中国GDP将超过美国，成为世界头号经济大国。国际货币基金组织甚至预测，按照购买力平价统计，中国经济在2016年就会超过美国。这些预测，加上近年来中国企业“走出去”在海外拓展，其带来的结果就是国际社会普遍认为中国即将成为全球大国，所谓“中国统治世界”以及“中美共治”等成为大家热议的话题。但是，另一方面，国际国内也不乏对中国的清醒认识，认为中国是“一个不完全的大国”，中国仍然要坚持韬光养晦，这些观点表明中国离一个真正的全球大国还有很长的道路。当下，中国对自身的定位只能是一个地区大国，一个立足于欧亚大陆并努力向全球扩展的欧亚大国。

第一节　中国的国家定位

国家定位是一国对于自身性质、实力、地位、优先发展方向以及与国际社会的关系等属性的一种总体概括。国家定位有广义与狭义之分。广义的国家定位，其构成因素多种多样，从政治上看，它是指国家的性质；从经济上看，是指国家的经济发展程度；从文化上看，是指国家的文明形态；从军事上看，是指国家的军事发展程度；从对外战略上看，是指国家在国际社会中的地位与角色。狭义的国家定位则是特指对外战略意义上的国家定位，它是指导并形成一国对外政策与发展道路的主要因素之一，是指一国对外战略发展的优先方向与战略目标，是对外政策制定的根据，也是对外战略得以实施的根本所在。关于中国的国家定位，可以从不同的角度去理解，如中国是一个社会主义大国，中国是一个发展中大国，中国是一个正在崛起中的新兴经济体等。但是，从区域与地缘政治的角度去考虑，我们要回答的问题是：中国是全球大国还是区域大国。

中国不可能发展成为冷战时期美苏对抗类型的超级大国。20 世纪在特定历史环境下形成的两大超级大国都已然和平地消逝。无容置疑，中国终究要走向全球大国，但这里的全球大国并非冷战时期美苏这样类型的超级大国，而是在一个多极化世界中的一极。苏联解体宣告曾经叱咤世界风云 70 年的超级大国不复存在，冷战以这样一种和平的方式终结。取而代之的俄罗斯尽管也有追寻世界大国的梦想，但是无论如何也不会回复到苏联超级大国的地位。冷战后的美国则作为一个孤独的超级大国继续存在，也形成了一个超级大国试图主导世界事务的国际格局，但是到 20 世纪末，随着金融危机的爆发，西方世界实力普遍下降，国际力量对比发生显著变化，从 20 世纪 80 年代起就开始出现的“美国衰落论”已然出现。尽管谈论美国的衰落还为时尚早，但是冷战后出现的一个超级大国主导世界事务的局面已然不再，美国国家情报委员会在《全球趋势 2030》中已经明确提出美国单极世界的终结，认为美国在新的全球秩序中所扮演的角色很难预测，因为它继续在全球体系中发挥主导作用的程度会发生巨大的变化，从 1945 年开始的美国强权下的世界和平局面也在迅速消失。①

两大超级大国逐渐退出 20 世纪的历史舞台，短时期内不会再有另一个国家取而代之。美国国家情报委员会在关于《全球趋势 2030》报告中指出，未来 15 到 20 年内，美国被另外一个全球大国所取代以及一种新的国际秩序的建立看来是这一时期可能性最小的结果。没有任何其他大国有可能在这一时间框架内，在任何貌似可能的情况下获得与美国类似的一系列实力。即使是到 2050 年，中国经济实力赶超美国成为世界头号经济体，也不可能成为类似于 20 世纪美苏争霸时期的超级大国。作为冷战遗产，超级大国将永远作为一个历史符号而不再成为一种

① 美国国家情报委员会：《全球趋势 2030：变换的世界》，时事出版社 2013 年版，第 15 页。

国际政治现实。

中国目前还不能定位为全球意义上的大国。中国成为世界第二大经济体之后并不意味着中国已然成为全球大国，经济实力不能自动转化为政治影响力与外交影响力。冷战结束后，真正意义上的全球大国就只有美国，所谓“一超多强”的格局反映了除美国外，其他的国际行为体只是地区性强国，并非全球大国。2013 年 2 月，美国著名的中国问题专家、乔治·华盛顿大学政治学和国际关系学教授沈大伟撰写的《中国走向全球：不完全大国》（China Goes Global：The Partial Power）一书出版，他认为，中国在国际上只是其中一员，而不是国际上的外交大国。中国在全球经济存在，但还是局部经济大国。虽然中国已经发展成为世界第二大经济体和全球商业重地，但中国的全球地位并不像表面看起来那么强大。他指出：中国虽然是一个贸易超级大国，但其出口仍以低端消费品为主导，中国的金融服务行业和知识密集型产业仍然落后于西方和其他东亚国家，中国拥有的领先跨国企业很少，在国际市场上的品牌知名度较差。中国现在是世界第五大海外投资者，但其官方发展援助甚至不能跻身世界十大捐助国之列。作为世界第二大经济体，中国的国内经济却面临维持就业、保持国内生产总值持续增长、扩大国际影响力等诸多挑战。所以从诸多方面来衡量，中国只是一个局部经济大国。此外，中国的全球军事足迹实际上仍然非常有限。中国没有海外军事基地或海外驻军（联合国主持下除外）；除网络战、太空计划以及洲际弹道导弹外，中国没有真正的全球大国行动能力；其空中和地面力量远离中国的周边就无法行动，海军远离中国的部署力量也非常有限。因此，在全球的军事足迹极其有限，也是中国作为一个不完全大国的一项指标。①

当下的中国还不能定位为一个全球大国，只能定位为一个地区性强国。当中国实现“两个一百年”的奋斗目标之后，即 2020 年全面建成小康社会，2050 年建成富强民主文明和谐的社会主义现代化国家，中国将不断走向全球大国的行列，但是，在此之前以及 21 世纪中叶之前相当长的时间内，中国只能定位为一个地区大国。虽然只是定位为一个地区性大国，但这一地区不是东亚，不是亚洲，而是广泛的亚欧大陆，

① 沈大伟：“中国，不完全的大国”，《世界知识》2013 年第 14 期。

也即一个欧亚大国。欧亚大国的涵义，其一，从地理位置上看，是欧亚大陆上一个面积巨大、人口众多、经济发达的大国；其二，从地缘政治格局上看，是欧亚大陆上具有显著国际影响力、对欧亚地缘政治格局变化具有重要作用的大国；其三，从经济发展与对外战略依托来看，欧亚大陆相比于其他地方对中国经济发展与对外战略具有更为重要的意义。

第二节　亚欧大陆与中国

英国地理学家与地缘政治家麦金德说过，谁统治了东欧，谁就统治了大陆腹地；谁统治了大陆腹地，谁就统治了世界岛；谁统治了世界岛，谁就统治了世界，这充分显示了亚欧大陆重要的地缘战略意义。

从中国的西部边境看，中国完全进入到了亚欧大陆世界岛的心脏地带，并成为该地带的重要力量；从地缘角度而言，中国西北广袤的区域已经带有世界心脏地带的特质。在亚欧大陆上，中国具有双重地缘身份，是一个“边缘—中心”国家，边缘地区决定的是中国的经济重心、人口集中程度和文化主要特质，中心表示的是中国在陆上直接有连接心脏地带丰富资源的能力，中国这样的地缘潜力在整个欧亚大陆堪称是独一无二的。[①] 未来的市场也就在“欧亚大陆”，即中国经济未来发展的希望，首先便在于将中国的制造业向欧亚大陆延伸，必须去拥抱、迎接中国的“欧亚大陆”时代的来临。[②]

一、欧亚大陆是中国重要的能源与资源来源

未来10到20年，全球能源资源竞争格局将日趋激烈。随着一些发达国家长期形成的能源资源高消耗模式难以改变，发展中国家工业化和现代化进程加快，能源消费需求将不断增加，全球能源资源供给长期偏紧的矛盾将更加突出。中国国务院印发的2013年能源发展规划指出，

① 刘涛：《头等强国》，中国友谊出版公司2012年版，第16—17页。

② 韩毓海：“迎接中国的‘欧亚大陆时代’”，《上海国资》2011年第4期。

未来10年，发展中国家能源需求增量将占全球增量的85%左右，消费重心将逐步东移。发达国家竭力维护全球能源市场主导权，进一步强化对能源资源和战略运输通道的控制。能源输出国加强对资源的控制，构建战略联盟强化自身利益。能源的战略属性、政治属性更加凸显，围绕能源资源的博弈日趋激烈。

从世界油气资源分布看，欧亚大陆储量占有较高的比例。中东海湾地区原油探明储量约占世界总储量的2/3，欧洲及欧亚大陆原油约占世界总储量的8%。其中，俄罗斯是世界第一大产油国，中亚的哈萨克斯坦也是该地区原油储量较为丰富的国家。中国海外油气来源目前仍然以欧亚大陆为主，主要来自中东、中亚、东南亚、俄罗斯等，其中，中东是中国的最大油气来源。目前中国主要有4条油气管道，全部位于欧亚大陆，分别是中哈石油管道、中国—中亚天然气管道、中俄原油管道、中缅油气管道。

中缅原油管道使来自中东的原油绕过马六甲海峡，经由印度洋在缅甸上岸，由管道输送到中国，对于改善中国西南地区能源紧缺，实现国家“原油进口多地区、进口方式多元化”战略具有重要意义。中缅天然气管道（缅甸段）在缅甸境内段长793公里，设计年输气量为120亿立方米，2013年7月28日开始向中国输送天然气。2013年9月30日中缅天然气管道全线贯通，开始输气。①

中亚油气管线是世界最长油气输送管线，中国—中亚天然气管道起于阿姆河右岸的土库曼斯坦和乌兹别克斯坦边境，经乌兹别克斯坦中部和哈萨克斯坦南部，从阿拉山口进入中国，成为“西气东输二线”。2009年12月14日，管道全线通气仪式举行。中国国家主席胡锦涛同土库曼斯坦总统别尔德穆哈梅多夫、哈萨克斯坦总统纳扎尔巴耶夫、乌兹别克斯坦总统卡里莫夫共同出席通气仪式。

2012年9月，中俄石油管道谈判历经15年，最终签约。中俄原油管道起自俄罗斯远东管道斯科沃罗季诺分输站，经中国黑龙江省和内蒙古自治区13个市、县、区，止于大庆末站。管道全长999.04公里，俄罗斯境内72公里，中国境内927.04公里。按照双方协定，俄罗斯将通

① “中缅天然气管道开始向中国输气”，《人民日报》2013年7月29日。

过中俄原油管道每年向中国供应1500万吨原油，合同期20年。2013年习近平主席访俄，与俄罗斯总统普京就一系列重大问题达成广泛共识，特别是中俄能源合作，两国元首确认了俄方增加对华原油供应、东线天然气管道建设、中方进口俄罗斯液化天然气、推动合资炼油厂建设和运营等一系列共识。2014年5月21日，中石油与俄罗斯天然气工业股份公司签署《中俄东线供气购销合同》，开创了中俄油气合作的先河。未来30年，俄方每年向中方供气380亿立方米。至此，中国得以完成“东北、西北、西南及海上四个天然气进口通道”的战略布局。

二、欧亚大陆是中国对外战略重要的依托所在

为致力于提升与周边国家的友好关系，中国与周边国家建立了一系列伙伴关系，如中国和东盟建立的“面向和平与繁荣的战略伙伴关系”、中国和日本建立的“战略互惠关系”、中国与俄罗斯建立的“战略协作伙伴关系”、中国和印度建立的“面向和平和繁荣的战略合作伙伴关系”等。从北边、西北边来看，中国与俄罗斯及中亚国家建立了“上海合作组织”，10多年来，该组织在维护地区稳定、边界安全、经贸合作等方面取得了巨大的成绩，日益显示出旺盛的生命力。上海合作组织以及中俄之间的战略协作伙伴关系保障了中国北部及西北部的战略安全，是中国能有效得到战略支持的保障。

从东南边来看，中国与东盟之间形成了一系列合作的规范性框架，双方签署了《南海各方行为宣言》，发表了《关于非传统安全领域合作联合宣言》，中国作为地区外大国第一个正式加入《东南亚友好合作条约》，为维护周边的稳定发挥了积极作用。中国—东盟自由贸易区是中国与东盟十国组建的自由贸易区，2010年1月1日贸易区正式全面启动。自贸区建成后，东盟和中国的贸易占到世界贸易的13%，成为一个涵盖11个国家、19亿人口、GDP达6万亿美元的巨大经济体，是目前世界人口最多的自贸区，也是发展中国家间最大的自贸区。2014年中方提出了打造中国东盟自贸区升级版的建议，受到东盟各国普遍欢迎，中国愿意和东盟方一道尽快启动自贸区升级版谈判，同时，充分利用中国—东盟博览会这个平台，让更多的东盟国家商品进入中国市场。中国

与东盟自由贸易区升级版主要是通过与东盟各国一起就共建“21 世纪海上丝绸之路”寻求新的战略契合点、利益共同点和经济增长点，从而推动中国东盟的合作从“黄金十年”，迈上“钻石十年”。

从南边来看，中国与印度的关系也稳步提升。1996 年江泽民访问印度，这是中印建交后第一位中国国家元首访问印度，双方达成了“面向 21 世纪的建设性合作伙伴关系”。1998 年印度进行核试验后，中印关系出现倒退。在两国的共同努力下，2005 年温家宝访问印度，两国宣布建立中印“面向和平与繁荣的战略合作伙伴关系”。2009 年以来，金砖国家领导人定期举行首脑峰会，在金砖合作机制下，中国与印度进一步增进相互了解与合作。2013 年金砖国家德班峰会上，中国国家主席习近平与包括印度总理辛格在内的领导人会晤，习近平表示金砖国家要大力推动建设全球发展伙伴关系，促进各国共同繁荣。金砖国家要深化互利合作、谋求互利共赢。2014 年，习近平首访印度，提出中国梦与印度梦息息相通，更进一步增强了中印关系。

但是，进入新世纪的第二个十年，中国周边安全环境呈现出非常严峻的局面，突出表现在东北亚地区朝鲜核试验带来的危机、中国与部分东盟国家的领海之争以及与日本围绕钓鱼岛问题的争端。2006 年以来，朝鲜三次进行核试验，严重破坏了半岛稳定与无核化原则，引发了东北亚地区严峻的局势。2013 年朝鲜第三次核试验后，联合国安理会就朝鲜举行核试验通过新的第 2094 号决议，加强和扩展了对朝鲜的多项制裁措施。在美韩军事演习后，朝鲜发出了针对美国及韩国最严厉的军事威胁，宣称对美国及韩国实施先发制人的核打击，朝鲜半岛局势骤然紧张。面对当前朝鲜半岛局势的复杂性敏感性，中方领导人相继表达了对朝鲜危机的高度关注，中国外交部部长王毅表态“不允许在中国家门口生事”。习近平主席在博鳌亚洲论坛上也指出，国际社会应该倡导综合安全、共同安全、合作安全的理念，使我们的地球村成为共谋发展的大舞台，而不是相互角力的竞技场，更不能为一己之私把一个地区乃至世界搞乱。[①] 在中方的努力下，半岛局势逐渐稳定下来，朝鲜特使访问北京，释放缓和讯号，使得半岛问题尖锐的对抗趋向缓和，目前，朝美双

---

① 习近平在博鳌亚洲论坛的演讲，2013 年 4 月 7 日。

方均表示了对话与谈判的意愿，也显示了中国处理周边局势与问题的能力不断提升。

2003 年开始，为解决朝鲜核危机问题，中国牵头组织六方会谈，朝鲜、韩国、中国、美国、俄罗斯和日本六国共同参与，旨在通过谈判解决朝鲜核问题，会谈于 2003 年开始，到目前为止共举行了七轮会谈。朝鲜问题如何解决看来还尚需时日，但它不能不引发人们的深入思考：朝鲜问题实质是什么？在当今的国际条件下何以保证各自的国家安全？朝鲜问题的出现是美国对朝政策的结果，是自冷战以来两种社会制度与意识形态长期对立的结果，也是传统国家安全观在新的全球化背景下对立的结果。朝美之间的对立要追溯到二战后，并结合当时特殊的历史环境来考察。早在 20 世纪 50 年代，美国就将战术核武器部署在韩国，在朝鲜看来是对其国家安全的极大威胁。在美苏对抗的大背景下，朝美之间关于核问题的争端还没有出现。1991 年，美国和韩国称朝鲜在宁边地区设立的核研究所正在开发核武器，要求朝鲜单方面接受核调查，最后的结果是朝美双方相互让步，签署了 1994 年框架协议。但这一框架协议最后没有完全落实，而且，小布什政府上台后，将朝鲜列入“邪恶轴心”名单，强调可以发动先发制人的核打击，在此情况下，朝鲜不得不表示有权拥有核武器，甚至拥有比核武器更厉害的武器。朝鲜方面宣称，核武器是朝鲜的“国宝”，为了避免被动应付，不如主动出击，以重新启动核设施为手段，寻求在法律上的安全保证。朝鲜问题最终如何得到解决还不得而知，但是，中国的政策是一以贯之的，即反对任何可能导致半岛局势紧张升级、不利于实现半岛无核化的举措，呼吁有关各方保持冷静克制，切实维护半岛和平稳定大局。中方强调，朝鲜半岛问题错综复杂，有关各方仍应坚持通过对话解决彼此关切，改善相互关系，寻求东北亚地区长治久安的办法。

2010 年中日在钓鱼岛附近发生撞船事件后，中日围绕钓鱼岛问题的争端愈演愈烈。钓鱼岛问题是历史遗留问题。1894 年中日爆发“甲午海战”，中国战败。1895 年，战败的中国被迫签订了不平等的《马关条约》，条约规定，中国割让台湾及其附属岛屿给日本。二战后，日本战败，台湾及其附属岛屿回到祖国的怀抱。1972 年中日建交，周恩来总理提出把钓鱼岛等岛屿的归属问题挂起来，留待将来条件成熟时再解决，当时双方就此达成了协议。1978 年中日签署和平友好条约，邓小平副总理表示，钓鱼岛问题搁置主权争议，留待日后慢慢解决。但是，随着中国经济的快速发展，尤其是 2010 年中国经济总量超越日本成为世界第二大经济体，日本对中国复杂而矛盾的心态难以表达，最终在钓鱼岛问题上爆发出来。2012 年 9 月 11 日，日政府签署钓鱼岛“买卖合同”宣告“国有化”，直接导致中日关系的恶化。目前中日双方都在钓鱼岛海域附近加强巡航，中国海监船组成的中国海监定期维权巡航编队在钓鱼岛及其附属岛屿附近海域进行巡航；中国海军导弹驱逐舰、护卫舰也在钓鱼岛附近海域巡航，日方也持非常强硬的姿态，表示将在日本领海以及毗邻海域保持海上保安厅船只的 24 小时全天候巡航姿态。更使问题复杂化的是，日本千方百计拉拢美国联合抵抗中国，要求日美安保条约适用于钓鱼岛的范围。2012 年 12 月 5 日，美国参议院在全体会议上表决通过了 2013 财年国防授权法修正案，该法案明确将钓鱼岛作为《日美安保条约》第五条的适用对象，进一步增加了问题的复杂性。

进入新世纪第二个十年，尽管中国与东盟国家的政治经济关系在深入推进，但是围绕领海争端的问题也浮出水面。2011 年 6 月，菲律宾与美国进行大规模联合军事演习，将南中国海更名为“西菲律宾海”，出动海军拆除中国在南海部分岛礁上的标识，极力希望美国介入。菲律宾还加紧向美军购，商谈重启苏比克、克拉克军事基地，希望美国在中国于南海问题动武时提供包括出兵在内的军事支援。2012 年 4 月，菲律宾海军炮艇在黄岩岛附近侵袭中方渔船，导致中菲海上对峙，其根本性的原因还在于黄岩岛主权问题。中方在此问题上持非常克制的态度，强调对话、通过外交途径解决。但是，菲律宾方面的态度非常强硬，而且把希望寄托在美国的支持上，希望联合美国共同抗衡中国。中菲之间的海上争端进一步引发中国与越南、中国与印尼在南海领海及资源开发问题上持续的矛盾。

在南海问题上，中国政府在 20 世纪 80 年代提出主权归我，搁置争议，共同开发的原则。整个南海面积 350 万平方公里，中国南海断续线以内中国拥有主权、管辖权的面积为 200 多万平方公里，目前，越南占领 29 个岛礁，菲律宾占领 9 个，马来西亚占领 5 个。中国实际控制的只有 9 个。从历史上看，中国最早发现南海、最早命名南海、最早开发与经营南海、最早对南海实施连续不断的行政管辖。自汉代至唐代，中国人民的活动仅限于近海、东沙与西沙群岛的局部海域。至宋元两代，渔业生产活跃，水师巡视，中沙、西沙与南沙局部海域纳入中国版图。至明清时期，中国人的活动遍及南海诸岛。二战期间，日本占领整个南海地区，1946 年中国政府收回南海诸岛。也即，中国收回南海诸岛是雅尔塔体系的产物，是国际公认的行为。1947 年，中华民国内政部规范南海诸岛地名、地图，再次明确以曾母暗沙为中国最南端，并以九条断续线作为南海疆域线，未引起任何国际争议。20 世纪 60 年代以来随着南海海域石油储藏量被探知后，越南、菲律宾、马来西亚以军事手段非法占领南海岛礁，这就是今天南海争端问题的由来。为了加强中国在南海地区的行政存在，2012 年三沙市成立，这一标志性事件具有重大的政治及战略意义，它对于维护中国海上主权及资源开发都将具有重要的意义。

中俄关系作为全球新型伙伴关系的典范，体现了合作共赢的精神。中俄高层政治交往密切，在重大国际问题上协调一致。中俄人文交流日益密切，两国边界划定全部完成，中俄战略互信进一步增强。中俄经贸往来正逐步上升，能源资源合作力度进一步加大。

苏联解体后，中俄之间的高层政治交往非常密切，江泽民主席与叶利钦总统开创了中俄高层友好与交往的新起点，两国关系从相互视为友好国家快速上升到战略协作伙伴关系，并以法律的形式固定下来。此后，中俄建立了一系列合作机制，如针对重大国际问题以及双边关系的声明机制、高层会晤机制，包括元首年度互访、议会领导人年度互访、总理定期会晤、总理定期会晤委员会会议和国家安全磋商等。这些高层交往机制是中俄关系所特有的，是促进两国战略协作伙伴关系不断向前发展的重要政治保障。每一次中俄两国元首会晤都取得实质性成果，都会把中俄合作进一步推向一个更高的务实合作的新台阶。2013 年 3 月习近平上任后首访俄罗斯，体现了中国外交对俄罗斯的高度重视。2014 年习近平参加俄罗斯索契冬奥会，同年 5 月，普京来华参加亚信峰会，中俄签署天然气世纪大单，等等，都标志着对俄外交已经成为中国外交最优先的发展方向。

总之，中俄合作的方方面面都体现了合作共赢的精神。习近平访问俄罗斯与普京总统就务实合作进行了深入探讨。双方认为，中俄开展大规模经济合作时机和条件已经成熟。要从全局和长远角度，充分挖掘互补优势和发展潜力，重视加强经贸合作，共同提高各自经济实力和国际竞争力。习近平提出，中俄在发展双边关系方面面临的战略任务是把两国前所未有的高水平政治关系优势转化为经济、人文等领域的务实合作成果，更好地惠及两国人民。同样，俄罗斯领导人对中国经济的快速发展也持非常积极的态度。2012 年普京竞选总统之前撰文指出，中国经济的增长绝对不是威胁，中国在世界舞台上的行动没有表明该国谋求主导地位。俄罗斯需要一个繁荣而稳定的中国，而中国也需要一个强大而成功的俄罗斯。[①]

三、欧亚大陆是保障中国经济持续发展的广阔市场

2008 年金融危机之后，中国出口市场受到严重削弱，中国“两头在外”的经济发展模式越来越受到极大挑战。从国际市场来看，全球经济增长动力不足，表现在：发达经济体失业率仍处于高位，美国、欧元区失业率分别为 7.6% 和 12%，抑制了居民收入增长和消费信心；发达国家政府债务仍处于高水平，在较长时期内维持财政紧缩将是发达国家财政政策的基调，进一步抑制了经济增长；国际市场需求尚未根本改善，发达国家居民消费和企业投资均缺乏增长动力，市场需求总体依然低迷。

当前，中国正处于工业化、城镇化的重要阶段，经济发展处在“爬坡过坎”和转型升级的关键时期，新一轮改革开放的号角已经吹响，如何保障中国经济持续发展有一个广阔市场，欧亚大陆将成为主要的关注点，尤其是欧亚大陆的新兴经济体将成为主要的市场保障。据估计，新兴国家在国际贸易体系中的角色日益凸显，将改写长期以来由北方国家主导贸易格局的局面。世界产品工厂从北方国家逐渐转移到南方国家，1870 年南方国家和北方国家在国际货物贸易出口中的地位基本是“三七开”，2010 年国际出口格局是“四六开”，到 2030 年，这一格局将转

① 普京：“俄罗斯与不断变化的世界”，《莫斯科新闻报》2012 年 2 月 28 日。

变为“七三开”。其次，世界市场同样从北方国家逐渐转移到南方国家。在1950年，南方国家和北方国家在国际货物贸易进口中的地位基本是“三七开”，到2020年，国际进口格局是“五五开”，到2030年，这一格局将转变为“六四开”。[①] 世界市场发展的大趋势决定了中国经济发展需要的广阔市场来自南方国家。因而，有学者直接提出，要迎接中国的“欧亚大陆时代”，未来的市场就在欧亚大陆。[②] 根据商务部统计，过去5年，新兴市场和发展中国家引领了世界经济复苏，对全球增长的贡献高达3/4。[③]

从欧亚大陆的不同地区来看，中国—东盟自贸区、中国与印度、俄罗斯以及中日韩自贸区的推进都展现出较好的前景。

从中国与东盟来看，2010年1月1日，中国—东盟自由贸易区正式全面启动。自贸区建成后，东盟和中国的贸易占到世界贸易的13%，成为一个涵盖11个国家、19亿人口、GDP达6万亿美元的巨大经济体，是目前世界人口最多的自贸区，也是发展中国家间最大的自贸区。近10年来，随着中国—东盟自贸区建设逐步深入，双方贸易规模迅速扩大，双向投资不断增加，经济合作持续深化，经贸合作成效显著。中国已连续3年成为东盟第一大贸易伙伴，东盟成为中国第三大贸易伙伴。据统计，目前中国在东盟累计投资229.4亿美元，年均增速达68%。互利合作不断深化，双方在基础设施、农业、制造业等领域正在商谈或建设一批大型合作项目，中方金融机构也为此提供了多种形式的融资便利。2009年4月，中方宣布今后3—5年内将向东盟国家提供150亿美元的信贷，并决定设立总规模100亿美元的“中国—东盟投资合作基金”；2011年11月又宣布追加100亿美元信贷支持，其中包括40亿美元优惠性质贷款。目前，上述信贷落实进展顺利，为东盟国家建设大型基础设施项目、发展工业、救灾救援和人员培训等方面提供了有力支持，取得了良好效果。[④]

---

① 胡鞍钢等:《2030中国》，中国人民大学出版社2010年版，第34页。

② 韩毓海:“迎接中国的‘欧亚大陆时代’”，《上海国资》2011年第4期。

③ 《中国对外贸易形势报告（2013年）》，商务部新闻办公室。

④ 《中国与东盟经贸合作2012—2013年度报告》，http://news.hexun.com/2012-12-28/149611086.htme。

进入 21 世纪，中印关系步入发展的快车道，两国建立起面向和平与繁荣的战略合作伙伴关系，双边贸易额在 10 年内增长了近 20 倍，中国成为印度第一大贸易伙伴，印度是中国在南亚最大的贸易伙伴。两国交流更加密切，相互学习借鉴的愿望更加热切。中印在“金砖国家”、二十国集团等机制下加强合作，受到全世界的瞩目。双方特别代表商定了解决边界问题的政治指导原则，并开始探讨解决框架。2013 年 5 月 19 到 22 日，李克强总理访问印度，他说中印作为发展潜力最大的两个邻国，是天然合作伙伴，双方共同利益远大于分歧。两国应把对方的发展视为己方的重大机遇，共同努力，掀开两国关系新篇章，培育亚洲合作新亮点，打造世界经济新引擎。中印携手发展，是亚洲之幸，世界之福。李克强表示，中国视印度为国际事务中重要的合作伙伴，没有中印的携手合作与共同发展，就没有亚洲之强，世界之大。只要中印发出共同的声音，世界就会倾听。中国和印度是世界上两个最大的发展中国家、新兴市场国家，中印关系是 21 世纪世界上最重要的双边关系之一，彼此合作发展的空间十分广阔。双方要立足当前，面向未来，牢牢把握中印战略合作的新机遇。两大文明的交融互鉴将焕发新的时代活力；两大市场的互补对接将释放新的发展潜能；两大邻国共同发展将开创新的合作格局；两大发展中国家和平共处具有世界意义。[①]

印度总理经济顾问委员会（PMEAC）发布研究报告称，印度的贸易伙伴已悄然发生变化，传统贸易伙伴如欧盟、北美等在印度外贸总体份额持续下降，而印与拉美、非洲和亚洲国家的贸易份额不断上升。报告称，2006—2012 的 6 年间，印度的贸易伙伴发生了结构性变化。在印对外贸易总份额中，与欧盟之间的贸易份额下降了 4.2 个百分点，为 17.9%，与北美之间的贸易份额下降了 2 个百分点，为 9.2%。与此同时，与非洲之间的贸易份额上升了 2.2 个百分点，达 16.5%，与拉美贸易份额上升 2.2 个百分点，达 5.1%，与亚洲国家贸易份额上升 2.7 个百分点，达 56.4%。[②] 到 2025 年，印度将与中国一样，成为新兴经济增长极，未来 15 到 20 年，印度预期的繁荣和对全球经济的贡献，将超

① 李克强在印度世界事务委员会上的讲话，2013 年 7 月 22 日。

② “印度贸易伙伴发生结构性变化”，中国驻印度大使馆经商参处，2013 年 4 月 27 日。

过美国之外任何单个发达经济体。到 2025 年，中印两国对全球经济增长的拉动力，将接近美国和欧元区之和的两倍。①

中日韩自由贸易区这一设想是 2002 年在中日韩三国领导人峰会上提出的。设想中，中日韩自由贸易区是一个由人口超过 15 亿的大市场构成的三国自由贸易区。自由贸易区内关税和其他贸易限制将被取消，商品等物资流动更加顺畅，区内厂商可以降低生产成本，获得更大市场和收益，消费者则可获得价格更低的商品，中日韩三国的整体经济福利都会有所增加。2012 年 11 月 20 日，在柬埔寨金边召开的东亚领导人系列会议期间，中日韩三国经贸部长举行会晤，宣布启动中日韩自贸区谈判。建立中日韩自贸区将逐步实现货物、人员和资本的自由来往，促进各国产业调整和经济发展。但是，由于政治关系的影响，中日韩自贸区的谈判进展甚微。

提升欧亚大陆广阔市场另一有着显著潜力的地区就是俄罗斯。当前影响中俄关系的一个最大的问题就是经济关系落后于政治关系。据中国海关统计，2012 年中国和俄罗斯双边贸易总额为 881.6 亿美元，同比增长 11.2%。其中，中国对俄罗斯出口 440.3 亿美元，同比增长 13.2%；自俄罗斯进口 441 亿美元，同比增长 9.2%，进出口总体基本平衡。② 尽管中俄贸易的比例在不断增长，但是俄罗斯在中国的贸易伙伴中排名非常靠后，难以起到支撑政治关系的作用，中国打开俄罗斯的市场还大有潜力。关于中俄经贸合作中的困难与问题主要表现在：第一，中俄在能源领域的利益冲突。中国是目前全球最大的能源消费大国，而俄罗斯是向中国出口能源的主要国家之一，有很大的“互补性”，但是能源价格问题使得中俄两国在能源领域的谈判始终处于胶着状态。第二，中俄在民间贸易领域的纠纷，这主要是由“灰色清关”所引发的，俄罗斯政府认为这导致了严重的偷税漏税，给国家税收造成巨额损失，而且不利于俄轻工业发展，结果是关闭大市场，造成民间贸易的冲突。第三是中俄之间电力、煤炭、航空等大项目合作难以落到实处。中

① 美国国家情报委员会：《全球趋势 2030：变换的世界》，时事出版社 2013 年版，第 81 页。

② 商务部：《国别贸易投资环境报告 2013》，htto：//gpj. mofcom. gov. cn/article/d/cw/20130400094101. shtml。

俄政府之间的大项目合作，是中俄“政府主导型”的合作模式，但是一些政府间的合作项目只是停留在文件和协议层面，其实际进展往往由于资金等问题而停滞，甚至不了了之。在俄罗斯一些人看来，中俄之间在经贸与投资领域的合作，仍大大低于中国与美国以及中国与欧盟之间的合作水平。[①] 因此，在中俄政治关系日益紧密的背景下如何提升经贸关系是值得两国深入思考的问题。

第三节　中国的欧亚战略

欧亚大陆在中国整体对外战略中的重要性越来越大。国内外很多学者都对这一问题进行了分析。程亚文认为，中国的长期性国家利益更多分布在欧亚大陆，对其进行维护的方式，主要还是要通过对欧亚大陆的经济、政治和军事安排来实现，而不能过份依赖海洋。欧亚大陆是中国战略利益的重心所在。[②] 叶自成认为，欧亚大陆仍然是世界地缘政治的中心舞台。中国本质上是一个陆权国家，历史上的成就主要在大陆空间。今天中国和平发展提出的地缘政治必须关注欧亚大陆的发展变化。中国的发展有助于欧亚大陆的和平，反过来，欧亚大陆的和平就是中国的和平，欧亚大陆的和平在某种意义上也是世界的和平。[③] 一些海外中国学者对这一问题也非常关注，如爱默生（Emerson Michael）提出中国要从中亚战略转向更宏伟的欧亚战略；[④] 科尔（David Kerr）认为中国的战略图景还不清晰，但是致力于亚洲的地区性多边主义并运用战略区域主义实现其周边地区的战略目标：维持稳定增长，内部统一，在中国周

① 田春生：“中俄经贸合作关系新析——经济利益的视角”，《俄罗斯研究》2010 年第 1 期。

② 程亚文：“中国国家安全战略应向欧亚大陆倾斜”，《中国与世界观察》2008 年第 1 期。

③ 叶自成：《陆权发展与大国兴衰：地缘政治环境与中国和平发展的地缘战略选择》，新星出版社 2007 年版，第 9 页。

④ Michael Emerson, From Central Asian Strategy into EurAsian Strategy, Centre for European Policy Studies (CEPS), 2009.

边地区逐渐取代美国的霸权地位;[①] 卡普兰（Robert Kaplan）认为中国的崛起是一大地理挑战，中国正在改变东半球的均势。[②] 这方面的研究有一个共同的特点，就是都提出中国的战略重心应该向欧亚大陆转移，制定自身的欧亚战略。

回归欧亚大陆是一些学者提出的非常鲜明的观点。赵葆珉认为历史传统与地缘特征决定了中国不是纯粹的海权国家，不能重蹈欧美列强挟海权崛起的滥觞。中国处于亚洲陆海力量中心的交错地带，海陆双重权力构造决定了中国的战略关注是多元的。近代以来中国海洋天堑被突破，被欧美海权过度挤压，战略关注被迫转向海上，偏重海权。中国或在陆海两线艰难平衡，捉襟见肘，或以一边倒的外交策略弥补力量不足，始终是应对生存危机的权宜之计。由于台湾问题的存在，美国海上力量隐然或公然成为中国的战略对手，苏联瓦解加剧了这一进程。当国家生存与安全不再是目标，应对生存危机的权宜策略的局限性随即逐渐显现。深陷海上冲突必然丧失超然的战略独立性，弱化中国在欧亚大陆的地缘地位，并最终陷入在陆海两线力量同时稀释的困境。欧亚大陆是中国的文明根基，回归欧亚大陆将给予中国文明再生的活力。[③] 周力农认为，在21世纪，与海洋国家相比，欧亚大陆国家将再次显示其真正的潜力和能量，中国首当其冲，自然不能轻易放弃拥有广阔内陆的天然优势，必须尽快调整东西部之间的失衡状态，为构造新的欧亚大陆经济体做好准备。中国应该特别注意重新审视海权与陆权之间的平衡均势，充分发挥身为头等大陆国家的少有优势，变西部为“新边疆”，以陆制海。在规划本世纪大计时，应该特别强调的是，欧亚大陆仍然是世界上最重要的部分，也是中国进行经济政治活动的主要地区。中国不仅需要西部地区保持经济的持续增长和供应能源，更为重要的是通过西部的开发打通与欧洲的陆路联系，将欧亚大陆更加紧密地结合，通过两个大陆

---

① David Kerr, Central Asia and Russia Perspectives on China's Strategic Emergence, International Affairs 86:(2010).

② Robert D. Kaplan, The Geography of Chinese Power, Foreign Affairs, May/June, 2010.

③ 赵葆珉：“回归欧亚大陆——中国大战略转型”，http://bbs.ifeng.com/viewthread.php? tid = 12743878。

的融合进一步削弱对海路贸易的依赖。① 王缉思也提出，亚欧大陆是中国同美、欧、日、俄、印等强权长期竞争合作的大舞台，应该充分利用“中间国家”的地位，以“大周边”即地理意义上的亚洲为地缘战略依托，承东启西、承南启北，陆权与海权并重，在亚欧大陆乃至全球下一盘更大的棋。当美国战略重点“东移”，欧印俄等“东望”之际，地处亚太中心位置的中国，不应将眼光局限于沿海疆域、传统竞争对象与合作伙伴，而应有“西进”的战略谋划。②

在理论界纷纷撰文予以论证的基础上，中国关于欧亚战略的基本框架初步形成。2013 年 9 月，中国国家主席习近平访问中亚，在哈萨克斯坦提出了“新丝绸之路”倡议，提出为了使各国经济联系更加紧密、相互合作更加深入、发展空间更加广阔，共同建设“丝绸之路经济带”，以点带面，从线到片，逐步形成区域大合作。同年 10 月，习近平访问印尼，提出中国愿同东盟国家加强海上合作，使用好中国政府设立的中国—东盟海上合作基金，发展好海洋合作伙伴关系，共同建设 21 世纪“海上丝绸之路”。建设“一带一路”，是以习近平同志为总书记的党中央主动应对全球形势深刻变化、统筹国内国际两个大局作出的重大战略决策。“一带一路”是中国实施欧亚战略的核心内容，这一战略不仅带来中国国内的全面改革开放，而且还将通过与沿线沿路国家的经济合作与人文交流，极大改善周边环境，为实现中国两个“百年”奋斗目标奠定坚实的基础。

中国欧亚战略的制定与实施涉及战略上的必要性与可行性，以及欧亚战略的基本内涵与构成要素等。从战略必要性上看，战略的概念在中国长期缺失，战略的缺失必然带来战略目标的模糊，新兴大国在崛起过程中一定需要清晰的战略目标，这样才能在外部战略环境格局变化与内部战略需求之间达到相互平衡。此外，进入新世纪以来，随着俄罗斯的复兴及欧盟全球角色认同的提升，欧亚大陆的战略竞争将愈加激烈。与此同时，中国国家战略利益尤其是重要战略能源与资源供应都集中在欧亚大陆地区，迫切需要制定中国的欧亚地区战略。从可行性来看，20

① 周力农：《历史大变局下的中国战略定位》，九州出版社 2011 年版，第 179—182 页。
② 王缉思：“西进，中国地缘战略的再平衡”，《环球时报》2012 年 10 月 17 日。

世纪90年代以来，中国相继与俄罗斯及欧盟建立了战略伙伴关系，双边关系不断推向前进，这是中国确立欧亚地区战略的良好基础，也具有相当大的可行性。

英国的利德尔·哈特认为，战略是分配和运用军事工具以求达到政治目的的艺术。大战略调节和指导一个国家或国家集团的所有资源，以求达到战争的政治目的。保罗肯尼迪认为，大战略不仅要关注战争，还要更多地关注和平。大战略的关键在于目的与手段之间的平衡，大战略就是基于手段和大目标这两者之间经过深思熟虑的关系的全面的行动规划，要防止战略目标过高或者过低。对于当前的中国来说，只能定位于一个地区性大国，而不是全球大国，因而大战略的缺失并是一件坏事：第一，可避免大国心态的过分膨胀；第二，可延迟与世界霸权国家的战略碰撞；第三，可专注于国内事务的发展。但是，从长远的观点来看，一个大国不能没有大战略，大战略是着眼于未来。从发展的眼光看，中国需要全球战略思维，需要大战略。但从当前国家政治与中国发展的现实看，中国需要欧亚地区战略。

中国欧亚地区战略的基本内涵包括中国在欧亚地区的核心利益、首要威胁及战略手段。欧亚地区战略的提出不仅意味着中国国家战略的重点从亚太海洋型向欧亚大陆型的转换，也意味着需要确立中国在欧亚地区的核心利益。确立中国欧亚战略首先必须明确中国在欧亚地区的核心利益是什么，影响这一核心利益的主要威胁是什么，以及运用怎样的战略手段去克服这些威胁。在中国经济快速发展的背景下，中国在欧亚大陆的核心战略利益首先是保证战略性能源与资源供应的安全，面临的首要威胁是恐怖主义及外部大国对战略性能源与资源供应线的切断，解决首要威胁的战略手段将是通过全方位外交与合作提升中国在欧亚地区的战略影响，战略力量配置有意识地向欧亚地区倾斜，预防战略危机的发生。

当前中国欧亚战略的实施与美国“亚太再平衡战略”有着较为紧密的关联性。美国的亚太再平衡战略是否以遏制、围堵中国为主要目的，学界有不同的争论。部分学者认为主要是针对中国的，但也有部分学者认为要客观地进行看待，美国重返亚太不完全是针对中国的。如布鲁金斯学会中国中心主任李成认为，美国的亚太再平衡战略并非遏制中国、围堵中国。中国经济上的崛起是世界大势，是一个必然，美国不会逆潮流而动，而是希望从中国的成功中获益。对于中国提出的所谓新型大国关系，美国也不是持排斥的态度。[①] 针对美国的亚太再平衡战略应如何应对，最有代表性的是北京大学王缉思教授的“西进”战略论。他认为，当美国战略重点“东移”，欧印俄等“东望”之际，地处亚太中心位置的中国，不应将眼光局限于沿海疆域、传统竞争对象与合作伙伴，而应有“西进”的战略谋划。[②] 因而，为避免与美国的亚太战略迎头相撞，中国聚焦以欧亚战略为根基的战略有着客观的现实性。

中国欧亚战略的实施迫切要求中国注重周边外交，经营周边，理顺与周边国家的关系，为中国的和平发展营造一个理想的周边环境。发展同周边国家的友好关系对于中国来说具有极其重要的意义。中国是世界上拥有邻国最多的国家，陆地边界 2.2 万多公里，海岸线 1.8 万多公里，周边国家多达 29 个，其中直接接壤的邻国就有 15 个。中国自成立以来，与周边国家一起倡导和平共处五项原则，奠定了中国周边外交良好的基础。冷战结束后，中国开始实施全方位外交，把周边外交作为中国外交的首要位置，提出了一系列提升与周边国家发展友好关系的方针政策。中国周边外交政策的根本在于“与邻为善、以邻为伴”，也即与周边国家一起和睦相处，友善相处，培育伙伴关系。从这一原则出发，就是要构建和谐周边。和谐周边应成为和谐世界与和谐地区不可缺少的组成部分。

但是，要构建真正的和谐周边仅仅是与周边邻国和睦相处还远远不够，这就是中国周边政策从“睦邻”进一步延伸为“富邻”、“安邻”的深层次动因。睦邻是建设和谐周边的前提，为和谐周边构建一个和平的地区环境。但是，中国周边地区多数国家是发展中国家，它们在经济上需要得到进一步的支持，这就要求中国通过经济合作帮助周边国家尽快富裕起来，通过自身的发展惠及周边国家，实现“富邻”的目标。此外，中国周边国家大部分规模较小，部分国家历史上也遭受过西方列强的侵略，安全感不足，因此它们面对中国的迅速崛起，会担心自己的国

---

① 布鲁金斯学会约翰桑顿中国中心主任李成在华东师范大学的演讲，2013 年 4 月 15 日。

② 王缉思：“‘西进’，中国地缘战略的再平衡”，《环球时报》2012 年 10 月 17 日。

家安全。中国要理解周边国家对于安全的担忧，通过友善的举动与务实的合作，使得周边国家打消疑虑，消除安全上的担忧，做到“安邻”。只有把三者结合起来，才有可能实现真正的和谐周边。因此，进入新世纪以来，中国周边外交一个非常明显的变化就是周边外交不仅为中国的经济建设与发展创造了和平的周边环境，同时也致力于与周边国家一起共同谋求发展，在合作中实现互利共赢。

2013 年 10 月，中央周边外交工作座谈会召开，确定了今后 5—10 年周边外交工作的战略目标、基本方针、总体布局，明确了周边外交的工作思路和实施方案。习近平总书记指出将中国周边外交的重要性提高到民族复兴的高度，并指出要与周边国家“讲平等、重感情；常见面，多走动”，从“亲、诚、惠、容”的周边外交理念出发，“多做得人心、暖人心的事，增强亲和力、感召力、影响力”，“让命运共同体意识在周边国家落地生根”。如同党的十八大报告指出的，“要倡导人类命运共同体意识，在追求本国利益时兼顾他国合理关切，在谋求本国发展中促进各国共同发展，建立更加平等均衡的新型全球发展伙伴关系，同舟共济，权责共担，增进人类共同利益”①。

总之，中国欧亚战略的制定与实施是在中国进入新世纪第二个十年，国际形势与世界政治力量对比发生显著变化的背景下，从国际国内两个大局出发，以欧亚大陆为基点，全面分析中国未来发展中面临的机遇与挑战，实现战略重点与战略资源向欧亚大陆倾斜的现实选择。

① 胡锦涛：“坚定不移沿着中国特色社会主义道路前进　为全面建成小康社会而奋斗——在中国共产党第十八次全国代表大会上的报告”，2012 年 11 月 8 日。

第九章　俄欧关系的发展前景及其对中国欧亚战略的影响

不出大的意外，未来10年普京都将主政俄罗斯，这也是俄罗斯重新崛起的关键时期。鉴于国内政治气候的微妙变化和国际能源市场的持续低迷，无论是打击腐败、推进经济转型和全面现代化建设，还是恢复俄罗斯的世界大国地位，普京所背负的民众期望、历史责任和压力都是空前的。结合后危机时代国际形势的新变化，普京强调俄罗斯外交必须具备战略性和独立自主性，并在世界大国战略目标指导下，基本形成了融入欧洲、建立欧亚联盟和实施亚太战略的三大战略布局构想。而在普京施展历史抱负的过程中，俄欧关系无疑将具有决定性意义。

第一节　俄欧战略伙伴关系的发展

对欧洲外交一直是俄罗斯外交政策的传统优先方面，这不仅是俄罗斯国家的身份定位使然，也是地缘政治经济发展的现实要求。正如普京所说："俄罗斯是大欧洲以及欧洲文明不可分割的组成部分。俄罗斯民众认为自己就是欧洲人。我们尤其关心欧洲的发展情况，欧元区的危机不可避免地会冲击到俄罗斯的利益，很清楚欧盟是我们最大的对外贸易伙伴。"[①] 纵观后冷战时期俄罗斯的整体外交布局，除作为地缘战略依托的独联体，再就是欧洲，始终处于特殊的优先地位。普京新任总统后的出访选择，也基本反映了这种外交定位。普京选择白俄罗斯作为外访的

---

① Владимир Путин. Россия и меняющийся мир//Московские новости. 27 февраля 2012 г.

第一站，而缺席美国的八国集团峰会，显示出把团结独联体地区放在首位的姿态；紧接着，对德、法进行工作访问，表明了对欧洲的重视。经过一系列的调整和修正，俄罗斯的欧洲战略相对更加趋于理性，普京已经不再把加入欧盟作为选项，而是致力于切实加强与欧盟的战略伙伴关系，同时强调俄罗斯作为强国的自主性，以自己能够接受的方式融入欧洲。

1999 年 10 月出台的《俄罗斯联邦与欧盟关系发展的中期战略(2000—2010)》首次表明俄罗斯不准备成为欧盟的一员，而是要在扩大政治对话、发展相互贸易和投资、金融、欧盟扩大、基础设施、科技和知识产权、跨界、司法等各领域展开全面合作。① 在欧盟成立 50 周年之际，普京在《欧洲一体化 50 年与俄罗斯》一文中明确表示：由于众所周知的原因，在可预见的将来都不存在俄罗斯加入欧盟的可能，而要专注于发展与欧盟的战略伙伴关系。② 2012 年 10 月，在会见瓦尔代专家时，普京再次重申："无论是从领土还是经济制度上讲，俄罗斯加入欧盟都是不现实的，这是明摆着的。"③ 尽管如此，普京一贯重视俄欧关系却是不争的事实，所以有人把普京看作是坚定的欧洲主义者，其本人也时常强调俄罗斯文化的欧洲属性，主张无论从地理、文化还是经济的角度看，俄罗斯都是一个欧洲国家。但同时，普京更强调，"唯有俄罗斯足够强大，真正站稳脚跟，人们才会以尊重的态度去认识俄罗斯。俄罗斯一直坚持对外政策的独立性，将来也不会有任何改变。"④ 其实把普京视为国家利益至上的实用主义者更为贴切，因为他深知"融入欧洲"的复杂性和自己重掌俄罗斯所担负的历史责任。在普京施展历史抱负的过程中，俄欧战略伙伴关系的地位可谓举足轻重，而不仅是"欧洲情结"的问题。

---

① См.：Стратегия развития отношений Российской Федерации с Европейским союзом на среднесрочную перспективу（2000 – 2010 гг.）//Дипломатический вестник. -М.，1999，№ 11.

② Владимир Путин. Полвека европейской интеграции и Россия//Уфа. – 2007. – № 4. – С. 16 – 17.

③ Встреча с участниками международного дискуссионного клуба " Валдай ". 25 октября 2012 г，http：//kremlin. ru/news/16717.

④ Владимир Путин. Россия и меняющийся мир//Московские новости. 27 февраля 2012 г.

一、地缘经济

在金融危机的冲击下，俄罗斯的资源型经济严重受挫。在出台“反危机计划”的同时，普京拟定了《俄联邦2020年前社会经济发展构想》，希望借助科技和企业“创新计划”使俄罗斯走上创新型发展之路，在实现经济和社会全面现代化的同时，进入世界经济五强。① 俄罗斯全面创新的“现代化战略”需要世界范围的“现代化联盟”，欧洲自然成为重中之重。所以，在2010年6月的罗斯托夫峰会上，俄罗斯与欧盟宣布正式启动现代化伙伴合作计划。

从经贸关系看，俄罗斯与欧盟的贸易额已达4000亿美元，占俄对外贸易总额的50%以上；欧盟国家还是俄罗斯的主要外资来源地和债权人，俄罗斯40%的储备货币为欧元。面对金融危机的冲击，俄罗斯正试图借助欧洲的资本、技术、市场和管理经验，寻求经济转型的外部推动力。在俄罗斯向创新型经济转型的过程中，普京提出，到2020年，高科技和知识型产业在GDP中所占份额要增加50%，高科技产品出口要增加一倍，采用技术创新的企业要从10.5%增加到25%，达到欧洲平均水平。② 当前，合成材料产业已成为技术革命的催化剂，而在这一领域，俄罗斯在全球市场所占的份额仅为0.3%—0.5%。③ 俄罗斯国内缺少生产合成材料的设备、现代化实验场地和专门人才，而在这方面欧盟有着较大的技术优势。最近两版《俄联邦对外政策构想》（2008、2013）④ 均强调发展与欧盟国家互利互惠关系是推动俄经济转向创新之路的重要手段。考虑到对俄贸易仅占欧盟进口总额的不足8%和出口总额的不足5%，俄罗斯所面临的不是降低欧盟在自己外贸中比重的问题，

---

① См.：Концепция долгосрочного социально－экономического развития Российской Федерации на период до 2020 года. http：//www. ifap. ru/ofdocs/rus/rus006. pdf.

② Владимир Путин. О наших экономических задачах//Ведомости. 30января2012г.

③ Заседание Совета по модернизации экономики и инновационному разв. http：//kremlin. ru/news/16708итию.

④ См.：Концепция внешней политики Российской Федерации//Дипломатический вестник МИД России. 2008.；Концепция внешней политики Российской Федерации. Утверждена В. Путиным 12февраля2013г，http：//www. mid. ru/brp_ 4. nsf/newsline/6D84DDEDEDBF7DA644257B160051BF7F.

而是通过结构调整实现出口多样化的问题。

从经济结构看，俄罗斯是世界油气生产与出口大国，能源产业作为核心支柱产业，在出口总额中的比重达到70%；相应地，能源产值对GDP的贡献度达50%，能源出口（石油和天然气占3/4）为国家贡献了全部外汇收入的50%—60%，而能源出口总量的85%要面向欧盟市场。正如普京所言："近十年来所增加的财富，基本是依靠国家的推动，包括调整资源红利的分配。国家利用石油收益来增加居民收入，帮助数百万人摆脱了贫困。同时，为了应对危机和灾难，还实施了国家储备。"[①] 不可否认，未来能源开采与出口仍将是普京推动经济转型和践行选举承诺的重要支撑。根据俄联邦2030年前能源战略规划，油气生产和出口还将继续增长，自然资源开采仍将是国家预算的主要来源。[②] 由此，能源合作自然成为普京在"欧洲经济新体系"构想中所规划的俄欧经济合作新"路线图"的重中之重。同样地，在欧盟国家消耗的能源中，石油需求量的25%、天然气需求量的30%需要从俄罗斯通过管道运输进口，从而形成了对俄能源的严重依赖。随着北溪管道一线、二线相继开通，俄天然气可以首次不经第三国直达欧洲，使双方的能源依赖关系进一步加深。

不可否认，出于对能源供应安全的担心，欧盟决心降低对俄能源的过度依赖，再加之金融危机和卡塔尔等中东国家低价液化气的冲击，近年来俄天然气在欧盟市场的份额确实有所下降，而且未来美国页岩气也可能进入欧洲市场。美国页岩气革命的影响不在于供应量而主要是在价格方面。通过开发页岩气，美国实现了天然气自给，不再进口卡塔尔的液化气，卡塔尔只能以低价转卖到欧洲等地，从而对国际市场价格造成冲击，尤其是对俄天然气在欧洲市场以长期合同供应所形成的高价格造成冲击。但考虑到天然气是最清洁的化石燃料，欧盟正计划减少二氧化碳排放，德国、瑞士等国已经决定放弃核电，同时，出于对环境的担

---

① Владимир Путин. Россия сосредотачивается-вызовы, на которые мы должны ответить//Известия. 16 января2012г.

② См.: Энергетическая стратегия России на период до 2030 года//Прил. к обществ. -дел. журналу "Энергетическая политика" -М.: -ГУ Институт энергетической стратегии, -2010. -184с.

忧，法国和保加利亚等国已禁止页岩气开采，英、德也不支持页岩气生产，再加之经济缓慢复苏等因素，欧洲对天然气的需求将逐步恢复。事实是，页岩气的开发和应用仍具有很大的局限性，无论是在环保、技术及经济性方面都面临极大的挑战，只有美国在进行商业规模开发。在当前技术条件下，页岩气只在产地使用才具有经济效益和可行性，要进入国际市场必须进行液化，并建立复杂的运输和再气化终端等一系列相关配套设施，这又将极大地提高成本。因此，至少在未来 10 年内页岩气同管道天然气及液化气还形不成实际竞争，更谈不上替代，欧洲也仍将严重依赖俄罗斯的能源。[①] 总之，俄欧在能源领域的合作“进一步加强了欧洲大陆的能源安全，不仅是形式上的，而且极具现实意义，同时，这对一些欧洲国家决定减少还是直接放弃核能也是尤为紧迫的”。[②] 无论怎样，未来 10 年，能源都仍将是俄欧关系中的核心议题和最具战略意义的领域，而且这种相互依赖还可以作为政治关系的一种“缓震器”。

二、欧洲安全

随着欧盟防务建设的全面启动，北约、俄罗斯和欧盟三足鼎立的欧洲安全格局愈发清晰。面对欧洲地缘政治的新现实，1999 年 6 月的欧盟科隆首脑会议发表了《加强欧洲安全与防务政策的声明》，决定启动欧洲独立防务建设；科索沃战争使欧盟进一步认识到防务能力上的缺陷，决定在欧洲军团基础上组建快速反应部队。在完成与西欧联盟合并的同时，欧盟设立了由成员国代表组成的军事委员会、军事参谋部，以及政治与安全委员会等军事安全机构。尽管由于种种原因，快速反应部队计划未能如期实现，但欧盟发展独立防务的决心没有改变，而一系列独立的军事行动更增强了这种信心。[③] 各成员国一致同意把发展独立防务写

---

① Global Trends2025：A Transformed World，National Intelligence Council，Create Space，2008，p. 33.

② Владимир Путин. Россия и меняющийся мир//Московские новости，27 февраля2012г.

③ 欧盟在 2003 年开始独立执行两项军事行动：马其顿维和任务（借用北约的军事设施）和向刚果（金）派兵；2004 年 12 月，欧盟驻波黑多国稳定部队正式接替北约在当地的维和使命。

入欧洲宪法；英、法、德就棘手的发展同步性、集体防御和建立独立于北约的军事指挥机构达成一致。为协调成员国的防务资源和军备生产与调拨，欧洲防务局正式成立并开始运转。近年来，在美国战略调整和主权债务危机的大背景下，加强防务合作更成为欧盟成员国的必然选择。[①] 2012 年 3 月，欧盟就空中加油和战地医院进行合作达成一致；2012 年 11 月，签署了整合和共享的行为准则协定，以避免资源浪费。

这样，在法、德等国的积极推动下，欧盟的独立防务建设无论是在武装力量还是在机构上都取得了较大进展，已经成为欧洲安全的重要角色。在这种背景下，无论俄罗斯出于何种目的、提出何种欧洲安全构想，其所面临的不仅是处理与北约的关系，而且还有与作为安全防务共同体的欧盟的关系。在俄罗斯看来，欧盟与北约不同，美国不是其成员，一定程度上其有同北约在欧洲安全领域抗衡的潜力，而且布鲁塞尔在某些安全问题上也需要莫斯科的合作。欧盟独立防务建设将部分取代北约的职能，对北约在欧洲安全上的主导权形成一定的平衡和制约，这正是俄罗斯所乐见的。同时，在自己处于相对弱势的情况下，俄罗斯更应该重视欧盟在防务政策上的变化，有必要及早介入欧洲安全与防务体系的建设，以保证其发展不对自己造成威胁。此外，欧盟不断扩大而防务边界又不明确，俄罗斯自然会担心其对独联体地区事务的介入，因而需要通过对话与合作消除这种分歧和不确定性（例如在摩尔多瓦“德涅斯特河左岸问题”上的分歧）。现实情况是，欧洲大陆在安全领域已经形成并将长期保持北约、欧盟、俄罗斯三足鼎立的局面和复杂的俄欧、俄—北约、欧盟—北约三边关系。莫斯科坚决反对北约东扩及其对欧洲安全事务的主导，所以，俄罗斯与北约虽有合作但由于在战略空间上的严重分歧使双边关系一直处于不稳定状态。在北约掌握欧洲安全事务主导权，而俄—北约关系不稳定的情况下，俄欧关系（欧盟成员大都是北约成员）无论对于改善俄—北约关系还是制衡北约（美国主导）在欧洲安全上的主导地位都具有重要意义。不可否认，在欧洲安全问题上，俄

---

① 2010 年 4 月，法、德、波外长共同倡议欧盟设立常备军事指挥机构，以提高危机应对能力；11 月，英法签署防务合作协议，就创建联合部队，共用航空母舰及共同开发新的核试验设施达成一致。

罗斯与欧盟还是有着较大的互补性和合作潜力的，只是由于战略互信的缺失，导致双方的合作受到很大制约。正如普京所说："没有人怀疑欧美关系的崇高价值。不过我坚持的观点是，俄罗斯的经济、文化及防御能力与欧盟的愿望息息相关，如果欧盟把自己的愿望同俄罗斯人民、领土和自然资源相结合，将会使欧盟作为强有力和真正独立政治中心的地位更加巩固。"① 此外，在应对恐怖主义和跨境犯罪及非法移民等非传统安全领域，俄罗斯也需要与欧盟进行政策协调。

三、相互协调

俄罗斯与欧盟在国际秩序观上比较接近，都主张建立多极世界，而自己作为其中的重要一极发挥作用。随着共同外交及防务一体化的发展，欧盟政策的独立性日益增强。虽然没有明确要求摆脱北约对欧洲安全的控制，但欧盟独立的战略需求已经非常明确，并试图与俄罗斯互相借力来实现其多极世界一极的地位。② 围绕俄欧对外安全共同空间计划，欧盟希望就包括地区冲突在内的国际问题与俄罗斯展开对话与合作。相对于北约，俄罗斯愿意看到一个稳定、繁荣的欧盟，认为欧盟正在成为多极世界格局的一个组成部分，并希望其能为解决地区和全球安全问题作出贡献。③

在俄罗斯参与国际事务、构建新型国际秩序以及解决国际热点问题的过程中，与欧盟协调立场，甚至相互借重也是不可或缺的。俄罗斯希望，双方能够在国际法和不使用武力基础上建立起在欧洲和国际事务中的伙伴关系，共同致力于预防和解决地区及全球冲突。俄罗斯与欧盟之间的政治协调机制已基本建立起来，除每年两次的最高峰会外，还有欧盟政治与安全委员会同俄驻布鲁塞尔大使进行的定期磋商。这方面的例

---

① Dov Lynch, Russia's Strategic Partnership with Europe, The Washington Quarterly, Spring2004, pp. 99 – 118.

② the Common Strategy of the European Union on Russia, at Cologne on June 1999.

③ См.: Стратегия развития отношений Российской Федерации с Европейским союзом на среднесрочную перспективу (2000 – 2010 гг.) //Дипломатический вестник. -М., 1999, № 11.

子，最突出的就是在伊拉克战争问题上俄罗斯与法、德在安理会对美国滥用武力的牵制。在伊朗核问题和中东和平问题上，俄罗斯同样需要与欧盟（或者其主要成员国）进行必要的协调与合作，以维护自己的战略利益。在巴以冲突再次升级的情况下，俄罗斯明确表示了不安，并呼吁双方保持冷静和克制，主张通过政治外交途径来稳定局势。但是，在美国立场倒向以色列的情况下，处于强势的特拉维夫希望冲突双方自行解决。这样，俄罗斯要想发挥作用，最好的方式就是通过与其他各方特别是与欧盟协调立场，联合向以色列施加压力，以制止冲突，恢复平静，同时彰显俄罗斯的大国地位和国际影响力。当然，欧盟在这方面也有不同于美国的独立立场，一定程度上需要俄罗斯配合行动。在当前叙利亚混乱局势的发展进程中，在欧洲主要是法国再次强势表现的情况下，虽然立场相左，但俄欧之间立场的协调和妥协，仍将是问题最终获得解决的重要因素之一。

在 2012 年 12 月的俄欧第 30 次领导人峰会上，俄欧双方就支持联合国与阿盟叙利亚问题联合特别代表卜拉希米调解叙利亚危机的努力达成一致；峰会结束后，俄外长拉夫罗夫同欧盟外交和安全政策高级代表阿什顿就中东和平进程局势发表联合声明，认为已经到了必须采取明确具体措施争取实现巴以和平的时候，巴以双方应在无前提条件的情况下展开直接和实质谈判。俄罗斯还在联合国框架下对法国在马里的军事行动提供了必要援助。同时，在北极新航道开辟和气候框架谈判等很多国际问题的解决中，俄罗斯都需要与欧盟进行立场协调或利益交换，如在“共同经济空间”框架下，双方就设有气候变化谈判小组，进行政策磋商与立场协调。

第二节　俄欧之间的深刻矛盾和分歧

无论是基于传统的“欧洲情结”，还是现实的国家利益考量，俄罗斯的欧洲外交优先都是符合逻辑的，但问题是俄罗斯的“欧洲身份”并没有得到欧洲的认同和接受。正是由于俄罗斯与欧洲在历史文化的相互认知上存在着较大的差异，再加上欧洲对俄罗斯的扩张历史一直存有恐惧心理的影响，使得冷战后的俄罗斯与欧盟很难形成战略上的互信。而正是由于战略互信的缺失，导致双方在关乎切身利益的诸多问题上存在着结构性的矛盾和分歧，俄欧关系难以形成稳定的基础，在能源以外的其他领域，战略伙伴关系更多只是一种宣示。

一、在欧洲安全问题上的矛盾

严重的不信任使俄罗斯与欧盟在安全问题上存在着深刻的矛盾和分歧。俄罗斯的欧洲安全政策往往以削弱北约在欧洲的影响为目标，并试图对欧盟独立防务体系的构建实施影响。“依靠欧洲人自己的力量保障全欧安全，不排斥美国和北约，但也不要他们对欧洲大陆的垄断；制定俄罗斯联邦对欧盟包括西欧联盟在内的‘独立防务’的立场，发展与作为欧盟组成部分的西欧联盟的政治和军事联系，以及安全领域（维和、危机处理、各类限制和削减武器）的实际合作，以作为在欧洲对北约中心主义的抗衡。”① 同时，俄罗斯坚持欧盟的军事行动必须建立在联合国安理会的授权之上，并保证不向自己的“敏感地区”（高加索和中亚地区）渗透。但欧盟与俄罗斯的立场不同。布鲁塞尔认为，北约在欧洲安全上的主导作用是不可替代的，欧盟的独立防务不是取代北约而是一种有益补充，而且在必要的情况下欧盟部队可以使用北约的军事设施。北约、欧盟东扩明确把俄罗斯排除在外，而以欧安组织为核心构建欧洲安全框架的倡议又不被接受，莫斯科在对自身安全担忧之余正式提出了欧洲新安全条约构想，主张在北美、欧洲和中亚这一广阔地区构建统一的政治军事安全空间。俄罗斯的目的很明确，就是希望藉此摆脱北约独大的欧洲安全框架，重塑欧洲战略平衡。尽管这是难以实现的目标，但起码可以在与美国主导下的北约博弈中增加自己在欧洲安全上的话语权。莫斯科的欧洲新安全构想不可避免地被美欧所拒绝。②

---

① См.: Стратегия развития отношений Российской Федерации с Европейским союзом на среднесрочную перспективу（2000 – 2010 гг.）//Дипломатический вестник. -М., 1999, № 11.

② Хиллари Клинтон: НАТО не является угрозой для России//РИА Новости. 23февраля2010.

此外，俄欧在欧洲反导系统上也分歧明显。欧盟支持北约在欧洲部署反导系统，而俄罗斯认为这对自己构成了战略威胁。北约拒绝了莫斯科“俄欧分区反导系统”的建议（俄保证击落所有经其领土攻击北约成员国的导弹，而北约保证击落经由北约责任区打击俄境内设施的导弹），并拒绝就反导系统不针对俄罗斯作出具有约束力的法律承诺，表示最多发表一项政治声明。2012 年 5 月，北约芝加哥峰会宣布欧洲导弹防御系统建设正式启动，并再次声明该计划不针对俄罗斯，将继续就此进行对话，但强调导弹防御能力建设不会因莫斯科的反对而改变，因为这是北约的决定。这样，俄罗斯不仅失去了世界大国地位，在欧洲大陆也没有找到自己的适当位置。这种被边缘化的处境，使俄罗斯不可避免地对欧盟和北约的举动产生深刻的怀疑。俄罗斯方面评估，到 2018 年北约的欧洲导弹防御系统就能够拦截来自俄罗斯的导弹，从而根本上改变欧洲战略平衡，因此必须给予强硬回应。普京表示：“针对美国的全球导弹防御系统和在欧洲部署的反导设施，俄罗斯将在军事装备上作出坚决回应，要同美国在反导领域的措施完全对应。”[①] 除宣布暂停执行《欧洲常规力量条约》外，俄罗斯表示要把导弹瞄准部分欧洲国家并在加里宁格勒部署新导弹，还威胁要退出俄美核裁军条约，甚至不排除对欧洲导弹防御系统采取先发制人的打击。针对北约正式启动导弹防御系统建设，俄罗斯立即作出了一系列回应：俄军于 5 月 23 日试射了一枚新型远程导弹；普京强调，要把俄罗斯军队的主要武器种类到 2020 年前更新 70%。[②]

不仅如此，随着新成员加入欧盟，一些东欧和波罗的海国家与俄罗斯的历史积怨对俄欧之间的正常对话与合作也造成了极大冲击，给欧盟同俄罗斯的关系带来新的变数。数百年来遭受俄罗斯欺凌的痛苦记忆是中东欧国家融入西方的动因之一，这些国家在加入欧盟后对俄罗斯的疑虑和恐惧仍会持续发酵。此外，加入欧盟以后，中东欧和波罗的海国家可能觉得自己已经有足够的力量可以不再理睬俄罗斯，因而可以不太在

---

① Владимир Путин: Быть сильными: гарантии национальной безопасности для России//Российская газета. 20 февраля2012г.

② Концерт по случаю Дня защитника Отечества. 23 февраля 2013г. http: //kremlin. ru/news/17569.

意和关注同俄罗斯的关系。这些新入盟国家背离俄罗斯，对俄罗斯和欧盟都会产生不利影响。对欧盟而言，为防止走私和非法移民，其通过一系列政策在东部边境构筑一条隔离带，有可能会对中东欧国家对俄罗斯的敌对情绪推波助澜，这对欧盟与俄罗斯的关系是很危险的。对俄罗斯而言，中东欧是其传统的势力范围，这些国家加入欧盟意味着永远失去了对它们的影响力，其失落是可想而知的，俄罗斯对这些昔日“附属国”、“盟友”的背叛和忘恩负义充满着怨恨。

正是波兰、立陶宛等国的阻挠，使得俄欧新的伙伴关系协定谈判长期无法取得实质进展，甚至使双方在二战历史问题上一度出现龃龉。似乎，这些新入盟国家正在形成有别于老欧洲的独特“东方政策”。波兰积极推动乌克兰和摩尔多瓦加入欧盟，这与欧盟此前确立的政策相矛盾，说明波兰力图改变而不是遵循欧盟已有的共同对外政策。波兰的立场还得到包括捷克、匈牙利等国的维萨格拉德集团的支持。[①] 同时，立陶宛和拉脱维亚同外高加索国家有着活跃的军事联系。

新老欧洲对“东方政策”的分歧可能成为扩大了的欧盟争论的焦点之一。新入盟国家大多还是在后冷战思维的指导下确立对俄政策，它们在对俄外交中同美国有着更多的共同语言，与老欧盟国家有着明显的差别。这些新入盟国家在安全和外交政策上紧跟美国，特别是在美国与“老欧洲”存在尖锐分歧的情况下，它们的这种姿态非常令人关注，这对欧盟共同外交和安全政策是一个新的重大挑战。尽管这些新成员国尚不能从根本上改变欧盟对俄罗斯政策的基调，但是它们的到来却使欧盟必须调整对俄政策，有使欧盟对俄政策陷入混乱和矛盾之中的危险。在科索沃问题上，俄罗斯认为欧盟派驻科索沃的警察和文职使团的举动严重违反了有关国际法，而其取代北约在科索沃驻军更是一个重大错误。在欧盟国家追随美国承认科索沃独立后，莫斯科的不满情绪更为明显，随后就有了与格鲁吉亚的军事冲突。这场冲突与格积极寻求加入北约而美欧也明确表示支持有着直接关系。

---

① Antonio Missiroli：CFSP and ESDP after Enlargement，Seminar report of EU's Institute for Security Studies，14 – 15 May 2004.

二、在能源议题上的分歧

1991年，欧共体通过了《欧洲能源宪章》，其中包括《能源宪章条约》和《能源宪章贸易条款修正案》等一系列法律文件。早在1994年，俄罗斯就签署了《欧洲能源宪章》，但是至今并未批准。俄罗斯认为，该条约的相关条款，例如欧盟能源公司可以使用俄油气运输管道，以及在发生运输争端时各方不能停止或缩减运输数量等规定，不利于俄保持对欧天然气出口运输中的优势地位。经过多年的酝酿，欧盟成员国自2011年3月3日开始实施欧盟能源“新政”，其中包括了将降低对俄能源依赖的内容。能源“新政”中最引人注目、也最具争议的，就是对能源巨头进行拆分，强调实现厂网分离，避免大型能源生产企业同时控制输送网络，进而排挤竞争对手。为此，欧盟在斯洛文尼亚首都卢布尔雅正式成立了能源监管合作署，负责成员国能源监管机构间的协调，监督能源新规的实施，并对一些跨国争端作出裁定。该法案同样适用于进入欧盟市场的外国企业，这引起了作为欧盟第一大能源供应国俄罗斯的不满。普京对此表示了担忧，他说：“坦白讲，欧盟委员会宣传的‘第三个能源新政’，就是在向俄罗斯公司施加压力，这对加强俄欧之间的关系是不利的。考虑到俄罗斯公司被确定为能源供应商机会的不确定性，该能源新政将加大欧洲能源本身的系统性风险。”① 由于俄罗斯对欧盟出口的天然气价格是在长期供应合同基础上以石油价格为指数形成的高价格，欧盟正在调查俄天然气工业公司是否涉嫌违反欧盟反垄断法，如果证实违法，按规定将要对其处以年销售额10%的巨额罚款。但俄罗斯方面认为自身的定价完全符合行业标准。同时，欧盟强调透明度和互惠原则，希望俄罗斯方面能降低能源市场准入标准，允许更多欧盟企业进入俄能源生产和运输领域；俄罗斯也要求欧盟开放市场，以方便俄罗斯能源企业通过进入欧盟成员国的中下游终端销售市场来提高利润。此外，双方在中亚和里海能源外运管道的走向上也存在着较大的分歧和

① Владимир Путин. Россия и меняющийся мир//Московские новости, 27 февраля 2012г.

竞争。

三、在民主和人权问题上的对立

欧盟从西方价值观出发，一直谴责和批评俄罗斯国内的人权状况及在车臣“侵犯人权”的行动，而俄罗斯则指责其干涉内政，以及在反恐问题上执行双重标准。对俄罗斯总统选举的批评之声还未平息，欧洲议会又于2012年9月就俄罗斯的人权状况通过决议，要求莫斯科尊重人权，遵守欧洲安全与合作组织的标准。2012年10月底，欧洲议会又效仿美国，通过了建议欧盟理事会按照“马格尼茨基”名单①制裁俄罗斯官员的报告。该报告如果被采纳，将有60多名俄方官员被禁止进入欧盟，其在欧盟国家的财产也将被冻结。莫斯科方面对此表示了强烈不满，认为这是严重干涉俄罗斯内政的行为，将严重影响俄欧关系的发展。普京强调：“真正的民主不是一蹴而就的，也不能完全照搬别国的模式。……上世纪90年代，在‘推行民主’的旗号下，我们收获的不是现代化的国家，而是各种势力团伙和众多半封建割据式的无休止争斗。这不是自由公正的社会，而是自以为是的精英们肆无忌惮、公开轻视普通民众的利益。”② 克里姆林宫表示，俄罗斯是一个独立主权国家，有能力决定自己的民主进程，不需要任何人指手画脚；同时，俄罗斯的自由民主要由俄罗斯人民从本国历史文化和地缘政治等因素出发自行确定，其他任何国家都无权干涉。针对欧洲议会的举动，俄联邦外交部继2012年10月底首次发布“关于美国保障人权状况”的报告之后，又于12月5日首次发布了“关于欧盟保障人权状况”的报告，进行反击。这份关于欧盟人权状况的报告长达70多页，详细列举了欧盟国家在人权领域所面临的诸多挑战和存在的尖锐问题。③

---

① 谢尔盖·马格尼茨基原是一家西方基金公司的律师，2008年因逃税指控被俄警方拘留，后因病死于看守所。2012年7月，美国国务院认为俄强力部门的有关人员对马格尼茨基的死负有责任，并以参议员本杰明·卡丁拟定的“马格尼茨基名单”为参考，禁止60名俄官员入境美国。

② Владимир Путин. Демократия и качество государства//Коммерсант. 6 февраля 2012г.

③ См.：Юрий Паниев. МИД РФ взялся за права человека в Евросоюзе//Независимая газета. 6 декабря 2012г.

四、在独联体政策上的分歧

俄罗斯把独联体作为自己的特殊利益地区，反对美欧插足其中，并指责西方在该地区推动“颜色革命”造成了不稳定。欧盟则主张在后苏联地区实行政治多元化，使该地区最终脱离俄罗斯的控制。俄罗斯认为，正是欧盟的压力使其提出的解决德涅斯特河左岸地区冲突的方案流产，而布鲁塞尔却反过来指责俄罗斯的单方面行动。[①] 在阿布哈兹和南奥赛梯问题上，双方也意见相左。2009 年 5 月，欧盟与乌克兰、白俄罗斯、格鲁吉亚、阿塞拜疆、亚美尼亚和摩尔多瓦六国在布拉格举行峰会，并发表《东部伙伴关系宣言》，正式缔结所谓“东部伙伴关系”。欧盟强调，“东部伙伴关系”计划的目的在于，通过加强与各国间的合作关系，共同保障能源安全和促进这些国家向欧盟靠拢，该计划不针对任何第三方，更不是扩展势力范围。但在俄罗斯看来，欧盟此举意在削弱其在独联体的影响，应高度警惕。外长拉夫罗夫则发出警告，反对在欧洲制造“新的分界线”，认为这可能给俄罗斯带来很大损害。[②] 俄罗斯已经失去了对中东欧地区这个传统势力范围的控制，而今欧盟又有可能把自己的后院分割出去，这是俄罗斯很难接受的。转型以来，俄罗斯都在试图加强独联体的联合，曾提出各种重新联合的设想，并保持在多个独联体国家的驻军。

俄罗斯在与欧盟的合作中，是以加强俄罗斯在独联体的地位和影响，推进独联体的联合为前提，这在俄罗斯对欧盟的政策性文件《俄罗斯联邦与欧盟关系中期发展战略》中已非常明确地提了出来。在俄罗斯试图恢复它对独联体的这些“近邻”的影响力时，欧盟也在加强同这些国家的接触，双方政策无疑是相互冲突的。乌克兰已受邀参与欧盟的市

---

① 2003 年 11 月，俄罗斯提出了一个解决德涅斯特河左岸问题的新方案，即把摩尔多瓦改组成一个由中央政府和两个联邦主体——“加告兹”（南部土耳其族自治区）和“德河左岸”组成的联邦制国家。该方案遭到摩尔多瓦反对党的抵制和欧安组织的反对，最终无果而终。

② Владимир Рыжков：“Восточное партнерство”-вызов для России. http：//www. stoletie. ru/rossiya_ i_ mir/2009 – 05 – 20.；Лавров：“Восточное партнерство” может нанести ущерб России. 13мая. 2010г，http：//www. georgiatimes. info/news/35299. html.

场规则，但俄罗斯同乌克兰之间也有“共同经济空间”。俄罗斯要求其公民能够在前苏联国家自由旅行，而欧盟要求其东部邻国加强对像俄罗斯这样的非欧盟国家的边境控制等。同时，欧盟开始关注黑海地区业已存在的冲突，这可能使俄欧之间关系出现新的裂痕，例如摩尔多瓦同罗马尼亚的特兰斯德尼斯特里亚之争以及格鲁吉亚的南奥塞梯问题等，俄罗斯肯定会强烈反对欧盟试图削弱它在这些地区的影响的做法。很多俄罗斯人认为，在这些他们传统的影响力自然延伸区域，欧盟的参与会和美国一样被俄罗斯视为它在这一地区的战略竞争对手。

第三节　乌克兰危机与俄欧关系

自2013年11月份乌克兰宣布暂停签署与欧盟的联系国协定以来，乌克兰局势的发展演变更加复杂，更加戏剧化。在一系列示威、暴力与流血冲突中，合法总统被罢免，反对派成立新政府上台执政。国内东西对立，分裂态势严重，俄罗斯与西方纷纷介入，尤其是俄罗斯宣布将动用军事力量，带来了俄罗斯与西方又一轮新的对抗。之后马航MH17客机在乌克兰东部上空被导弹击落这一悲剧更是使得乌克兰危机成为欧洲乃至整个世界关注的首要焦点问题。同时，乌克兰危机的爆发也深刻引发了俄欧关系的变化。

乌克兰问题的产生是一系列复杂的国内外因素综合作用的结果。从国内因素看，经济危机、宪政不稳、寡头干政、严重腐败等刺激了人们对社会发展现状及当权者的不满。但从本质上看，乌克兰问题是一种发展道路与价值观的选择问题，是乌克兰社会关于发展道路与价值观选择二元对立的直接反映。乌克兰西部与欧洲有文化、宗教上的历史渊源，主张回归欧洲；而乌克兰东、南部则是传统的亲俄派，俄罗斯族人大部分集中在这一区域，尤其是克里米亚地区近67%的居民为俄罗斯族人，显然更多地倾向于俄罗斯。

而从国际因素看，乌克兰问题则是俄罗斯与西方争夺的焦点，俄罗斯视乌克兰为独联体一体化与欧亚联盟建设中的重要一环，而西方则主张将其纳入北约及欧盟的框架之中，艰难转型中的乌克兰不可避免地陷入夹缝中求生存的状态。在俄罗斯看来，后苏联空间仍然是其传统的势力范围，尤其是北约、欧盟已扩大到中东欧、波罗的海，失去乌克兰是难以想象的。如同布热津斯基所说，失去乌克兰，俄罗斯就不成其为一个帝国。在普京极力推动的独联体一体化及欧亚联盟进程中，作为斯拉夫三兄弟的乌克兰将发挥关键作用。然而，冷战结束以来，挑战俄罗斯在后苏联空间的领导地位，试图在独联体地区有所斩获，成为西方与俄罗斯相互博弈的一大特点。北约东扩、欧盟东扩、颜色革命、导弹防御等一波又一波攻势相继涌来，其中，乌克兰是西方争取的一大重点。颜色革命在乌克兰发生，北约也向乌克兰发出邀请，本次乌克兰所爆发的冲突就是西方试图将乌克兰纳入欧盟框架的过程中所引发的又一轮危机。

继 2008 年的俄格战争之后，乌克兰危机再次将俄罗斯与西方带入新一轮的碰撞与博弈。综合来看，俄罗斯与西方在乌克兰问题上各有得失，不分胜负。西方有在乌克兰颜色革命成功的先例，俄罗斯也有扭转乌克兰乾坤的定力与手段。西方通过政治制度、文化与价值观来吸引乌克兰，俄罗斯靠经济纽带、能源与资源来制约乌克兰。从当前乌克兰危机的结果来看，亲俄的现政权下台，亲西方的政府上台，俄罗斯暂处下风，但这并不意味着将永远如此，俄罗斯卷土重来也不是完全不可能。乌克兰以及格鲁吉亚亲俄与亲西方势力你方唱罢我登场，俄罗斯、普京完全有信心再度掌控乌克兰的局势。在短暂的“谨慎”与“沉默”后，普京毅然决定对乌克兰动用军事力量，经历与奥巴马长达 90 分钟的电话交谈，面对西方的“代价论”威胁，俄罗斯不为所动，普京明确表示要“动用军事力量，直至乌克兰社会及政治经济形势恢复稳定”。这一表态清晰地显示出，对于乌克兰问题，俄罗斯不仅要管，而且要一管到底，管到最后乌克兰恢复稳定。俄罗斯出兵乌克兰具有天然的有利条件，黑海舰队驻扎在克里米亚，具有得天独厚的优势可以快速控制局势。独立后的乌克兰尽管从前苏联得到一笔丰厚的军事遗产，但与俄罗斯抗衡还相差甚远，指望西方的军事力量来保卫乌克兰可能性极低极低。尽管普京表示出兵乌克兰只是最后的极端手段，但是乌克兰保卫战一旦打响，赢家很可能是俄罗斯。

除了有可能出兵乌克兰外，俄罗斯从经济上封锁乌克兰，能源供应上卡死乌克兰，提高关税，或者催交拖欠债务，或者停止供应优惠天然气等，也是有力的制裁措施。反观西方，无论是欧盟还是美国对俄罗斯都缺乏有力的制裁手段，除了口头上的警告外几乎没有其他有效的措施。即使西方采取类似于2008年俄格战争时的模式，北约召开紧急会议准备冻结与俄罗斯的关系，敦促俄方撤军，停止相关军事合作，同时在黑海地区聚结军事力量，但这些措施将收效甚微。目前，美国的反制措施是宣布暂停与俄罗斯在军事方面的合作，中止贸易与投资对话，西方七国将俄罗斯逐出八国集团，但是这些措施并不能消除俄罗斯保卫其核心战略利益的决心。事实上，西方要长远解决乌克兰问题离不开俄罗斯的参与，任何试图撇开俄罗斯独立解决乌克兰问题的想法都将证明是失败的。

对于乌克兰危机的走向，国际社会普遍关注的问题在于：第一，乌克兰国内是否走向分裂？第二，乌克兰危机是否走向乌克兰战争？第三，乌克兰在俄罗斯与欧盟之间如何选择？第四，俄罗斯与西方的关系如何修复？首先，乌克兰整体的国家分裂可能性不大，克里米亚地区通过全民公投并入俄罗斯，但乌克兰东部地区的独立看来还不是那么容易。其次，乌克兰问题发展为乌克兰危机，但是乌克兰危机不会走向乌克兰与俄罗斯的战争。乌克兰战争是乌克兰、俄罗斯、西方包括整个国际社会都不希望看到的结局。从目前来看，尽管俄罗斯联邦委员会授权普京动用军事力量，但普京的表态是谨慎的，表示不愿意与乌克兰发生战争，军事手段只是最后的保留手段。第三，大选之后的乌克兰政府迅速签署了与欧盟的联系国协定，但是在俄罗斯与欧盟之间，新政府的态度将不是非此即彼的，只能是在照顾俄罗斯利益的前提下更多地向欧盟倾斜。最后，经历乌克兰危机对抗的俄罗斯与西方不会兵戎相见。乌克兰不同于格鲁吉亚，乌克兰是俄白乌斯拉夫三兄弟，格鲁吉亚则不然。2014年的乌克兰也不同于2008年的格鲁吉亚，2008年是格鲁吉亚首先发动进攻，但当前的乌克兰则不存在这一背景。因而，俄罗斯与西方关系不会因为乌克兰发生极端的恶化，只要西方认识到处理乌克兰问题必然要有俄罗斯的参与，俄罗斯在军事力量方面保持谨慎，相信俄罗斯与西方仍然是保持既合作又对抗的常态。

既定的乌克兰总统大选在2014年5月25日如期进行，巧克力大王波罗申科顺利当选。波罗申科作为温和派反对派人士，在本次乌克兰总统大选中作为“黑马”出现有其自身的优势，如有从政的经历，拥有巨额财富及宣传机器。本次乌克兰总统选举有几个明显的变化：第一，危机之后的乌克兰其外交走向将发生根本性的转向；第二，选举之后的乌克兰政治体制将发生根本性的变化；第三，乌克兰将成为西方与俄罗斯对峙的前哨，俄罗斯与西方围绕乌克兰的博弈将长期地持续下去。

与独立以后乌克兰的几次选举不一样，本次总统大选最后两名候选人之间的角逐不是代表着亲西方与亲俄势力的角逐，而都是亲西方的势力之间的角逐。因而，无论结果如何，乌克兰均将投入到西方的怀抱，而不再是如同过去那样在俄罗斯与西方之间左右摇摆，待价而沽。选举之后的乌克兰迅速签署了与欧盟的伙伴联系国协定，加快走向欧洲的步伐。2014 年 6 月 27 日，欧盟在布鲁塞尔举行的欧盟夏季峰会上与乌克兰签署了联系国协定的剩余部分，进一步加快与欧盟一体化的步伐。尽管加入北约的愿望还遥不可及，但是选举之后的乌克兰其外交走向将发生根本的转向，融入欧洲，获得欧盟成员国地位是其追求的目标，这也将再一次极大地改变中东欧地缘政治的版图。从政治体制上看，是否从单一制走向联邦制还不得而知。最近的一次民调数据显示，目前乌克兰支持维持单一制的比例为 44%，赞同实行联邦制的有 24%，联邦制的实施尚缺乏广泛的民意基础。

如果乌克兰从此彻底走向西方，那么乌克兰注定要成为西方与俄罗斯在后苏联空间争夺的前哨。对于俄罗斯来说，乌克兰对其具有特殊的重要意义，尽管拿到了克里米亚，尽管乌克兰整体西化，但是俄罗斯绝不会就此罢手，后苏联空间涉及俄罗斯的核心利益，乌克兰也关乎俄罗斯欧亚联盟成败的关键，因而，俄罗斯与西方围绕乌克兰的博弈将是长期的。所幸对国际社会而言，尽管乌克兰危机带来了欧洲地缘政治及大国关系的大变化，但是政治对话与外交仍然与制裁、威胁并行发展。

乌克兰危机对于俄欧关系的影响是非常明显的。克里米亚公投并入俄罗斯之后，乌克兰危机就已经演变为俄罗斯与美欧的角力。欧盟方面停止了与俄罗斯就互免签证和双边基础性条约的谈判，暂停俄罗斯的 G8 成员资格；不断扩大对俄制裁范围和对象，主要包括军工、能源和进入领域，同时对相关关键人物进行旅游限制和资产冻结；取消欧俄峰会，同时建议成员国取消与俄罗斯的双边峰会；依据乌克兰局势的发展，欧盟委员会可以采取进一步制裁措施。

首先，俄欧较力的实质仍是地缘政治利益。无论是俄罗斯要拉乌克兰进入其所主导的关税同盟，还是欧盟推动基辅签署联系国协定，其实质都是着眼于地缘政治利益。对美欧而言，民主重要，但也要服从战略安排；对俄罗斯而言，势力范围要比乌克兰的稳定更重要。无论是原来的北约东扩，还是现在欧盟的“东部伙伴关系计划”，都是挤压俄罗斯战略空间的举措。尽管西方一再否认，却又在独联体国家不停导演所谓“颜色革命”，挑战俄罗斯的“红线”。乌克兰事关俄罗斯的战略安全，西方完全不顾俄罗斯的利益和警告，公开支持乌反对派夺权，使普京感到自己再次被欺骗，而克里米亚局势恰好成为回击的最佳借口。

其次，俄欧将主要在一般贸易和金融领域展开博弈，不会切断天然气供应。俄欧之间制裁和反制裁的程度和规模将取决于围绕乌克兰危机的博弈，特别是乌克兰东部局势的演变。莫斯科的底线是乌克兰不能加入北约，为此，提出了由俄罗斯、美国、欧盟在联合国安理会决议规定下保障乌克兰军事政治中立地位的建议。同时，俄罗斯认为欧盟与乌克兰签署联系国协议政治部分的举动过于草率，将引起很多问题，表明莫斯科不会放弃对乌克兰的争夺。俄欧之间的经济较量将主要在一般贸易和金融领域展开，切断能源供应对双方来说都是一场灾难，乌克兰更是会首先崩溃，而且俄罗斯仍可以通过俄族人影响乌政治局势。

不可否认，制裁将对俄罗斯造成极大影响，其经济承受能力不如欧盟。但考虑到高涨的民族主义情绪、普京的高支持率、民族特性，俄罗斯对外部的承压能力还是很高的，而且乌克兰问题更被俄视为核心国家利益。同时，欧洲经济仍一团糟，欧盟各国民众能够在多大程度上承受制裁带来的影响是值得怀疑的。历史一再证明，制裁反而更容易让受制裁国的领导人聚起民众的合力来应对，使制裁难以达到目的。最终的结果很可能是，俄罗斯被迫接受乌克兰在政治和经济上选择欧盟，同时各方确保乌克兰不成为北约一员，莫斯科再寻找机会恢复对基辅的影响，但俄欧之间的制裁和反制裁将维持一段时期。

第三，制裁不仅使双方受损，还将延缓世界经济的复苏进程。俄欧贸易额超过4000亿美元，欧洲25%的天然气和30%的石油靠从俄罗斯进口，欧盟对俄罗斯的经济制裁自然显得小心谨慎。波兰和波罗的海国家立场激进，而老欧洲的德国、法国、英国和意大利相对较为谨慎。相应地，俄罗斯能源经济对政府收入的贡献超过50%，其中，对欧能源出口占其一次能源生产的47%；俄75%的外国直接投资来自欧盟，6000亿美元外汇储备中的2/3为欧元（其余为美元），这也是普京在乌克兰问题上一直留有余地的重要原因。在欧盟经济持续低迷、俄罗斯经济不景气的背景下，经济制裁使双方谁都难以独善其身。

不仅如此，当前的世界经济仍处于金融危机后的调整期，增长乏力，增速回落，总体仍呈下行态势。美国经济虽表现出了复苏势头，但增速低于预期；经济短期快速回升后增长率趋缓，表明日本经济仍复苏乏力。更加使人担心的是，发展中国家和新兴经济体的增速持续放缓（2013年以来更出现了明显放缓迹象），引起了国际社会的广泛担忧。所以，经济制裁在使俄欧陷入困境的同时，必将对国际贸易和金融稳定造成冲击，延缓世界经济的复苏进程。

最后，未来几年俄罗斯与欧盟将渐行渐远。近20年来，无论是关于统一经济空间的倡议，还是建立欧洲新安全架构的努力，都没有为俄欧之间的长期稳定合作建立起可靠基础。不同的历史文化使俄罗斯与欧盟在对外关系理念上存在着较大差异。俄罗斯的对外政策、地缘战略和军事因素优先于经济，其外交政策仍建立在传统国际关系观念之上：势力范围、零和游戏以及严格的相互让步或互惠等；而欧盟官员则相信国家的后现代观念，例如互惠互利，双赢法则等。也就是说，欧盟坚持价值观外交的核心地位，仍将俄罗斯变得更为自由、民主作为双边建立更为紧密关系的前提，而主权对俄罗斯而言却更具核心意义。

同时，欧洲对俄罗斯历史上领土扩张所形成的遏制和戒备心理并没有因为冷战的结束而消除，仍担心依然庞大的俄罗斯参与欧洲一体化进程可能对已有的欧洲秩序造成冲击。显然，俄欧之间的深层次矛盾和分歧，不是仅凭能源上的相互依赖和停留在纸面上的“现代化伙伴关系”就能够掩盖或解决的。2012年12月20日，普京在结束长达四个半小时的大型记者会后，仍坚持赶往布鲁塞尔出席次日的峰会，就是希望俄欧关系能够有所突破，但结果亦如媒体所预测的那样，讨论的议题很广泛（重点是能源），但分歧依旧。双方除在供气价格上争吵外，莫斯科方面还对互免签证协定迟迟不能签署颇有微词，而布鲁塞尔则对俄人权状况表示不满，要求俄有效打击腐败和进一步开放国内市场。对此，俄罗斯《独立报》在峰会前后曾先后以“良好愿望的峰会”① 和“布鲁塞尔的冷遇”② 为题进行报道，从一个侧面反映了俄方对双边关系的期待心理和失望情绪。

鉴于此，再加之欧元区危机的持续发展，普京开始明显加大对独联体，特别是亚太外交的力度。在2013年2月批准的新版《俄罗斯联邦对外政策构想》中，甚至强调“发展同中国及印度的友好关系是俄罗斯对外政策的最重要方向”。③ 随着普京新亚太战略的启动，俄罗斯在很多问题上对欧洲将更加难以作出实质性让步。而在仍在发酵的乌克兰危机的冲击下，一方面，虽然在俄罗斯看来克里米亚已不再成为选项，欧洲方面也基本认为其已经是既成事实，但要后者接受现实还是需要一个过程，而对乌克兰也要有个交待；另一方面，普京不会甘心乌克兰倒向欧洲，乌欧签署了联系国协定的政治和经济部分，这必将造成俄罗斯与欧盟关系的进一步恶化。乌克兰与关税同盟及欧盟的贸易额基本相当，俄罗斯是其最大的贸易伙伴国。相应地，欧盟完成了与格鲁吉亚和摩尔多瓦联系国协定的签署。同时，美国很清楚，对俄罗斯的政治和外交孤立效果有限，其经济制裁手段显然没有欧洲来得直接和有效，所以，华盛顿必然通过各种手段拉拢和推动欧盟加大对俄罗斯的经济制裁力度。

第四节　俄欧关系的前景对中国欧亚战略的影响

中国欧亚战略的制定既要考虑俄罗斯的因素，又要考虑欧盟的因素。俄罗斯是欧亚地区的核心国家，既是大国又是中国的周边国家，中国欧亚地区战略的设计与制定必然要考虑到俄罗斯因素的存在。俄罗斯

---

① Юрий Паниев. Саммит благих пожеланий//Независимая газета. —2012, 21 декабря.

② Артур Блинов. Прохладная встреча в Брюсселе//Независимая газета. —2012, 24 декабря.

③ См.: Концепция внешней политики Российской Федерации. Утверждена В. Путиным 12февраля2013г. http://www.mid.ru/brp_4.nsf/newsline/6D84DDEDEDBF7DA644257B160051BF7F.

对中国欧亚地区战略制定的影响主要体现在：对中国来自中东、中亚重要战略资源供应的影响，对中国在中亚及上海合作组织范围内发挥作用的影响，对中国在东北亚及东南亚敏感地带及事务的影响等。总体来看，随着俄罗斯经济的复兴以及俄罗斯大国意识的上升，俄罗斯与中国在欧亚大陆存在竞争的一面，因此，如何妥善处理与俄罗斯的关系是中国制定欧亚地区战略的一大关键。此外，随着欧盟全球意识的复苏，欧盟希望在重大国际问题上发出自己的声音，尤其是在欧亚大陆地区，因而中国欧亚地区战略的制定也不得不考虑欧盟的影响。欧盟对中国欧亚地区战略的影响体现在：对中国来自中东北非重要战略资源供应的影响，对欧亚大陆重大国际敏感问题的调解及控制等，从而对中国欧亚大陆战略的制定形成一定的限制，因而，中国欧亚大陆战略的设计与制定必然要考虑欧盟因素的影响。

乌克兰危机所引发的不仅仅是欧洲地缘政治格局的变动，对亚洲的影响也很快会显现出来。在欧洲忙于寻求能源替代者的同时，压力下的俄罗斯将加快把经济和外交重心转向亚太，亚洲在俄罗斯外交中的定位将明显提升，已经不仅是基于远东开发考虑的销售市场及资本和技术的来源地，更是包括外交、政治在内的俄罗斯的全面战略重心。在近两年的国情咨文中，普京都把发展与东亚关系作为重点。2013 年 9 月俄罗斯成立了远东地区发展政府委员会，由总理亲自领导。俄罗斯能源部 2014 年 2 月发布了 2035 年能源战略草案。该草案称，俄政府预测到 2034 年，俄罗斯将把所产原油的 32% 和天然气的 31% 输往亚太，对亚太的能源出口将占到总出口量的 23% 。加快发展与亚洲的关系被视为防范摧毁性制裁的一个主要举措，从长远来看，东亚和东南亚是俄重要出口商品（油气、金属、化工产品和粮食）发展最迅猛的消费市场，莫斯科势必将其纳入战略考量。借助俄罗斯油气，中国能够降低对可能被美国切断的脆弱海上通道的依赖，使华盛顿面临重大地缘政治抉择：或者继续向自己的盟友日、韩施压，使莫斯科更加孤立；或者允许日、韩象征性地制裁，以免把俄罗斯推向中国一边。不可否认，对欧洲外交一直是俄罗斯外交政策的传统优先方面，这是俄罗斯国家的身份定位使然，但地缘政治经济发展的现实，要求俄罗斯必须作出“向东转”的选择，至少在未来的 5 到 10 年将明显表现出这种趋向。

针对乌克兰局势和俄欧之间的博弈，作为正在崛起为世界大国的中国该如何应对，对中国而言这其中有哪些挑战和机遇，都需要冷静面对和缜密思量。考虑到乌克兰局势短期内还难以稳定，所以，中国不必急于承认乌克兰联合政府的合法性，我们用“事出有因”、“偶然中有必然”来表达对乌克兰动荡的看法还是较为恰当的。中国在联合国安理会表决克里米亚问题上的弃权票，不是逃避，而是一种明确的态度，就是表示在当前局势下提出这样的决议是不恰当的。对乌克兰当局现在不承认不等于以后不承认，形势发展还需要观察（起码要等到总统大选后）。对于乌克兰危机，我们决不能跟着西方起舞，事态发展已经完全超出了乌克兰内政的范畴，而且是否干涉内政的话语权一直都在西方手中。

此外，中国在经济方面要做好多种预案。随着制裁的加强，短期内可能出现的情况是：在美国的打压下，国际能源价格走低，对俄罗斯经济形成巨大压力；俄罗斯出现资本持续外逃，卢布贬值，股市下跌，经济进入衰退，可能要维持1—2年；美欧经济同样受到冲击，美国勉强维持基本面，欧盟再次出现衰退，乌克兰经济则因为外力不济和内部动荡而进入崩溃状态。由此，全球经济复苏无望，俄罗斯开始寻求与东方的合作，要求扩大非美元结算范围。对中国造成的直接影响是：外部市场很可能出现2—3年的萎缩期；国际金融市场可能出现更剧烈的波动，尤其是美国股市可能已经见顶；中欧贸易中的摩擦将进一步上升。对此，中国应着力做到：坚定推动经济结构和增长方式转型，加强金融和债务风险的治理和防控；适时扩大人民币结算范围和本币结算合作（尤其在周边和金砖国家之间）；加紧推动落实金砖国家开发银行和外汇储备库的启动和相关工作；争取把成立上合组织开发银行落到实处；鉴于美国的TPP和TTIP谈判很可能重改国际贸易规则，中国应加快与相关国家建立自由贸易区的谈判，深化与东盟的自贸区合作，以争取更大的筹码，同时必须加快启动与俄罗斯主导的欧亚经济联盟就建立自由贸易区的谈判进程；适当降低美元外汇储备，增加黄金储备；中国银联应做好预案，抓住时机扩大在俄罗斯的影响和业务。

面对乌克兰局势，中国外交战略也面临着调整的机遇。乌克兰局势使俄罗斯与西方关系进一步恶化，普京急需中国的“声援”，同时美欧也在有意拉拢中国，使中国暂时处于相对有利的战略位置，但也很微妙。应让美欧明白，我们不仅仅是波音和空客的买主，更关注他们在中国核心国家利益，包括在东海南海争议岛礁、藏独和疆独，以及反恐问题上的公正和负责任的立场。从中国的角度讲，现在最大的问题还是东海和南海问题，美国很可能将对中国在东海和南海正常维护主权的行动划定所谓的“红线”，从而使我们在东部的战略压力增大。“新丝绸之路经济带”战略对此是一种回应。但在美军 2014 年底撤出阿富汗后，借助中亚局势不稳和内部选举等便利条件，西方和中东个别国家有可能再次推动所谓“中亚之春”，造成局势动荡和外溢，冲击我国西部地区稳定和战略调整。为全力应对东部的战略压力，西部决不允许出现动荡，而无论是减轻东部压力和维护西部稳定，中俄关系的稳定和发展都是具有决定意义的因素。

尽管俄罗斯对中国的表态和立场极为看重，但中国在乌克兰局势不明的情况下进行“选边站”是不明智的，普京也不奢求这一点。但我们自己要认清国际大趋势，从长期战略看，美国对中国的态度不会改变，遏制抑或平衡都是主基调。已有美国学者提出，华盛顿应该放弃基辅，而与莫斯科保持良好关系来处理伊朗和阿富汗问题，最终把主要精力用来遏制中国这个美国未来的唯一对手。也就是说，中美新型大国关系能否形成是不以我们的意志为转移的，对此要有清醒的认识。而中俄之间无论是从领土、观念、现实利益角度看都不存在大的冲突，而且双方有着更多的共同诉求和利益需求，希望相互借重。所以，乌克兰问题涉及俄罗斯的核心国家利益，中国应该同俄罗斯加强沟通和磋商，甚至可以通过某种方式对急需雪中送炭的普京的合理诉求给予支持。例如可以通过高层互访（习近平主席参加索契冬奥会就是最好的支持方式）或借助上合组织、金砖机制等多边平台表达。

更为重要的是，中俄关系的发展和深化已经成为我国加强能源安全战略的一部分，如果能够借此机会全面提升战略互信，在东线天然气管线合同落地后把西线管线也落到实处，争取在高精尖武器贸易中取得突破，同时推动俄方在东海和南海争端中作出更加有利于中国的表态也是可能的。我们当然要争取与俄罗斯能源合作中较优惠的价格，但需要牢记的是，对中国而言，能源供应不仅仅是经济问题和市场问题，更是关乎国家安全的战略问题。有人担心与乌克兰的关系，首先要清楚中俄关系是大战略，是决定未来几十年中国发展的外部基础。更进一步讲，考虑到未来30年的国际形势和双方的战略需求，中国同俄罗斯应进一步深化全面战略合作，一定意义上形成“同盟”关系也不是没有可能的。当然，这种同盟关系应不同于冷战时期形成的北约，应主要加强上合组织的功能，同时研究中国与俄白哈关税同盟的关系。美国应对中国崛起的亚太再平衡战略就是以同盟关系为基础而展开的。相对于冷战背景下形成的不结盟政策，在新的国际背景下，我们应该重新进行研究和评估。结合当前的国际关系现实，可以与俄罗斯形成某种“准盟友”关系，看来既有这种需要，也有这种条件和机遇

未来十年俄欧关系的发展演变态势如何影响中国的欧亚战略？欧洲从战后就开始了深刻的变革与转型，随着一体化的不断深入发展，欧盟要求作为一种全球性角色在国际事务中发挥影响。俄罗斯也在冷战结束后开始其艰难的社会转型并逐渐开始恢复性增长，强调其大国地位的呼声不断高涨。一方面，俄罗斯与欧盟在冷战后的战略伙伴关系也不断向纵深发展，关于双方“准联盟’关系的声音不断出现；另一方面，双方之间的矛盾与分歧不断，尤其是乌克兰危机以来，欧盟加大了对俄罗斯的制裁，俄欧关系再度陷入低谷，这必然要求中国从战略角度出发思考中国未来在欧亚大陆的战略地位与角色。中国欧亚大陆战略的制定要考虑俄欧双边关系的发展与演变，尤其是未来十年俄欧关系的前景如何。也就是说，未来俄欧关系发展的不同状态会迫使中国欧亚战略作出相应的调整，俄欧关系的合作与竞争、对抗、准联盟及完全一体化等不同的状态会使中国欧亚战略发生相应的变化。

总的来看，冷战结束以来，中俄关系的发展与俄欧关系的发展并行不悖：一方面，俄罗斯加紧回归欧洲；另一方面，中俄关系也不断跃上新的台阶。一般来说，俄欧关系与中俄关系的发展并不相互冲突，但是，随着俄欧之间矛盾与分歧的发展，尤其是乌克兰危机以来，俄罗斯与西方关系不断恶化，俄罗斯与中国日益走近。从客观上看，俄欧关系的恶化为中俄关系再度升温提供了内在的动力，为中国欧亚战略的布局提供了良好的机遇。乌克兰危机对于中国外交来说是一次重大的考验。随着乌克兰局势的日趋紧张，中国政府多次表态希望通过政治与外交手段进行解决。从中乌关系来看，自1994年江泽民主席访问乌克兰以来，

20年来双边关系发展较为顺利，双边合作持续推进。2011年中乌签署关于建立和发展战略伙伴关系的联合声明，2013年双方签署关于进一步深化战略伙伴关系的联合声明，提出优先开展和加强农业、能源资源、基础设施建设、金融、高科技、航空、航天等领域的务实合作。乌克兰政局发生变化以后，相信对中国在乌克兰的利益不会造成太大的消极影响。亲西方的尤先科时期，中乌关系也没有发生明显的倒退，乌克兰在俄罗斯与欧盟之间的价值观选择不会对中国的国家利益构成必然的影响。只要中国外交处理得当，既坚持原则，又实事求是，秉承不干涉内政、尊重乌克兰的独立、主权与领土完整，相信中乌之间的战略伙伴关系将得以顺利地深入发展下去。更重要的是，中国外交在乌克兰问题上一方面坚持了道义与原则的坚定性，另一方面，又显示了倾向并支持重要的战略伙伴的灵活性，体现了中国外交的成熟与理性。

乌克兰危机之后，随着俄罗斯外交“向东看”，中俄关系再度升温，双方之间的战略协作伙伴关系进入新阶段。2014年5月，俄罗斯总统普京对华进行国事访问，习近平主席和普京总统在上海发表了联合声明，双方政府和企业签署的文件数量创下历史纪录，其中，双方签署了总额为4000亿美元的世纪合同，从2018年起，俄罗斯开始通过中俄天然气管道东线向中国供气，输气量将逐年增长，最终达到每年380亿立方米，累计合同期30年。双方认为，中俄建立的新型国家关系具有进一步蓬勃发展的广阔前景，将中俄全面、平等、互信的战略协作伙伴关系提升至更高水平，是双方在21世纪维护核心利益和建立公正、和谐、安全的世界格局的关键因素。双方将保持和深化高层战略互信对话，提高现有双边政府、议会、部门和地方间的合作机制效率，必要时建立新的合作机制，确保全面快速发展的务实合作、人文交流和民间交往取得更大成果，进一步密切协调外交行动。俄“社会舆论”基金会日前进行的一项民调结果显示，如今视中国为俄友好国家的俄罗斯人在受访者中的比例高达78%，持相反立场的人仅占7%；而5年前这两个数字分别是60%和25%。俄另一权威民调机构调查显示，在全国43个联邦主体100个城市的1500名受访者中，超半数的受访者认为中国强大不会威胁到俄罗斯的利益。[1]

因而，在俄欧关系受挫、中俄关系步入新阶段的背景下，中国欧亚战略的实施将更为顺利。无论是欧盟还是俄罗斯都将会重点发展与中国的政治经济关系，外交上都将更加重视发展与中国的合作关系。从中国方面来看，未来十年将是中国发展的关键时期，是第一个“百年”目标是否得以实现的关键，因而，中国的欧亚战略要在处理好与俄罗斯、欧盟关系的基础上，对外争取发展空间，坚持和平崛起，对内进一步深化改革，立足欧亚大陆，避免战略碰撞，借助“一带一路”实现在建党百年完成全面建成小康社会的奋斗目标。

① “俄主流民意高度认可中俄合作两国关系充满正能量”，新华网，2014 年 7 月 2 日。

主要参考文献

一、英文参考文献

1. Alexandros Petersen, The World Island: Eurasian Geopolitics and the Fate of the West (Praeger Security International) Praeger, 2011.

2. Anita Sengupta, Heartlands of Eurasia: The Geopolitics of Political Space, Lexington Books, 2009.

3. Albert Bressand, Between Kant and Machiavelli: EU foreign policy priorities in the 2010s, International Affairs, Volume 87, Issue 1, 2011.

4. Angela E. Stent, Russia and Germany Reborn: Unification, the Soviet Collapse, and the New Europe, New Jersey: Princeton University Press, 1999.

5. Andrei P. Tsygankov, Russia's Foreign Policy, Change and Continuity in National Identity, Rowman and Littefield Publishers, 2010.

6. Adeed Dawisha and Karen Dawisha (eds.), The Making of Foreign Policy in Russia and the New States of Eurasia, M. E. Sharpe, Inc, 1995.

7. Dmitri Trenin, Russia Reborn, Foreign Affairs, November/December 2009.

8. Dmitri Trenin, The End of Eurasia: Russia on the Border Between Geopolitics and Globalization, Carnegie Endowment for Intl Peace, 2002.

9. David Kerr, Central Asia and Russia Perspectives on China's Strategic Emergence, International Affairs 86: (2010).

10. Debra Johnson and Paul Robinson, Perspectives on EU-Russia Relations, Routledge, 2005.

11. Emre Iseri, The US Grand Strategy and the Eurasian Heartland in the Twenty-First Century, Geopolitics, Volume 14, Issue 1, 2009.

12. Elana Wilson Rowe, Stina Torjesen, The Multilateral Dimension in Russian Foreign Policy, Routledge, 2008.

13. Hiski Haukkala, The EU-Russia Strategic Partnership: The Limits of Post-Sovereignty in International Relations, Routledge, 2010.

14. Harry G. Broadman, Tiiu Paas, Paul J. J. Welfens, Economic Liberalization and Integration Policy: Options for Eastern Europe and Russia, Springer, 2010.

15. Hiski Haukkala, The EU- Russia strategic partnership: the limits of post-sovereignty in international relations, London; New York: Routledge, 2010 .

16. Jackie Gower, Graham Timmins and Robertson, Russia and Europe in the Twenty-First Century: An Uneasy Partnership, Anthem Press, 2009.

17. Janusz Bugajski, Expanding Eurasia, Russia's European Ambitions, The CSIS Press, 2008.

18. Jeronim Perovic, Coming closer or drifting apart?: EU-Russia partnership and EU enlargement in Eastern Europe, Columbia University Press, 2003.

19. Jeffery Mankoff, Russian Foreign Policy: The Return of Great Power Politics, Rowman & Littlefield Publishers, Inc. 2009.

20. Katja Yafimava, The Transit Dimension of EU Energy Security: Russian Gas Transit Across Ukraine, Belarus, and Moldova, Oxford University Press, 2011.

21. Ketevan Kerashvili, The Role of Identities and Perceptions in EU-Russian Relations: Assessing the Challenges on the Path to the New Agreement, LAP Lambert Academic Publishing, 2010.

22. Oksana Bukiy, Russian Gas Policy and the EU Energy Security: Tackling problems on the way to closer cooperation for mutual benefit, LAP LAMBERT Academic Publishing, 2010.

23. Michael Emerson, From Central Asian Strategy into EurAsian Strate-

gy, Centre for European Policy Studies (CEPS), 2009.

24. Margot Light, Jowenhardt and Stephen White, Russia and the Duel Expansion of Europe: Russia between East and West, London, MPG Books Ltd, 2003.

25. Makarychev, A. S., Russia, EU and international society: conceptual models and policy strategies, LAP LAMBERT Academic Publishing, 2011.

26. Robert D. Kaplan, The Geography of Chinese Power, Foreign Affairs, May/June, 2010.

27. Sergei Karaganov, Towards an Alliance of Europe, Analytical Report by the Russian Group of the Valdai International Discussion Club, 2010.

28. Stephen Blank, Russia's Strategic Dilemmas in Asia, Pacific Focus, Vol. XXIII, No. 3, Dec. 2008.

29. Serghei Golunov, EU-Russian border security: challenges, (mis) perceptions, and responses, New York: Routledge, 2012.

30. Vinod K. Aggarwal, Kristi Govella, Responding to a Resurgent Russia: Russian Policy and Responses from the European Union and the United States, Springer, 2011.

31. Wang Jisi, China's Search for a Grand Strategy, A Rising Great Power Finds Its Way, Foreign Affairs, March/April 2011.

32. Wang, T Y, Introduction: The Rise of China and Its Emerging Grand Strategy, Journal of Asian and African Studies, Vol 43, Issue 5, 2008.

二、俄文参考文献

1. Соглашение о партнёрстве и сотрудничестве (СПС) Евросоюза и России. 1994г.

2. Стратегия развития отношений Российской Федерации с Европейским союзом на среднесрочную перспективу (2000 – 2010 гг.). 1999г.

3. "Дорожные карты" Россия-ЕС. 2005г.

4. Партнерство для модернизации Россия-ЕС. 2010г.

5. Указ “О мерах по реализации внешнеполитического курса Российской Федерации”. 2012г.

6. Субетто А. И. Геополитическая логика взаимодействия русской и мировой культур в контексте философии истории России как Евразийской цивилизации: прошлое, настоящее, будущее. СПб. М.: Красноярск, 1999.

7. Панарин А. С. Православная цивилизация в глобальном мире. — Алгоритм, 2002.

8. Буторина О. В., Борко Ю. А. Расширение Европейского Союза и Россия. М.: Деловая литература, 2006.

9. Шишелина, Л. Н. Россия и Европа: хрестоматия по русской геополитике, Наука 2007.

10. Тимофей Бордачёв. Новый стратегический союз: Россия и Европа перед вызовами XXI века: возможности “большой сделки”. М.: Европа, 2009.

11. Турилов А. А. Межславянские культурные связи эпохи средневековья и источниковедение истории и культуры славян. Этюды и характеристики. —М.: Знак, 2012.

12. Караганов С. А., Юргенс И. Ю. Россияvs Европа. Противостояние или союз? —М.: Астрель: Русь-Олимп, 2010.

13. Дмитрий Тренин. Россия и основные институты безопасности в Европе: вступая в XXI век. Моск. Центр Карнеги. —М.: S&P, 2000.

14. Дмитрий Тренин. Интеграция и идентичность: Россия как “новый Запад”. —М.: Европа, 2006.

15. Post-imperium: евразийская история. —М.: РОССПЭН, 2012.

16. Энтин М. Л. Экономические отношения России и ЕС: навстречу партнерству во имя модернизации? МГИМО-Университет. 2012.

17. Энтин М. Л. Экономические отношения России и ЕС: навстречу партнерству во имя модернизации? МГИМО-Университет. 2012.

三、中文参考文献

1. 毕洪业:《俄罗斯与欧洲关系研究》，中央编译出版社 2009 年版。

2. 曹阳:《普京时期俄罗斯欧洲战略研究》，吉林人民出版社 2010 年版。

3. 程春华:《俄罗斯与欧盟能源贸易中的合作与冲突》，社会科学文献出版社 2013 年版。

4. 冯绍雷:《欧盟:形成中的全球角色》，华东师范大学出版社 2009 年版。

5. 冯绍雷:《构建中的俄美欧关系:兼及新帝国研究》，华东师范大学出版社 2010 年版。

6. 高全喜:《通向大国之路的中国策:全球视野中的中国大战略》，人民日报出版社 2009 年版。

7. 胡鞍钢等:《2030 中国》，中国人民大学出版社 2010 年版。

8. 金骏远著，王军、林民旺译:《中国大战略与国际安全》，社会科学文献出版社 2008 年版。

9. 罗志刚:《俄罗斯—欧盟关系研究》，中国社会科学出版社 2009 年版。

10. 罗英杰:《利益与矛盾:冷战后俄罗斯与欧盟关系研究》，世界知识出版社 2009 年版。

11. 陆齐华:《俄罗斯与欧洲安全》，中央编译出版社 2001 年版。

12. 时殷弘:《21 世纪初期世界政治的基本性质和中国的应有战略》，中国人民大学出版社 2006 年版。

13. 叶自成:《陆权发展与大国兴衰:地缘政治环境与中国和平发展的地缘战略选择》，新星出版社 2007 年版。

14. 杨文兰:《俄罗斯与欧盟的经贸关系:基于博弈论视角》，社会科学文献出版社 2009 年版。

15. 江宁康:《天下与帝国——中美民族主体性比较研究》，南京大学出版社 2010 年版。

16. 美国国家情报委员会：《全球趋势2030：变换的世界》，时事出版社2013年版。

17. 周力农：《历史大变局下的中国战略定位》，九州出版社2011年版。

18. 珍妮·克莱格：《中国的全球战略——走向一个多极世界》，新华出版社2010年版。

19. 索洛维约夫，徐凤林译：《俄罗斯与欧洲》，河北教育出版社2002年版。

20. 伊·伊万诺夫，陈凤翔等译：《俄罗斯新外交——对外政策十年》，当代世界出版社2002年版。

21. 理查德·莱亚德、约翰·帕克，白洁等译：《俄罗斯重振雄风》，中央编译出版社1997年版。

后　　记

本书是教育部人文社会科学重点研究基地——华东师范大学俄罗斯研究中心重大项目“未来十年俄欧关系的发展与中国的欧亚地区战略研究”（11JJDGJW008）的最终研究成果。

本书主要是与上海外国语大学中亚研究中心毕洪业副教授共同完成的。此外，华东师范大学国际关系与地区发展研究院硕士研究生崔攀、蒋齐望也作出了贡献。全书主要的章节撰写分工如下：刘军（前言、第一章、第八章、第九章），毕洪业（第二章、第三章、第四章、第六章），崔攀（第五章），蒋齐望（第七章）。

笔者所在的教育部人文社科重点基地——华东师范大学俄罗斯研究中心多年来为笔者提供了科研工作所必需的工作条件与环境，能在这样一个高水准的平台上工作，笔者深感荣幸，感谢基地主任冯绍雷教授及各位同事的大力支持与厚爱。2007 年、2012 年，笔者相继获得上海市浦江人才培养计划及教育部新世纪人才培养计划支持，本书也是对相关计划支持的一个成果反馈。

最后，感谢家人对笔者科研工作给予的大力支持。

刘军

2014 年 11 月于上海